高等学校试用教材

# 房地产测绘

顾孝烈　主编

中国建筑工业出版社

本书系适用于房地产经营与管理专业、土地管理等专业学习有关地籍测绘和房产测绘的教材。根据上述专业对房地产测绘知识的要求，从介绍测量基本知识与技术开始，继而介绍土地与房产的面积量算、地籍与房产的调查、地籍图与房产图的测绘等内容。本书力求做到：逻辑严密、技术先进，结合我国实际情况与现行法规，使理论联系实际。除了作为高等学校教材以外，本书也可作为从事土地管理、房地产经营管理专业的技术人员在工作中的参考书。

高等学校试用教材
# 房 地 产 测 绘
顾孝烈　主编

\*

中国建筑工业出版社出版（北京西郊百万庄）
各地新华书店、建筑书店经销
北京市兴顺印刷厂印刷

\*

开本：787×1092 毫米　1/16　印张：14¼　插页：2　字数：344 千字
1996 年 6 月第一版　2009 年 7 月第八次印刷
定价：**14.80** 元
ISBN 978-7-112-02696-8
(7793)

**版权所有　翻印必究**
如有印装质量问题，可寄本社退换
（邮政编码　100037）

# 前　言

　　土地是人类赖以生存和发展的物质基础。随着社会经济的发展和人口的增长，土地问题日益引起人们的重视。我国人多地少，土地资源紧张。因此，要"十分珍惜每寸土地和合理利用每寸土地，切实保护耕地"。要对土地进行科学的管理，首先应开展地籍调查和地籍测量。地籍测量为土地管理提供图纸、数据、资料等基础信息。

　　地籍的原意是土地的登记簿册，记载土地的位置、数量、质量、权属等内容。随着社会生产力的发展，地籍的内容也在不断地充实和完善。现在地籍指的是有关土地的自然属性、经济开发、权属状况等的调查、测量、记录、登记和变更等。

　　按地籍工作的目的和发展阶段可分为税收地籍、产权地籍和多用途地籍：

　　(1) 税收地籍——主要是丈量地块的边界、估算土地的面积，并对土地进行评价，据此按土地等级收税。

　　(2) 产权地籍——主要是保护土地的产权，为进行土地的转让和交易服务。因此比税收地籍要求更高，需要精确测定宗地（确定地产产权的单元）界址点的位置，较准确地计算其面积。

　　(3) 多用途地籍——不仅为土地的确权、税收、交易服务，而且还为城乡规划、市政管理等服务，是建立土地信息系统的一个重要组成部分。因此要求测量的内容更广泛，测量的精度要求也更高。

　　房屋建筑是土地上的附着物，土地是房屋的载体。房产和地产都是不动产，是密不可分的。在城市中把建有房屋的土地连同房屋一起称为房地产。自从80年代初，我国的经济体制实行改革开放以来，全国各城镇正在逐步实行土地的有偿使用，房屋的商品化和住房制度改革，加强房地产的管理已成为城市中十分重要而迫切的任务。

　　城市房地产的管理首先是产籍的管理。产籍由地籍发展而来，以房屋与土地并重、以房产和地产一体为特征。产籍包括产权档案（产权的取得、转移、变更、灭失等的记录）和反映土地与房屋现状的图纸和表册等。产籍管理的资料主要来源于地籍测量和房产测量。房产测量主要是测定和调查房屋及其用地状况，以城市地形测量和地籍测量为基础，又可以认为是地籍测量的深化，使土地上的房产现状表现得更为翔实和细致，以满足房地产管理的需要。由于地籍测量（以确定土地的权属为主）和房产测量（以确定房屋的权属为主）虽有重点不同的区别，但终究不可分割，所以这两项工作又可合称为房地产测量，或称房地产测绘。

　　房地产测绘是为城镇房地产管理服务的一门应用技术，是调查和测定房地产的自然状况、人工建筑状况、权属和使用状况的专业测量。实施测绘时，以房地产的权属调查结果为依据，以权属单元（宗地、丘、户）为基础，用测量技术，以测定土地界址、房屋建筑的平面位置、形状和面积为重点，测绘各种有关房地产的平面图和有关资料。在进行多用途地籍测量时，还应兼顾城镇规划用图所需要的地形和地物的测绘。

地籍管理和房产管理都是以权属管理为核心，以土地和房产的经营、开发为目的，属于社会科学范畴。而房地产测绘则属于自然科学范畴，是城市测绘工作中的一个重要组成部分。根据"测量必须尽可能满足国家经济建设多方面需要"的原则，房地产测绘工作中既有统一于城市测量的部分，例如大范围内（整个城市或某一大区）的控制测量和地形平面图测绘等，又有房地产的特殊需要部分，例如权属界址点的测定、宗地图、房屋分丘分层分户图的测绘等。

本书是针对房地产管理中的地籍测量和房产测量而编写的。共分九章，第一章至第四章为测量仪器使用和测量误差的基本知识；第五章为房地产测绘中所需要进行的小地区控制测量；第六章为地形图测绘的基本知识与图的应用，它是地籍图和房产图测绘的基础；第七章为面积量算，它是房地产测量成果中的一个重要内容；第八章为地籍和房产调查；第九章为房地产地籍测绘。每一章的最后附有学习本章的思考题与练习题。在附录中介绍了房地产测量所用到的度量单位、导线计算和面积计算的袖珍机程序。

本书的编写分工如下：同济大学顾孝烈编写第一章至第五章、附录和绘制全书插图，同济大学程效军编写第六章和第七章，程效军和华南建设学院周霞波共同编写第八章和第九章，顾孝烈担任主编。

本书由华南建设学院张作容教授担任主审工作，对本书稿提出过许多宝贵意见；苏州城建环保学院沈范荣教授负责本书编审工作，在此一并致以衷心感谢。

本书编者欢迎读者批评指正。

# 目　录

前　言
第一章　测绘工作概述 ·················································· 1
　　第一节　测绘学的任务和作用 ········································ 1
　　第二节　地球的形状和大小 ·········································· 2
　　第三节　地面点位的确定 ············································ 3
　　第四节　测绘工作程序 ·············································· 6
第二章　角度测量 ······················································ 11
　　第一节　水平角和垂直角 ··········································· 11
　　第二节　经纬仪的构造及度盘读数 ··································· 12
　　第三节　水平角观测 ··············································· 24
　　第四节　垂直角观测 ··············································· 31
第三章　距离和高程测量 ················································ 37
　　第一节　卷尺量距 ················································· 37
　　第二节　视距测量 ················································· 44
　　第三节　电磁波测距 ··············································· 48
　　第四节　超声波测距 ··············································· 55
　　第五节　水准测量 ················································· 56
　　第六节　三角高程测量 ············································· 62
第四章　测量误差基本知识 ·············································· 66
　　第一节　测量误差概念 ············································· 66
　　第二节　评定精度的标准 ··········································· 69
　　第三节　观测值的算术平均值及改正值 ······························· 71
　　第四节　用观测值的改正值计算中误差 ······························· 72
　　第五节　误差传播定律 ············································· 74
　　第六节　误差传播定律的应用 ······································· 78
第五章　小地区控制测量 ················································ 81
　　第一节　控制测量概述 ············································· 81
　　第二节　平面控制网的定位、定向和坐标换算 ························· 84
　　第三节　导线测量 ················································· 88
　　第四节　交会定点 ················································ 100
第六章　地形图测绘与应用 ············································· 108
　　第一节　地形图的基本知识 ········································ 108
　　第二节　测图前准备工作 ·········································· 117
　　第三节　地形图测绘 ·············································· 119
　　第四节　航空摄影测量成图 ········································ 129

  第五节 电子速测仪测图 ······················································· 133
  第六节 计算机辅助成图 ······················································· 136
  第七节 地形图应用 ···························································· 140

第七章 图形面积量算 ······························································· 144
  第一节 面积量算概述 ························································ 144
  第二节 几何图形面积量算 ·················································· 144
  第三节 不规则图形面积量算 ··············································· 148
  第四节 面积量算的改正 ······················································· 159
  第五节 面积量算的精度 ······················································· 160

第八章 地籍和房产调查 ··························································· 165
  第一节 地籍调查的目的和内容 ············································ 165
  第二节 初始地籍调查的准备工作 ········································· 166
  第三节 初始地籍调查 ························································ 167
  第四节 房地产调查的目的与内容 ········································· 175
  第五节 房屋调查 ································································ 176
  第六节 房屋用地调查 ························································ 179

第九章 房地产地籍测绘 ··························································· 181
  第一节 房地产地籍控制测量 ··············································· 181
  第二节 界址点测定 ···························································· 181
  第三节 地籍图测绘 ···························································· 185
  第四节 宗地图测绘 ···························································· 190
  第五节 变更地籍测量 ························································ 192
  第六节 房产分幅图测绘 ······················································· 195
  第七节 房产分丘图和分层分户图测绘 ································· 199
  第八节 房产图清绘 ···························································· 202
  第九节 房屋建筑面积和用地面积量算 ································· 203
  第十节 房产变更测量 ························································ 205

附录 ······················································································· 207
  附录一 房地产测量的度量单位 ············································ 207
  附录二 导线测量错误检查及坐标计算程序 ···························· 209
  附录三 面积计算程序 ······························································· 215

参考文献 ················································································· 220

# 第一章 测绘工作概述

## 第一节 测绘学的任务和作用

测绘学是研究地面点位的确定,将地球表面的地物、地貌和行政、产权界线测绘成图,或将规划设计的点和线在地面定位的科学。从以上定义可见,测量工作大致可分为两部分:前者是"测绘",即将地面已有点位通过测量手段获得反映地面现状的图和图形信息,供土地及其附属物的规划、设计和管理之用;后者是"测设",即将土地及其附属物的建设、开发和利用的设计方案(其空间位置也是以一系列的点位表示)在实地标定,作为工程建筑物的施工依据,或设置土地界址,用于土地的行政和权属划分。

测绘学根据研究的重点对象和应用范围来分类,包括以下几门主要学科:

(1) 大地测量学——研究地球表面广大地区的点位测定及整个地球的形状、大小和地球重力场测定的理论和方法的学科。

(2) 地形测量学——研究将地球表面局部地区的自然地形、人工建筑和行政权属界线等测绘成地形图、地籍图或房产图的基本理论和方法的学科。

(3) 摄影测量学——研究利用航空或航天器对地面摄影或遥感,以获取地物和地貌的影像和光谱,并进行分析处理,从而绘制地形图等的基本理论和方法的学科。

(4) 工程测量学——研究工程建设在设计、施工和管理阶段中所需要进行的测量工作的基本理论和方法的学科。

本书主要介绍属于地形测量学科的地籍测量和房产测量,合称为房地产测绘。关于地形图测绘、地籍图测绘和房产图测绘,其共同的特点是用测量手段采集土地及其附属物的几何信息,其基本理论、所用测量仪器及采集和表达的方法是相同的,仅是在采集对象的细节上各有所侧重,而且地籍测量和房产测量一般是在地形测量的基础上进行的,本书第六章介始地形图测绘的一般方法,第九章介绍地籍图测绘和房产图测绘的特殊要求和方法。

在国民经济建设中,测绘技术有比较广泛的应用。在房地产的开发、管理和经营中,房地产测绘起着很重要的作用。房地产测绘的图纸和数据资料,准确地提供了每个权属单元(宗地或丘)的位置、界线、形状和面积,每幢房屋与每层房屋的几何尺寸和建筑面积,经土地管理和房屋管理部门确认后具有法律效力,可以保护土地使用权人和房产所有权人的合法权益,可为合理开发、利用和管理土地与房产提供可靠的图纸和数字资料,同时还可为国家对房地产的合理税收提供正确的数据。

## 第二节 地球的形状和大小

测量工作是在地球表面上进行的,地球的形状和大小直接与测量工作和数据处理有关。

地球的自然表面有高山、丘陵、平原、海洋等起伏状态,是一个不规则的曲面。就整个地球而言,海洋的面积约占 71%,陆地的面积约占 29%,如图 1-1(a)所示。假想某一静止不动的水面延伸而穿过陆地,包围整个地球,形成一个闭合的曲面,称为水准面。水准面是受地球重力影响而形成的,它的特点是曲面上任意一点的铅垂线都垂直于该点上曲面的切面,水面可高可低。符合这个特点的水准面有无数个,其中与平均海水面相吻合的水准面称为大地水准面,它可以近似地代表地球的形体,如图 1-1(b)所示,其中 $PP_1$ 为地球自转轴。

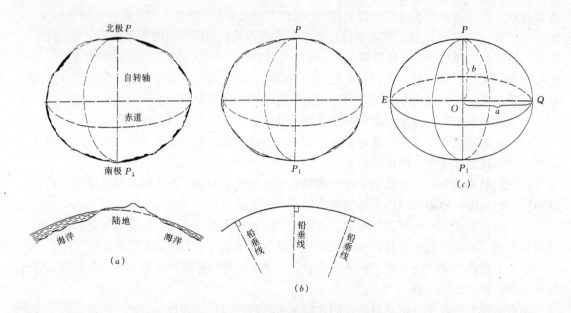

图 1-1 大地水准面与旋转椭球体
(a)地球自然表面;(b)大地水准面;(c)旋转椭球体

由于重力受地球内部质量分布不均匀的影响而引起铅垂线方向的变动,使大地水准面成为一个不完全是均匀变化的曲面。如果将地球表面上的点位投影到这样的曲面上,计算是非常困难的。为了解决这个问题,选用一个非常接近大地水准面,并可用数学公式表示的几何形体来建立一个投影面。这个数学形体是由包括地球自转轴 $PP_1$ 的椭圆 $PEP_1Q$ 绕 $PP_1$ 旋转而成的椭球体,又称地球椭球体,其表面称为旋转椭球面,如图 1-1(c)所示。

决定地球椭球体形状的元素为椭圆的长半轴 $a$、短半轴 $b$、扁率 $f$,其关系式为:

$$f = \frac{a-b}{a} \tag{1-2-1}$$

随着科学的进步,可以越来越精确地确定椭圆元素,到目前为止已知其精确数值为:

$$a = 6378137 \text{m}$$
$$b = 6356752 \text{m}$$
$$f = \frac{1}{298.257}$$

由于地球椭球体的扁率甚小,当测区面积不大时,可以把地球当作圆球看待,其半径 $R$ 按下式计算:

$$R = \frac{1}{3}(2a + b) \tag{1-2-2}$$

其近似值为 6371km。

## 第三节 地面点位的确定

测量工作的根本任务是确定地面点位。确定地面点位的空间位置通常是求出该点的球面坐标,或求出投影在水平面上的平面直角坐标 $(x, y)$ 以及该点到大地水准面的铅垂距离——高程 $(H)$。以下介绍几种确定地面点位的坐标系:

### 一、地理坐标系

地理坐标系属于球面坐标系,按球面坐标所依据的基本线和基本面的不同,以及求坐标的方法不同,可分为天文地理坐标和大地地理坐标两种。

(一)天文地理坐标

天文地理坐标表示地面点在大地水准面上的位置,用天文经度 $\lambda$ 和天文纬度 $\varphi$ 表示,如图 1-2 所示。确定球面坐标 $(\lambda, \varphi)$ 所依据的基本线为铅垂线,基本面为包含铅垂线的子午面。图中 $PP_1$ 为地球的自转轴,$P$ 为北极,$P_1$ 为南极。过地面上任一点 $F$ 的铅垂线 $FO$ 与地轴 $PP_1$ 所组成的平面称为该点的子午面,子午面与球面的交线称为子午线(也称经线)。$F$ 点的经度 $\lambda$ 是通过 $F$ 点的子午面 $PFKP_1$ 与首子午面 $PGMP_1$(国际公认通过英国 Greenwich 天文台的子午面,为计算经度的起始面)所组成的两面角。其计算方法为自首子午线向东或向西计算,数值在 0°~180°之间,向东为东经,向西为西经。垂直于地轴的平面与球面的交线称为纬线。垂直于地轴并通过球心 $O$ 的平面称为赤道平面,该平面与球面的交线称为赤道,即 $EQKM$。$F$ 点的纬度 $\varphi$ 是 $F$ 点的铅垂线 $FO$ 与赤道平面之间的交角。其计算方法为自赤道起向南或向北计算,数值在 0°~90°之间,在赤道以北为北纬,以南为南纬。

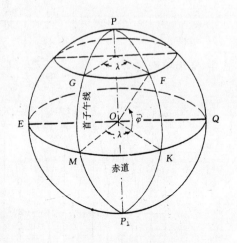

图 1-2 地球坐标

(二)大地地理坐标

大地地理坐标是表示地面点在旋转椭球体面上的位置,用大地经度 $L$ 和大地纬度 $B$ 表示,所依据的基本线和基本面为椭球面的法线与包含法线和南北极的大地子午面。$F$ 点的大

地经度 $L$ 是 $F$ 点的大地子午面与首子午面所夹的两面角，$F$ 点的大地纬度 $B$ 是过 $F$ 点的法线与赤道平面的交角。大地经纬度是根据一个起始的大地点（称为大地原点，该点的大地经纬度与天文经纬度一致）的大地坐标，按大地测量所得数据推算而得。我国以设立在陕西省泾阳县的大地原点为大地坐标的起算点，由此建立的坐标系称为"1980年国家大地坐标系"。

## 二、平面直角坐标系

采用地理坐标系确定地面点位仅适用于少数高级控制点，而对于大量的其他点位来说是不方便的。测量的计算与绘图最好在平面上进行，但是地球表面是一个不可展平的曲面。把球面上的点位化算到平面上，称为地图投影。我国普遍采用高斯（Gauss）投影的方法。

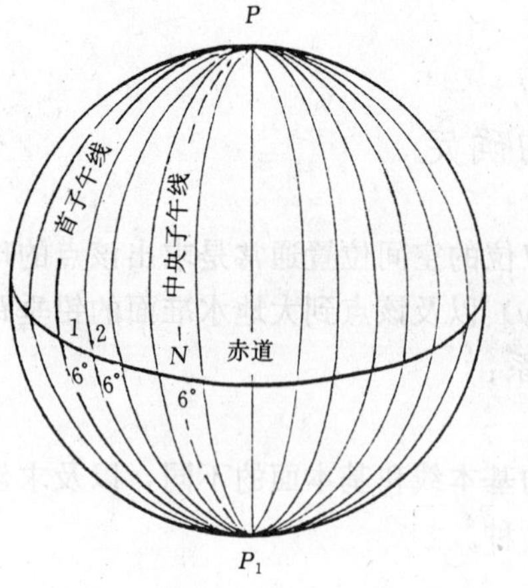

（一）高斯平面直角坐标

高斯投影的方法首先是将地球按经线划分成带，称为投影带，投影带是从首子午线起，每隔经度6°划为一带（称为6°带），如图1-3所示，自西向东将整个地球划分为60个带。带号从首子午线开始，用阿拉伯数字表示，位于各带中央的子午线称为该带的中央子午线（或称主子午线），如图1-4所示，第一个6°带的中央子午线的经度为3°，任意一个带的中央子午线经度 $\lambda_0$ 可按下式计算：

$$\lambda_0 = 6N - 3 \tag{1-3-1}$$

图1-3 投影分带

式中 $N$ 为投影带号。

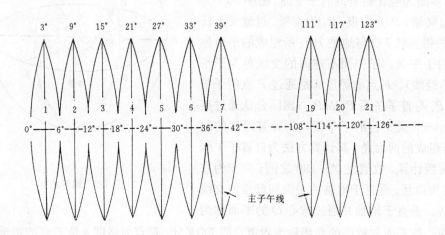

图1-4 6°带中央子午线及带号

投影时设想取一个空心圆柱体（图1-5）与地球椭球体的某一中央子午线相切，在球面图形与柱面图形保持等角的条件下，将球面上图形投影在圆柱面上，然后将圆柱体沿着通过南北极的母线切开，并展开成为平面。投影后，中央子午线与赤道为互相垂直的直线，分别作为坐标系的纵轴（X 轴）与横轴（Y 轴），两轴的交点 O 作为坐标原点，组成高斯平面直角坐标系统，如图 1-6（a）所示。

在坐标系内，规定 X 轴向北为正，Y 轴向东为正。我国位于北半球，X 坐标值为正，Y 坐标值有正有负，例如图 1-6（a）中 $y_a=+27680m$，$y_b=-34240m$，为避免出现负值，将每带的坐标原点向西移 500km，则每点的横坐标值也均为正值，如图 1-6（b）中，$y_a=500000+37680=527680m$，$y_b=500000-34240=465760m$。

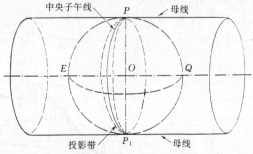

图 1-5 高斯平面直角坐标的投影

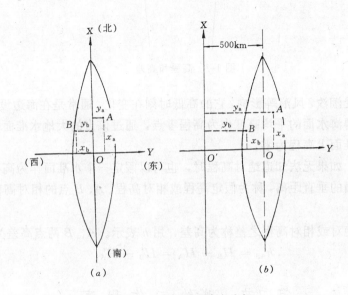

图 1-6 高斯平面直角坐标

为了根据横坐标值能够确定某点位于哪一个 6°带内，则在横坐标值前冠以带的编号。例如，A 点位于第 20 带内，则其横坐标值 $y_a$ 为 20527680m。

高斯投影中，虽然能使球面图形的角度与平面图形的角度保持不变，但任意两点间的长度却产生变形（投影在平面上的长度大于球面长度）称为投影长度变形。离中央子午线愈远则变形愈大，变形过大对于测图和用图都是不方便的。6°带投影后，其边缘部分的变形能满足 1∶25000 或更小比例尺测图的精度，当进行 1∶10000 或更大比例尺测图时，要求投影变形更小，可采用 3°分带投影法或 1.5°分带投影法。

（二）地区平面直角坐标

当测量的范围较小时，可以把该测区的地表一小块球面当作平面看待。将坐标原点选在测区西南角使坐标均为正值，以该地区中心的子午线为 x 轴方向。建立该地区的独立平面直角坐标系。

## 三、地面点的高程

地面点到大地水准面的铅垂距离，称为绝对高程，又称海拔。图1-7中$A$、$B$两点的绝对高程分别为$H_A$、$H_B$。

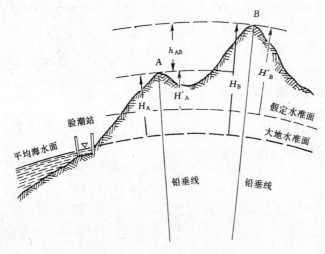

图1-7 高程和高差

由于海水面受潮汐、风浪等影响，它的高低时刻在变化，通常是在海边设立验潮站，进行长期观测，求得海水面的平均高度作为高程零点，通过该点的大地水准面作为高程基准面，即在大地水准面上高程为零。

在局部地区，如果无法知道绝对高程时，也可以假定一个水准面作为高程起算面，地面点到假定水准面的垂直距离，称为假定高程或相对高程。$A$、$B$点的相对高程分别为$H'_A$、$H'_B$。

地面两点间绝对或相对高程之差称为高差，用$h$表示。$A$、$B$两点高差为

$$h_{AB} = H_B - H_A = H'_B - H'_A \tag{1-3-2}$$

## 第四节 测绘工作程序

### 一、测绘工作的基本原则

地球表面的外形是复杂多样的，在测绘工作中大致将其分为两大类：地面由自然形成的高低起伏等变化，例如山、岭、河、海等称为地貌；地面上由人工建造的固定附着物，例如房屋、道路、界标、桥梁等称为地物。地貌和地物统称为地形。

测绘地形图、地籍图或房产图时，要在某一测站测绘该地区所有的地物和地貌是不可能的，例如在图1-8（a）中的$A$点上只能测量附近的地物和地貌，对于离$A$点较远的地方以及小山后面的部分就观测不到，因此就需要在若干测站上分区施测，最后才能拼接成一幅完整的地形图，如图1-8（b）所示。实际工作时应采用如下的测绘方法：首先用较严密的方法与较精密的仪器测定一些控制点（如图1-8中$A$、$B$、$C$、$D$、$E$、$F$）作为图形的骨架并保证图形的整体精度，再在各个控制点上分别施测周围的地物和地貌。也就是在测绘的布局上是"由整体到局部"，在精度方面是"从高级到低级"，在次序上是"先控制后细部"。这就是测绘工作应遵循的原则。

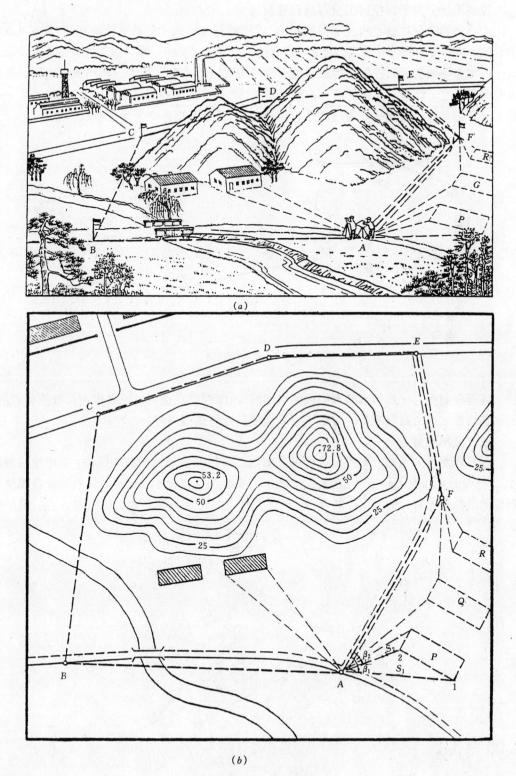

图 1-8 控制和细部测量

## 二、控制测量

控制测量分为平面控制测量与高程控制测量。

由一系列平面控制点构成平面控制网。以连续折线形式构成的平面控制网（图1-9a）称为导线，其转折点称为导线点。测量导线边的长度$S_{AB}$、$S_{BC}$……和导线边之间的转折角$\beta_A$、$\beta_B$……称为导线测量，控制点构成连续三角形形式（图1-9b）称为三角网或三边网，这些点称为三角点。测量三角形的各个内角$\alpha_1$、$\beta_1$、$\gamma_1$……或三角形各边长$AB$、$AC$、$BC$……称为三角测量或三边测量。通过测量角度和边长，可以算出各个平面控制点的坐标$(x,y)$。

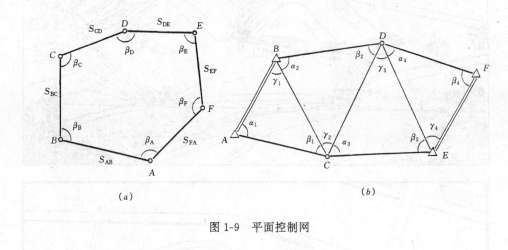

图1-9 平面控制网

高程控制网为一系列水准点构成的水准网，平面控制点也可以同时作为高程控制点用。用水准测量或三角高程测量的方法测定高程控制点的高程（$H$）。

## 三、细部测量

在控制测量的基础上就可以进行细部测量。图1-10所示为图解测绘法：首先按控制点$A$、$B$……的坐标值$(x,y)$在平板仪的图纸上展绘各点位置$a$、$b$……，然后测绘各控制点周围的地物和地貌。例如在控制点$A$，先使图纸上的$a$点对准地面上相应的$A$点，把平板

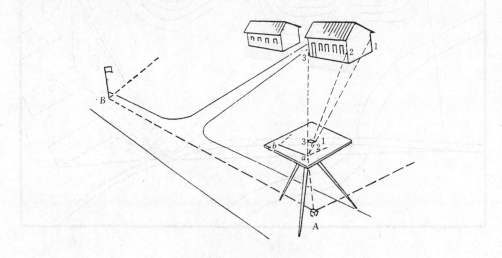

图1-10 地物测绘

置平,并使图纸上的 ab 方向和地面上 AB 方向一致;测定 A 点附近房屋的位置时,可以从图纸上的 a 点向房屋的三个墙角 1、2、3 画三条方向线,同时量出地面上 A1、A2、A3 的水平距离,在相应的方向线上按作图的比例分别量出 a1、a2、a3,这样就得到图上的 1、2、3 点;房屋通常是矩形的,可以用三角板推平行线的方法绘出另一墙角,这样就在图上测绘了这座房屋的平面位置。依此类推,在每个控制点上测绘其周围的地物。

在地面有高低起伏的地方,根据控制点的高程可以测定一系列地形特征点的高程,据此可以绘制用等高线表示的地形,如图 1-11 所示。

### 四、点位测设

点位测设是把规划拨定的地块或设计的房屋、道路等工程建筑物,按其特征点(界址点、轴线点等)用测量方法将其设计指定位置用混凝土桩、石桩、木桩等在实地标定,据此可以进行开发经营和施工建设。

例如图 1-8(b)所示,在控制点 A、F 附近,由城市规划部门拨定了 P、Q、R 地块(图中用虚线表示),作为建造住宅之用,需要在实地标定它们的位置(称为拨地)。根据控制点 A、F 的坐标及地块界址点的设计坐标,计算角度 $\beta_1$、$\beta_2$……和距离 $S_1$、$S_2$……,然后分别在控制点 A、F 上用测量仪器定出角度 $\beta_1$、$\beta_2$……所指出的方向,并沿这些方向量出距离 $S_1$、$S_2$……,在实地定出 1、2 等地块界址点。

### 五、基本观测量

点与点之间的相对位置可以根据距离、角度和高差来确定,因此这些量称为基本观测量。基本观测量可用一个简单而明显的例子,如图 1-12 所示的立方体中的一些量来表示:

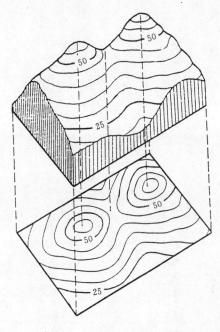

图 1-11 用等高线表示地形

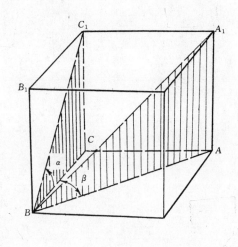

图 1-12 基本观测量

1. 距离

水平距离为位于同一水平面内两点之间的距离(如 BC、BA),倾斜距离为不位于同一水平面内两点之间的距离（如 $BC_1$、$BA_1$）。

2. 角度

水平角 $\beta$ 为水平面内两条直线间的夹角（如 $\angle CBA$），垂直角 $\alpha$ 为位于同一竖直面内水平线与倾斜线之间的夹角（如 $\angle CBC_1$）。

3. 高差

高差为两点间的垂直距离（如 $AA_1$、$CC_1$）。

## 思 考 题

1. 测绘学的主要任务是什么？
2. 房地产测绘的主要任务是什么？
3. 如何表示地球的形状和大小？
4. 确定地面点位有哪几种方法？
5. 何谓高斯平面直角坐标？
6. 何谓绝对高程与相对高程？
7. 何谓高差？如何计算？
8. 进行测绘工作时应遵循的基本原则是什么？
9. 测量工作中有哪些基本观测量？

# 第二章 角 度 测 量

## 第一节 水平角和垂直角

角度测量是确定地面点位时的基本测量工作之一。常用的测角仪器是经纬仪,它既可测量水平角,又可测量垂直角。

### 一、水平角观测原理

如图 2-1 所示,$A$、$B$、$C$ 为地面上任意三点,将三点沿铅垂线方向投影到水平面 $H$ 上,得到相应的 $A_1$、$B_1$、$C_1$ 点,则水平线 $B_1A_1$ 与 $B_1C_1$ 的夹角 $\beta$ 即为地面 $BA$ 与 $BC$ 两方向线间的水平角。由此可见,地面上任意两直线间的水平角度,为通过该两直线所作铅垂面间的两面角。

为了测定水平角值,可在角顶的铅垂线上安置一架经纬仪,仪器必须有一个能水平放置的刻度圆盘——水平度盘,度盘上有顺时针方向的 0°~360°的刻度,度盘的中心放在 $B$ 点的铅垂线上,另外,经纬仪还必须有一个能够瞄准远方目标的望远镜,望远镜不但可以在水平面内转动,而且还能在铅垂面内旋转。通过望远镜分别瞄准高低不同的目标 $A$ 和 $C$,其在水平度盘上相应读数为 $a$ 和 $c$,则水平角 $\beta$ 即为两个读数之差。即

$$\beta = c - a \qquad (2\text{-}1\text{-}1)$$

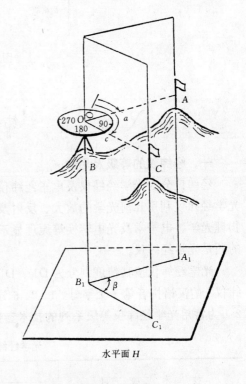

图 2-1 水平角

### 二、垂直角观测原理

同一铅垂面内,某方向的视线与水平线的夹角称为垂直角 $\alpha$(又称竖直角、高度角),其角值从 0°~±90°。

目标视线在水平线以上的称为仰角,角值为正($+\alpha$);目标视线在水平线以下的称为俯角,角值为负($-\alpha$),如图 2-2 所示。为了测定垂直角,经纬仪还必须在铅垂面内装有一个刻度盘——垂直度盘(简称竖盘)。

垂直角和水平角一样,其角值为度盘上两个方向的读数之差,所不同的是,垂直角的两个方向中的一个是水平方向,对某种经纬仪来说,视线水平时的竖盘读数应为 0°或 90°的倍数,所以测量垂直角时,只要瞄准目标,读出竖盘读数,即可计算出垂直角。

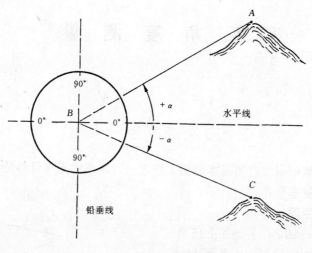

图 2-2 垂直角

## 第二节 经纬仪的构造及度盘读数

### 一、经纬仪的等级及用途

经纬仪分为光学经纬仪及电子经纬仪两类,后者是近代电子技术高度发展的成果之一。光学经纬仪利用几何光学的放大、反射及折射等原理进行度盘读数,而电子经纬仪则利用物理光学、电子学及光电转换等原理显示度盘读数。电子经纬仪价格昂贵,目前普遍使用的还是光学经纬仪。

光学经纬仪按其精度划分为 $DJ_1$、$DJ_2$、$DJ_6$ 等级别,D、J 分别为"大地测量"和"经纬仪"的汉语拼音第一个字母,1、2、6 分别为该经纬仪一测回方向观测中误差的秒数。表 2-1 为常用光学经纬仪等级系列的技术参数及主要用途。

光学经纬仪系列技术参数　　　　表 2-1

| 技　术　项　目 | | 经　纬　仪　等　级 | | |
|---|---|---|---|---|
| | | $DJ_1$ | $DJ_2$ | $DJ_6$ |
| 一测回水平方向中误差不大于（s） | | ±1 | ±2 | ±6 |
| 望远镜物镜有效孔径不小于（mm） | | 60 | 40 | 40 |
| 望远镜放大倍数 | | 30 | 28 | 20 |
| 水准管分划值不大于 | 水平度盘 | 6″/2mm | 20″/2mm | 30″/2mm |
| | 垂直度盘 | 10″/2mm | 20″/2mm | 30″/2mm |
| 主　要　用　途 | | 二等平面控制测量及精密工程测量 | 三、四等平面控制测量、地籍控制测量及一般工程测量 | 地形测量及房地产细部测量 |

## 二、经纬仪的构造

图 2-3 为经纬仪的构造示意图。图 2-3（a）表示经纬仪由三部分组成：基座 1，水平度盘 2、照准部 3。图 2-3（b）表示：基座部分有脚螺旋 4，用于置平仪器；水平度盘部分有纵轴套 5 及水平度盘 6，仪器的纵轴 7 插入轴套中，轴套插入基座中，水平度盘套在轴套外圈；照准部有平盘水准管 8，据此置平仪器，两侧有支架 9，有垂直度盘 10、望远镜 11 和横轴 12 固连。

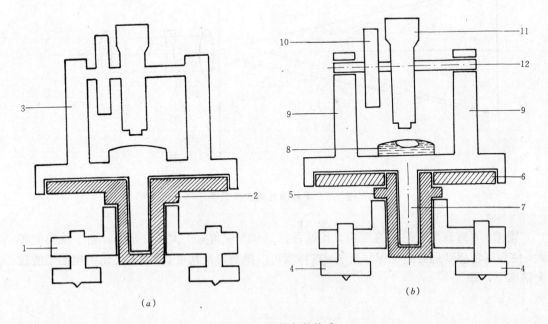

图 2-3 经纬仪的构造

纵轴及纵轴套可以在基座中在水平方向旋转，横轴可以在支架的轴承中在垂直方向旋转。水平和垂直方向的转动，可由制动螺旋和微动螺旋（图中未表示出）控制。因此望远镜可以转向任何一个方向，以照准（瞄准）目标。

## 三、测量望远镜

测量仪器上的望远镜是用来瞄目标和进行读数的。图 2-4 为其剖面图，它主要由物镜 1、目镜 2、调焦透镜 3、十字丝分划板 4、物镜对光螺旋 5 和目镜对光螺旋 6 所组成，从目镜中可以看到经过放大后的十字丝像 7。$CC_1$ 是望远镜的物镜光心与十字丝交点的连线，称为视准轴。调节目镜对光螺旋，可以使十字丝像清晰。调节物镜对光螺旋，可以使目标在十字丝平面上清晰地成像，目镜把目标像与十字丝同时放大。

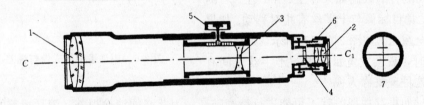

图 2-4 测量望远镜剖面

望远镜的成像原理如图 2-5 所示，远处目标 $AB$ 发出的光线经物镜 1 及调焦透镜 3 折射后，在十字丝平面 4 上成一倒立的实像 $ab$；通过目镜 2 的放大，成虚像 $a'b'$，十字丝也同时放大。

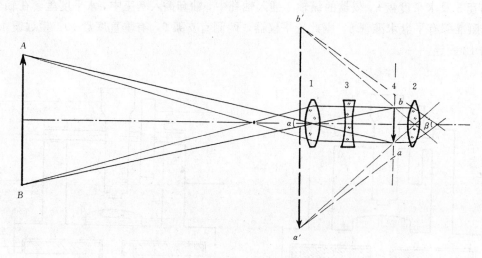

图 2-5　测量望远镜成像原理

虚像 $a'b'$ 对观测者眼睛的视角 $\beta$ 比原目标 $AB$ 的视角 $\alpha$ 扩大了许多倍。由于视角的扩大，使观测者感到远处的目标移近了，这样就可以提高瞄准精度。$\beta$ 与 $\alpha$ 之比为望远镜的放大倍率 $V$，即

$$V = \frac{\beta}{\alpha} \tag{2-2-1}$$

测量望远镜的放大倍率一般在 20 倍以上。

测量望远镜中的十字丝分划板为刻在玻璃片上的三根横丝及一根与横丝相垂直的纵丝，三根横丝中上、下两根较短的称为视距丝。

物镜与十字丝分划板之间的距离是固定不变的。由于望远镜所瞄准的目标有远有近，在望远镜内所成实像的位置随目标远近不同而改变，需要通过物镜对光（调焦）螺旋移动调焦透镜，使目标像与十字丝平面相重合，如图 2-6(a) 所示，这样才能精确瞄准目标。如果目标像与十字丝平面完全重合，则观测者的眼睛如果作上、下、左、右的移动，不会发觉目标像与十字丝有相对移动。如果两者没有完全重合，如图 2-6(b) 所示，则观测者的眼睛移动时，就会发觉目标像与十字丝之间有相对移动，这种现象称为视差。

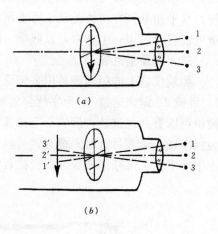

图 2-6　望远镜中的成像与视差

在观测时如果存在视差就不可能进行精确瞄准，因此必须消除视差。消除视差的方法为：首先瞄向天空或明亮的背景，转动目镜对光（调焦）螺旋，使十字丝十分清晰；然后

瞄准目标，转动物镜对光螺旋，使目标像十分清晰，上、下（或左、右）移动眼睛，如果未发觉目标像和十字丝有相对移动，则视差已经消除；否则重新进行物镜对光，直至视差完全消除。

### 四、水准器

为了置平仪器，必须使用水准器。水准器分为水准管和圆水准器两种，现分述如下：

（一）水准管

水准管是由玻璃圆管制成，其内壁磨成一定半径的圆弧，如图 2-7（a）所示，管内注满酒精或乙醚，加热封闭冷却后，管内形成空隙为液体的蒸汽所充满，即为水准气泡。

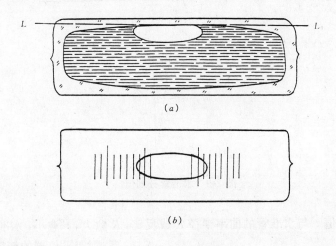

图 2-7 水准管

在水准管表面刻有 2mm 间隔的分划线，如图 2-7（b）所示，分划线与水准管的圆弧中点 $O$ 成对称，$O$ 点称为水准管的零点，通过零点作圆弧的切线 $LL_1$ 称为水准管轴。当气泡的中点与水准管的零点重合时，称为气泡居中。通常根据水准气泡两端距水准管两端刻划的格数相等的方法来判断水准气泡精确居中。

为了提高目估水准管气泡居中的精度，有些仪器的水准管上方装有符合棱镜，如图 2-8 所示，借助棱镜的反射作用，把气泡两端的影像转到望远镜旁的水准管气泡观察镜内，当气泡两端的像符合成一个圆弧时，表示气泡居中。这种水准管上就不需要刻分划线。

水准管上两相邻分划线间的圆弧（弧长为 2mm）所对的圆心角，称为水准管分划值 $\tau$（或称灵敏度）。分划值的实际意义，可以理解为当气泡移动 2mm 时，水准管轴所倾斜的角度，如图 2-9 所示。设水准管的曲率半径为 $R$

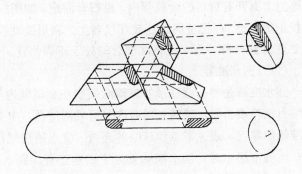

图 2-8 水准管与符合棱镜

(mm)，则水准管分划值 $\tau''$ 定义为：

$$\tau''=\frac{2}{R}\rho''\qquad(2\text{-}2\text{-}2)$$

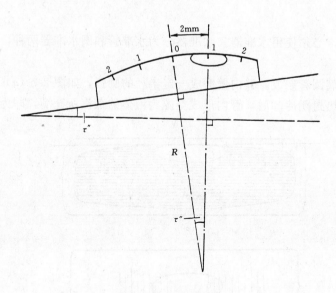

图 2-9 水准管分划值

上式说明分划值 $\tau''$ 与水准管的曲率半径 $R$ 成反比，$R$ 愈大，$\tau''$ 愈小，水准管的灵敏度愈高，则定平仪器的精度也愈高，反之定平精度就低。测量仪器上所用的水准管的分划值一般为 $6''\sim30''$，对于分划值为 $10''$ 或 $20''$ 的水准管，通常分别用 $10''/2mm$ 或 $20''/2mm$ 来表示。

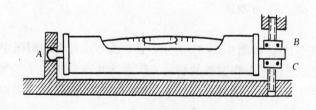

图 2-10 水准管的安装

测量仪器上的水准管是装在圆柱形的上面开有窗口的金属管内，用石膏固定，如图2-10所示，一端用球形支点 $A$，另一端用校正螺丝 $B$、$C$ 把金属管连接在仪器上。利用拨动校正螺丝 $B$、$C$，使水准管的该端相对于支点 $A$ 作升降，用来校正水准管轴处于正确位置。

（二）圆水准器

圆水准器是将一圆柱形的玻璃盒装嵌在金属框内，如图 2-11 所示。同水准管一样，盒内装有酒精或乙醚，玻璃盒顶面内壁磨成圆球面，中央刻有一个小圆圈，它的圆心 $O$ 是圆水准器的零点，通过零点和球心的连线（$O$ 点的法线）$L'L_1'$，称为圆水准轴。

当气泡居中时，圆水准轴就处于铅垂位置。圆水准器的分划值一般为 $5'/2mm\sim10'/2mm$，灵敏度较低，用于粗略整平仪器，可使经纬仪的纵轴大致处于铅垂位置，便于用脚螺旋使水准管的气泡精确居中。

**五、经纬仪的轴线及其应满足的条件**

经纬仪的轴线如图 2-12 所示：$VV_1$ 为纵轴，$LL_1$ 为水准管轴，$HH_1$ 为横轴，$CC_1$ 为视准轴。

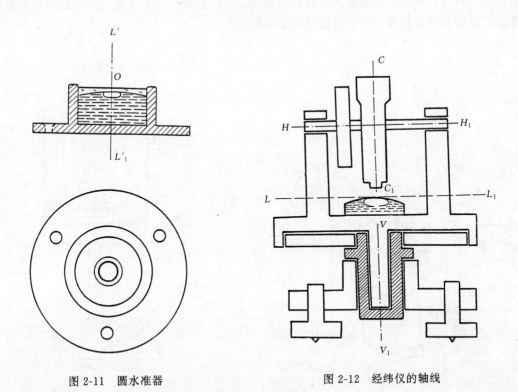

图 2-11　圆水准器　　　　　　图 2-12　经纬仪的轴线

纵轴为经纬仪在水平方向旋转的轴线，又称竖轴或仪器旋转轴。水准管轴为通过平盘水准管内壁圆弧中点的切线，气泡居中时，水准管轴处于水平位置。横轴为望远镜的旋转轴，又称水平轴。视准轴为望远镜的物镜中心与十字丝中心的连线，为仪器瞄准目标时的视线。

根据水平角和垂直角观测原理，经纬仪经过整平以后，要求：(1) 纵轴应铅垂，水平度盘应水平；(2) 望远镜上、下转动时，视准轴应在一个铅垂平面内。根据第一个要求，水准管轴必须和纵轴相垂直。根据第二个要求，视准轴必须和横轴相垂直，视准轴才能在一个平面内旋转；另外，横轴必须处于水平位置，视准轴才能在一个铅垂平面内旋转。

总起来说，经纬仪的轴线应该满足下列三个主要条件：

(1) 水准管轴应垂直于纵轴（$L \perp V$）；

(2) 视准轴应垂直于横轴（$C \perp H$）；

(3) 横轴应垂直于纵轴（$H \perp V$）。

### 六、$DJ_6$ 级光学经纬仪

图 2-13 为北京光学仪器厂生产的属于 $DJ_6$ 级的 DJ 6-1 型光学经纬仪，其外部各构件名称如图中所示。

图 2-14 为 DJ 6-1 型光学经纬仪的分解图，该图从上而下把经纬仪分解成三部分——照准部、水平度盘和基座。

（一）基座

基座上有三个脚螺旋，用来整平仪器。度盘旋转轴套套在纵轴轴套外围。拧紧轴套固定螺旋，可将仪器固定在基座上。放松该螺旋，可将经纬仪水平度盘连同照准部从基座中取出，以便换置觇牌等。但平时此螺旋必须拧紧。

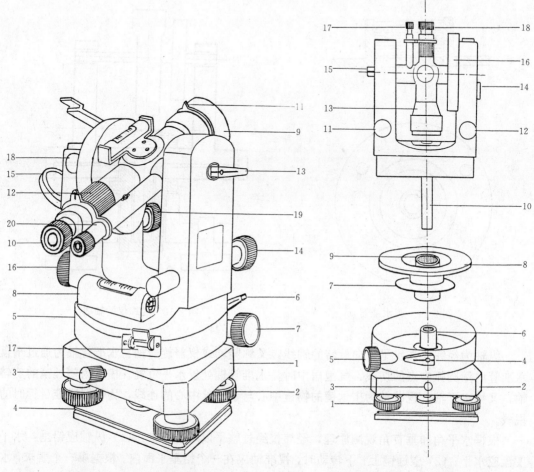

图 2-13　DJ 6-1 型光学经纬仪

1—基座；2—脚螺旋；3—轴套制动螺旋；4—脚螺旋压板；5—水平度盘外罩；6—水平方向制动螺旋；7—水平方向微动螺旋；8—照准部水准管；9—物镜；10—目镜调焦螺旋；11—瞄准用的准星；12—物镜调焦螺旋；13—望远镜制动螺旋；14—望远镜微动螺旋；15—反光照明镜；16—度盘读数测微轮；17—复测机钮；18—垂直度盘水准管；19—垂直度盘水准管微动螺旋；20—度盘读数显微镜

图 2-14　DJ 6-1 型经纬仪分解

1—脚螺旋；2—基座；3—轴套制动螺旋；4—水平方向制动螺旋；5—水平方向微动螺旋；6—纵轴轴套；7—复测盘；8—水平度盘；9—水平度盘轴套；10—纵轴；11—望远镜微动螺旋；12—垂直度盘水准管微动螺旋；13—望远镜；14—度盘照明反光镜；15—望远镜制动螺旋；16—垂直度盘；17—度盘读数显微镜；18—望远镜目镜

（二）水平度盘

水平度盘是一个光学玻璃圆盘，圆盘边缘刻有 0°～360° 的刻划（顺时针方向注记）。水平度盘轴套又称外轴。在外轴的下方装有一个金属圆盘，称为复测盘，用以带动水平度盘的转动。

（三）照准部

照准部包括支架、望远镜、横轴、垂直度盘等。照准部的旋转轴即为仪器的纵轴，纵轴插入基座内的纵轴轴套中旋转。

照准部在水平方向的转动，由水平制动螺旋和水平微动螺旋来控制。照准部上有平盘水准管，用以置平仪器。

望远镜的旋转轴称为横轴，它架于照准部的支架上。放松望远镜制动螺旋后，望远镜绕横轴在竖直面内自由旋转，旋紧望远镜制动螺旋后，转动望远镜微动螺旋，使望远镜作微小的上下旋转。

（四）转动控制装置

为了控制仪器各部分间的相对运动，仪器上一般设有三套控制装置：（1）望远镜的制动螺旋（或制动扳手）和微动螺旋；（2）照准部的制动螺旋（或制动扳手）和微动螺旋；（3）水平度盘转动的控制装置。

控制水平度盘转动的装置，一般有两种结构：

1. 水平度盘位置变换手轮

使用时将手轮推压进去（或打开手轮保护盖），转动手轮，则水平度盘随之转动，待转到需要的度盘位置后，将手松开，手轮退出转动。

2. 复测装置

具有复测装置的经纬仪水平度盘与照准部之间的关系由复测装置来控制。如图 2-15 所示，复测装置的底座固定在照准部外壳上，随照准部一起转动。当复测扳手拨下时，由于偏心轮的作用，使顶轴向后退，在簧片的作用下，使两滚珠之间的距离变小，簧片的间距也缩小，从而把外轴上的复测盘（图 2-14 中 7）夹紧。此时，照准部转动时就带动水平度盘一起转动，度盘读数不变。若将复测扳手拨上时，顶轴往里进，使簧片的间距扩大，复测盘与复测装置相互脱离，照准部转动时就不带动水平度盘，读数就相应改变。

（五）度盘读数设备及读数方法

光学经纬仪的读数设备包括度盘、光路系统及测微器。水平度盘和垂直度盘上的分划线，通过一系列棱镜和透镜成像显示在望远镜旁的读数显微镜内。

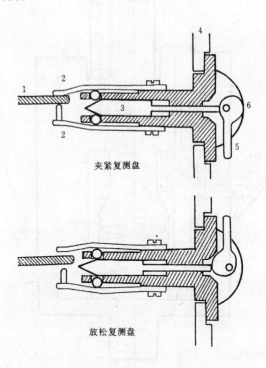

图 2-15 水平度盘复测装置

1—复测盘；2—簧片；3—顶轴；4—照准部；5—复测扳手；6—偏心轮

1. 测微尺读数装置

我国生产的 DJ6 级光学经纬仪——TDJ6 型经纬仪、CJH-1 型经纬仪，以及德国蔡司厂生产的 030 型经纬仪均属测微尺读数装置。图 2-16 是我国的 TDJ6 型经纬仪的光路图，外来的光线经反光镜 1 进入毛玻璃 2 分为两路，一路经棱镜 3 转折 90°通过聚光镜 4 及棱镜 5，照亮了水平度盘6。水平度盘分划线经复合物镜7、8和棱镜9成像于平凸透镜10的平面上。另一路光线经棱镜14折射后照亮了垂直度盘15，经棱镜16折射，垂直度盘分划线通过复合物镜组17、18和棱镜20、21，也成像于平凸镜10的平面上。在这个平面上有两条测微尺，每条有60格，放大后两个度盘分划线的1°间隔，正好等于相应测微尺60格的总长，因此测微尺上的一小格代表1′。两个度盘分划线的像连同测微尺上的刻划一起经棱镜11折射后传到读数显微镜。12是读数显微镜的物镜，13是目镜。经过这样的光学系统，度盘的像大约放大65倍，便于精确读数。图中22～26为光学对中器的光路。

图2-17是读数显微镜的视场，有"水平"字样的窗口是水平度盘分划线及其测微尺的像，有"竖直"字样的窗口中是垂直度盘分划线及其测微尺的像。其读数方法如下：按测微尺与度盘刻划相交处读取"度"数，从测微尺上的格子读取"分"数，1/10分的小数用目估读取，如图中的水平度盘读数为73°04′.4即73°04′24″，垂直度盘读数为87°06′.3即87°06′18″。

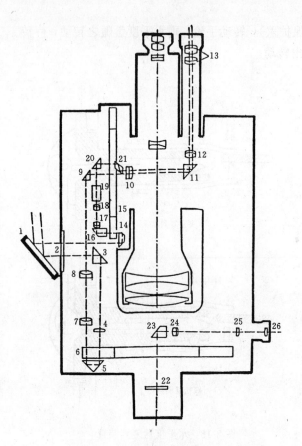

图2-16 TDJ6型经纬仪度盘读数光路

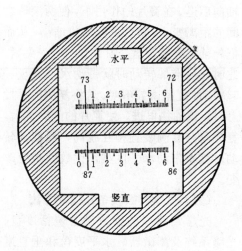

图2-17 TDJ6型经纬仪读数窗

**2. 平行玻璃测微器读数装置**

我国生产的DJ6-1型光学经纬仪，以及瑞士生产的威尔特T1经纬仪等，均采用单平行玻璃测微器读数装置，图2-18是DJ6-1型经纬仪的光路图。

该类仪器成像的过程是将垂直度盘4的分划成像于水平度盘7的分划面上；然后把水

20

平度盘上的分划线连同垂直度盘分划线的像,一起成像于读数窗14的指标面上(面上刻有单指标线与双指标线),然后经棱镜15折射传到读数显微镜,在读数目镜17中进行读数。

平行玻璃11和测微分划尺13用金属结构连结在一起,称为平行玻璃测微器。转动测微轮,平行玻璃和测微分划尺就绕同一轴转动。图2-19为这种读数设备的原理示意图。当测微分划尺读数为零,平行玻璃的底面水平,光线垂直通过平行玻璃,度盘分划线的像不改变原来的位置,如按读数窗上的双指标线进行读数,应为92°+α(图2-19a)转动测微轮,平行玻璃转动一个角度后,度盘分划线的像也就平行移动一微小距离,如果双指标线夹住92°分划线的像(图2-19b),这时移动量α可以由测微分划尺读出。

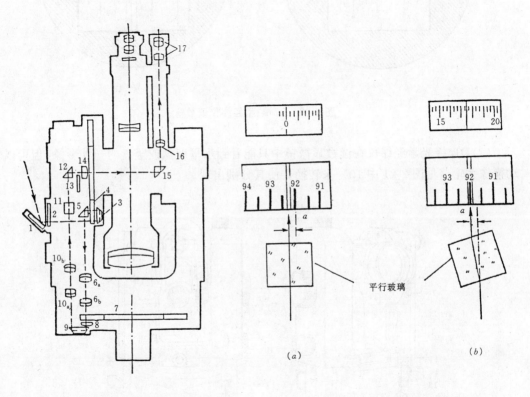

图2-18 DJ6-1型经纬仪光路图　　　　图2-19 平行玻璃板测微器

图2-20为这种读数显微镜中所见到的度盘和测微分划尺的像,实际测角时,转动测微轮使度盘分划线像被指标线夹住,然后读数。整度数根据被夹住的度盘分划线读出,零数从测微分划尺上读取。图2-20(a)中水平度盘读数为5°11′50″,图2-20(b)中垂直度盘读数为92°17′35″。

### 七、DJ₂级光学经纬仪

图2-21为苏州第一光学仪器厂生产的J2-1型经纬仪,各部件的名称注明于图下。DJ₂级经纬仪与DJ₆级经纬仪相比较,在读数设备方面有下列两个特点:

(1) DJ₂级光学经纬仪采用重合读数法,相当于取度盘对径相差180°处的两个读数的平均值,由此可以消除照准部偏心误差的影响,以提高读数精度。

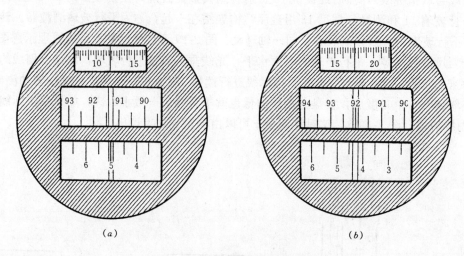

图 2-20 DJ 6-1型经纬仪读数窗

(2)$DJ_2$级光学经纬仪在读数显微镜中只能看到水平度盘或竖盘的一种影像,但可以转动换像手轮(见图2-21中10)来转换,使其分别出现。

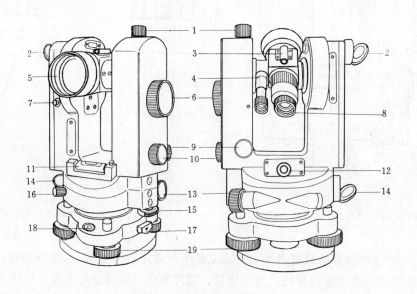

图 2-21 J 2-1型光学经纬仪

1—望远镜制动螺旋;2—竖盘照明镜;3—瞄准器;4—读数目镜;5—望远镜物镜;6—测微手轮;7—补偿器按钮;8—望远镜目镜;9—望远镜微动螺旋;10—换像手轮;11—平盘水准管;12—光学对中器目镜;13—照准部微动螺旋;14—水平度盘照明镜;15—水平度盘变换手轮;16—照准部制动螺旋;17—仪器锁定钮;18—基座圆水准器;19—脚螺旋

此类仪器在光路上设置固定光楔组和活动光楔组,活动光楔与测微分划相连。入射光线经过一系列棱镜、透镜后,将度盘直径两端刻线的像,同时反映到读数显微镜内,使度盘上处于对径位置的分划线成像在同一个平面上，并被横线隔开分成正像和倒像，如图2-22所示。以正字注记称正像，倒字注记称倒像，度盘分划值为20′，小窗格为测微分划的像，左边注字代表分数，右边注字代表10秒数，每小格代表1″，可以估读到0.1″。

读数前，先转动测微轮，使正、倒像分划线重合，找出正像与倒像注字相差180°的分划线（正像线在左、倒像线在右）读取正像注字的度数，并将该两线之间的度盘分格数乘以度盘分格值之半（10′），即得整10分数，不足10分的分、秒数在小窗格中的测微分划上读取。图2-22所示读数为：

(a)　　大窗读数 174°00′　　　　(b)　　大窗读数 42°50′
　　　　小窗读数　　02′02″.3　　　　　　小窗读数　　07′38″.5
　　　　全部读数 174°02′02″.3　　　　　全部读数 42°57′38″.5

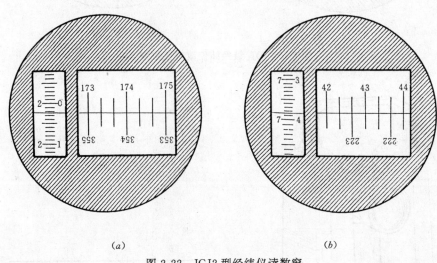

图2-22　JGJ2型经纬仪读数窗

为使读数方便和不易出错，近年来生产的DJ₂级经纬仪，例T2及J2-1型经纬仪采用如图2-23所示的读数窗。度盘对径分划像和度数像分别出现于两个窗口，另一窗口为测微器读数。当转动测微轮使对径分划上、下对齐以后，从度盘读数窗读取度数和10分数，从测微窗读取分数和秒数。图2-23(a)所示读数为94°12′44″.4，(b)读数为142°47′13″.8。

## 八、电子经纬仪

近年来电子经纬仪作为商品出现，标志着经纬仪发展到了一个新的阶段，它为测量工作自动化创造了条件。电子经纬仪在主要结构上和光学经纬仪相类似，主要不同点在于度盘和读数系统。采用编码度盘或光栅度盘，利用光电扫描进行自动读数和液晶显示。提高了测角精度，又便于操作和作读数记录，还可以把野外观测所采集的数据通过记录器和接口直接输入计算机内进行计算机绘图。

图2-24为瑞士威尔特厂生产的T2000型电子经纬仪。图2-25为DT5电子经纬仪的读数显示窗口，垂直度盘读数（V）为8°06′10″，水平度盘读数（H）为137°09′50″，可以同时显示。

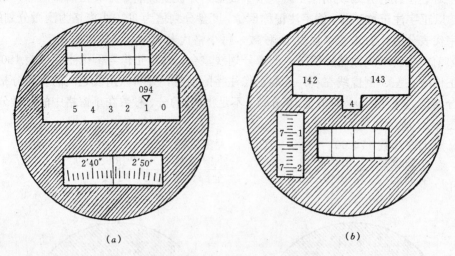

图 2-23 DJ₂级经纬仪改进读数窗

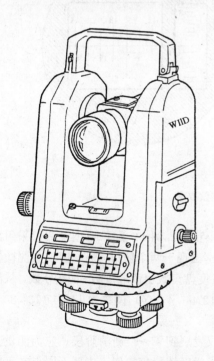

图 2-24 T 2000型电子经纬仪

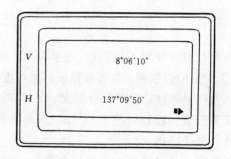

图 2-25 电子经纬仪的读数窗口

## 第三节 水平角观测

**一、经纬仪的安置**

经纬仪的安置包括对中和整平，具体操作方法分述如下：

（一）对中

对中的目的是把仪器的纵轴安置到测站的铅垂线上,具体做法是:调整好三脚架腿的长度,张开三脚架,将其安置在测站上,使架头大致水平,然后把垂球挂在连接螺旋中心的挂钩上,并把连接螺旋大致放在三脚架头的中心,进行初步对中。如果偏离较大,可平移三脚架,使垂球尖大致对准测站点的中心,并将三脚架的脚尖踩入土中,此时,仍要保持架头的大致水平,如图2-26所示。

从箱中取出经纬仪放在三脚架上,旋紧连接螺旋,对中可利用垂球或光学对中器。

1. 用垂球对中

若垂球尖与测站点间有较小的偏差,可稍旋松连接螺旋,两手扶住仪器基座,在架头上移动仪器,使垂球尖准确地对准测站点后,再将连接螺旋旋紧。用垂球对中的误差一般应小于3mm。

2. 用光学对中器对中

如图2-27所示,光学对中器是装在仪器纵轴中的小望远镜,中间装有一个折射棱镜,使铅垂方向的光线折成水平方向,以便观察。

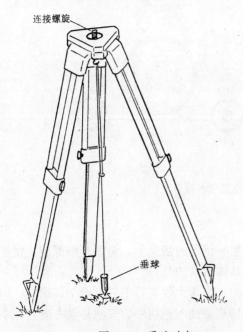

图2-26 垂球对中

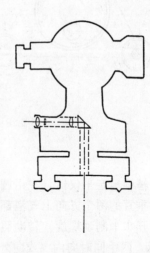

图2-27 光学对中

只有当仪器纵轴铅垂时,才能应用光学对中器对中。运用光学对中器进行对中的步骤如下:

(1) 三脚架架头大致水平和目估初步对中(或利用垂球);
(2) 转动对中器目镜对光螺旋,使地面标志点的影像清晰;
(3) 旋转脚螺旋,使测站点的影像位于圆圈中心;
(4) 运用三脚架的伸缩来调平圆水准气泡,再旋转脚螺旋使长水准管气泡精确居中;
(5) 检查一下测站点是否位于圆圈中心,若相差很小,可稍旋松连接螺旋,在架头上平移仪器,使其精确对中,对中误差应小于1mm。

### （二）整平

整平的目的是使经纬仪的纵轴铅垂，从而使水平度盘和横轴处于水平位置，垂直度盘位于铅垂平面内。经纬仪基座上的圆水准器作粗平仪器之用，照准部上的平盘水准管作精平仪器之用。

#### 1. 粗平

粗平即粗略地定平仪器，转动脚螺旋使圆水准器气泡居中，导致仪器的纵轴大致铅垂，为在各个方向精密定平仪器创造条件。粗平的具体操作方法如下：如图 2-28（a）所示，外围圆圈为三个脚螺旋，中间为圆水准器，虚线圆圈代表气泡所在位置，首先用双手按箭头所指的方向转动脚旋 1、2，使气泡移到这两个脚螺旋方向的中间，然后再按图 2-28（b）中箭头所指的方向，用左手转动脚螺旋 3，使气泡居中。气泡移动的方向与左手大拇指转动脚螺旋时的移动方向相同，故称为"左手大拇指"规则。

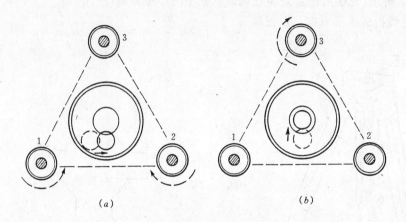

图 2-28 使圆水准器气泡居中

#### 2. 精平

精平即较精确地定平仪器，在用圆水准器粗平仪器的情况下，再调整脚螺旋，使平盘水准管在相互垂直的两个方向上气泡都居中，具体的做法是：

（1）先松开水平制动螺旋。转动照准部，使水准管大致平行于任意两个脚螺旋，如图 2-29（a）所示，两手同时向内（或向外）转动脚螺旋使气泡居中。气泡移动方向与左手大拇指方向一致。

（2）将照准部旋转 90°，如图 2-29（b）所示，旋转另一个脚螺旋，使气泡居中。

如果水准管位置正确（其检验、校正方法见本节四），则按上述步骤反复 1~2 次后，当照准部转动到任何位置时，水准管气泡总是居中（允许偏差一格），这时仪器的纵轴铅垂，水平度盘水平。

### 二、照准目标及瞄准方法

测角时的照准标志，一般是竖立于地面点的标杆、测钎、觇牌或用竹杆支撑悬挂的垂球（图 2-30）。测水平角时，以望远镜目镜中十字丝的纵丝瞄准目标。望远镜瞄准目标的步骤如下（以水平角观测时的瞄准为例）：

（1）目镜对光（调焦）：将望远镜对向明亮的背景（如白墙、天空等），转动目镜对光

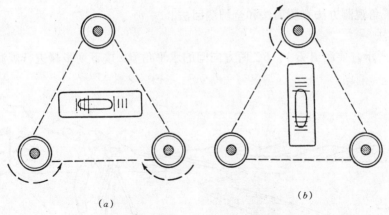

图 2-29 使水准管气泡居中

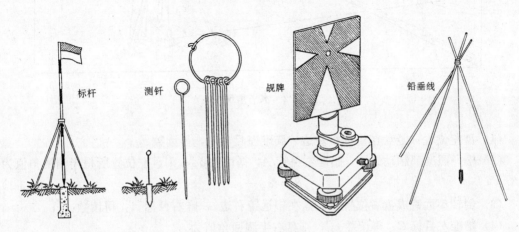

图 2-30 照准标志

螺旋,使十字丝最清晰。

(2)粗瞄目标:松开望远镜和水平制动螺旋,通过望远镜上的缺口和准星对准目标,然后旋紧制动螺旋。

(3)物镜对光(调焦):转动物镜对光螺旋,使目标的像十分清晰,如图 2-31(a)所示;再旋转望远镜与水平微动螺旋使十字丝纵丝对准目标,如图 2-31(b)所示。

(4)消除视差:瞄准时要求目标像与十字丝平面重合,以消除视差。有了视差就不可能精确地瞄准目标。因此进行物镜对光,使目标像清晰

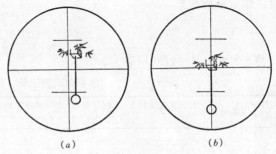

图 2-31 瞄准目标

以后,还应左、右微动眼睛,以观察目标像与十字丝有否相对移动。如果发现存在视差,则需重新进行物镜对光,直至消除视差现象为止。

### 三、水平角观测方法

常用的水平角观测方法有测回法和全圆测回法。

（一）测回法

如图 2-32 所示，要测出 $BA$、$BC$ 两方向间的水平角 $\beta$，按下列步骤进行观测：

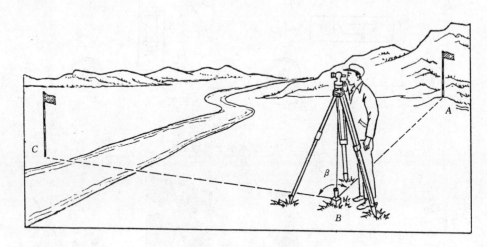

图 2-32 水平角观测

(1) 盘左位置（竖盘在望远镜左边）瞄准左目标 $C$，得读数 $c_左$；

(2) 松开照准部制动螺旋，瞄准右目标 $A$，得读数 $a_左$；则盘左位置所得半测回角值为

$$\beta_左 = a_左 - c_左 \tag{2-3-1}$$

(3) 倒转望远镜成盘右位置（竖盘在望远镜右边），瞄右目标 $A$，得读数 $a_右$；

(4) 瞄准左目标 $C$，得读数 $c_右$；则盘右半测回角值为

$$\beta_右 = a_右 - c_右 \tag{2-3-2}$$

利用盘左、盘右两个位置观测水平角，可以抵消仪器误差对测角的影响，同时可作为观测中有无错误的检核。

对于用 $DJ_6$ 级光学经纬仪，如果 $\beta_左$ 与 $\beta_右$ 的差数不大于 $40''$，则取盘左、盘右角值的平均值，作为最后结果：

$$\beta = \frac{1}{2}(\beta_左 + \beta_右) \tag{2-3-3}$$

表 2-2 为测回法观测记录。

水平角观测记录（测回法） 表 2-2

| 测站 | 目标 | 竖盘位置 | 水平度盘读数 (° ′ ″) | 半测回角值 (° ′ ″) | 一测回平均角值 (° ′ ″) | 备 注 |
|---|---|---|---|---|---|---|
| B | C | 左 | 0 20 45 | 125 14 15 | 125 14 20 | C○———○A ＼β／ ○B |
| | A | | 125 35 00 | | | |
| | C | 右 | 180 21 15 | 125 14 25 | | |
| | A | | 305 35 40 | | | |

## (二)方向观测法

在三角测量中进行水平角观测时,在一个测站上往往需要观测2个或2个以上的角度。此时可采用方向观测法观测水平方向值。相邻两方向值之差,即为该两方向间的水平角值。

如果观测的水平方向超过3个,则对逐个目标观测水平方向值后,还应继续向前转到第一个目标进行二次观测,称为归零。此时的方向观测法因为旋转整个圆周,故又称全圆方向法。

如图2-33所示,在三角点$C$要观测$A$、$B$、$D$、$E$ 4个水平方向值。用全圆方向法观测水平方向的方法如下:

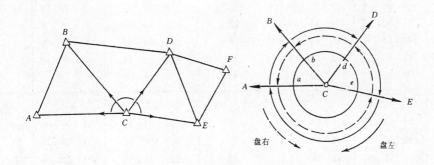

图 2-33 全圆方向法观测水平方向

1. 经纬仪盘左位置
(1) 将水平度盘读数置于0°附近瞄准目标$A$,水平度盘读数为$a_1$;
(2) 顺时针旋转照准部,依次瞄准$B$、$D$、$E$,得相应的水平度盘读数为$b$、$d$、$e$;
(3) 继续顺时针方向旋转照准部,再次瞄准目标$A$,水平度盘读数为$a_2$;读数$a_1$与$a_2$之差称为半测回归零差。对于$DJ_6$级经纬仪,半测回归零差允许为18″。

2. 经纬仪盘右位置
(1) 逆时针方向转动照准部,瞄准目标$A$,得水平度盘读数$a_1'$;
(2) 逆时针方向转动照准部,依次瞄准目标$E$、$D$、$B$,得相应的读数为$e'$、$d'$、$b'$;
(3) 继续逆时针方向旋转照准部,再次瞄准目标$A$,得读数为$a_2'$;$a_1'$与$a_2'$之差为盘右半测回的归零差。其限差规定同盘左,若在允许范围内,则取其平均数。

以上完成全圆方向法一个测回的观测,其观测记录如表2-3所示。

在一个测回中,对于同一方向,盘左、盘右水平度盘读数之差称为2C值,2C值应该为一常数。2C值的变动是方向观测中偶然误差的反映,对于$DJ_2$级经纬仪一般规定2C不应超过13″。

如果2C变动没有超限,则对于每一个方向都取盘左、盘右读数的平均值,称为方向值。例如目标$A$的方向值为:

$$\frac{1}{2}[a + (a' \pm 180°)]$$

如果在一个测站上的水平方向需要观测$n$个测回,则各测回间必须将水平度盘的位置改变$180°/n$。例如观测2测回,则每个测回第一个目标的读数分别应在0°、90°附近;观测

3测回,则分别应在0°、60°、120°附近。

全圆方向法观测记录　　　　　　　　　表 2-3

| 测站 | 测回数 | 目标 | 读　　　数 | | 2C=左<br>-(右±180°) | 平均读数=$\frac{1}{2}$<br>[左+(右±180°)] | 归零方向值 | 各测回归零方向值之平均值 |
| --- | --- | --- | --- | --- | --- | --- | --- | --- |
| | | | 盘　左 | 盘　右 | | | | |
| | | | (° ′ ″) | (° ′ ″) | (″) | (° ′ ″) | (° ′ ″) | (° ′ ″) |
| 1 | 2 | 3 | 4 | 5 | 6 | 7 | 8 | 9 |
| C | 1 | A | 0 02 06 | 180 02 00 | +6 | (0 02 06)<br>0 02 03 | 0 00 00 | |
| | | B | 51 15 42 | 231 15 30 | +12 | 51 15 36 | 51 13 30 | |
| | | D | 131 54 12 | 311 54 00 | +12 | 131 54 06 | 131 52 00 | |
| | | E | 182 02 24 | 2 02 24 | 0 | 182 02 24 | 182 00 18 | |
| | | A | 0 02 12 | 180 02 06 | +6 | 0 02 09 | | |
| | 2 | A | 90 03 30 | 270 03 24 | +6 | (90 03 32)<br>90 03 27 | 0 00 00 | 0 00 00 |
| | | B | 141 17 00 | 321 16 54 | +6 | 141 16 57 | 51 13 25 | 51 13 28 |
| | | D | 221 55 42 | 41 55 30 | +12 | 221 55 36 | 131 52 04 | 131 52 02 |
| | | E | 272 04 00 | 92 03 54 | +6 | 272 03 57 | 182 00 25 | 182 00 22 |
| | | A | 90 03 36 | 270 03 36 | 0 | 90 03 36 | | |

为了便于将各测回的方向值进行比较和最后取其平均值,在各个测回中将第一个目标的方向值化为0°00′00″,而其他目标的方向值都减去第一个目标的方向值,称为归零方向值,取各测回归零方向值的平均值作为观测成果。

**四、水准器位置的检验和校正**

经纬仪基座上的圆水准器和照准部的水准管(平盘水准管)都用于置平仪器,它们的装置位置如果不正确,就会影响仪器的置平,因此需要进行检验和校正。

(一)圆水准器的检验和校正

检验的方法:旋转仪器脚螺旋,使圆水准器气泡居中(图 2-34a);然后将仪器绕纵轴旋转180°,如果气泡偏于一边(图 2-34b),则圆水准器的安装位置需要校正。

校正的方法:旋转脚螺旋,使气泡向圆水准中心移动偏距的一半(图 2-34c);然后用校正针拨转圆水准器的校正螺丝使气泡居中(图 2-34d)。

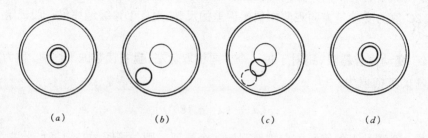

图 2-34　圆水准器的检验和校正

检验和校正一般需要反复进行2~3次，才能完全达到校正的目的。

(二) 照准部水准管的检验和校正

检验的方法：初步整平仪器，转动照准部使水准管平行于一对脚螺旋，转动这一对脚螺旋使气泡居中；然后将照准部旋转180°，如果气泡仍居中，则水准管位置正确，否则应进行校正。

校正的方法：相对地转动平行于水准管的一对脚螺旋，使气泡向水准管中点移动偏歪格数的一半；然后用校正针拨动水准管一端的校正螺旋，使气泡居中。

## 第四节 垂直角观测

### 一、垂直角观测的用途

在以下场合需要进行垂直角观测：

(1) 如图2-35所示，测得两点间的斜距$S'$及垂直角$\alpha$，将斜距化为水平距离$S$。进行倾斜改正的公式为：

$$S = S'\cos\alpha \qquad (2\text{-}4\text{-}1)$$

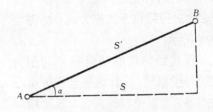

图 2-35 斜距化为平距

(2) 如图2-36所示，已知$A$、$B$两点间的水平距离$S$，如要测定$A$、$B$两点间的高差$h_{AB}$，而用水准测量的方法有困难时，则可在$A$点上安置经纬仪，在$B$点上竖立标杆，观测至标杆顶的垂直角$\alpha$，用钢尺量出仪器高$i$和目标高$l$，按下式计算$A$点至$B$点的高差$h_{AB}$和$B$点的高程$H_B$：

$$h_{AB} = S \cdot \mathrm{tg}\alpha + i - l \qquad (2\text{-}4\text{-}2)$$

$$H_B = H_A + h_{AB} = H_A + S \cdot \mathrm{tg}\alpha + i - l \qquad (2\text{-}4\text{-}3)$$

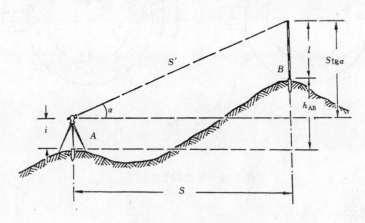

图 2-36 三角高程测量

上述测量高程的方法称为三角高程测量，这种方法在视距地形测量中广泛地应用。

### 二、垂直度盘构造与垂直角观测

(一) 垂直度盘构造

如图 2-37 所示，经纬仪上的竖盘是固定在望远镜横轴的一端上的，竖盘的平面与横轴相垂直。当望远镜瞄准目标而在竖直面内转动时，它便带动竖盘在竖直面内一起转动。竖盘指标是同竖盘水准管连结在一起的，不随望远镜而转动。通过竖盘水准管微动螺旋，能使竖盘指标和水准管一起作微小的转动。在正常情况下，当竖盘水准管气泡居中时，竖盘指标就处于正确位置。

竖盘刻度通常有 0°～360°顺时针和逆时针注记两种形式，0°～180°的对径线位于水平方向，如图 2-38 所示。

现代经纬仪的竖盘指标利用重摆补偿原理，设计成竖盘指标自动归零，可以使操作简化，观测精度提高。

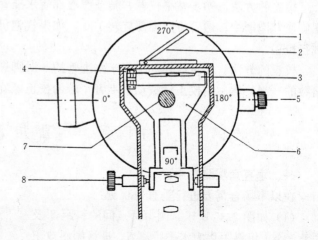

图 2-37 垂直度盘的构造
1—垂直度盘；2—水准管反射镜；3—竖盘水准管；4—竖盘水准管校正螺丝；5—望远镜目镜；6—竖盘水准管支架；7—横轴；8—竖盘水准管微动螺旋

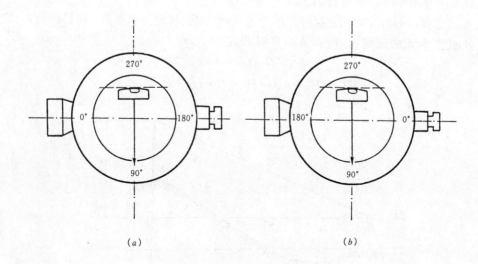

(a)　　　　　　　　　(b)

图 2-38 竖盘刻度注记

（二）垂直角计算

竖盘注记不同，则根据竖盘读数计算垂直角的公式也不同，如图 2-39 所示为 0°～360°逆时针注记的一种。盘左时，视线水平时的竖盘读数 $L_0=90°$。盘右时，视线水平时的竖盘读数 $R_0=270°$。

当望远镜向上（或向下）瞄准目标时，竖盘也随之一起转动了同样的角度，因此，瞄准目标时的竖盘读数与水平视线时的竖盘读数之差，即为所求的垂直角。

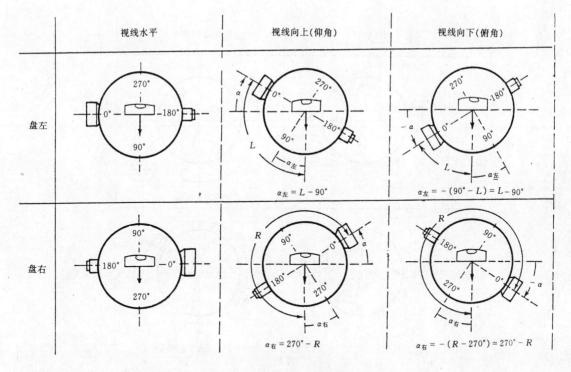

图 2-39 竖盘读数与垂直角计算

设盘左垂直角为 $\alpha_左$，盘左瞄目标时的竖盘读数为 $L$，盘右垂直角为 $\alpha_右$，盘右瞄目标时的竖盘读数为 $R$，由图可知，垂直角的计算公式为：

$$\left.\begin{aligned}\alpha_左 &= L - 90° \\ \alpha_右 &= 270° - R\end{aligned}\right\} \tag{2-4-4}$$

同理，当竖盘为 0°～360°顺时针注记时，垂直角的计算公式为：

$$\left.\begin{aligned}\alpha_左 &= 90° - L \\ \alpha_右 &= R - 270°\end{aligned}\right\} \tag{2-4-5}$$

从上面两式可以归纳出垂直角计算的一般公式。根据竖盘读数计算垂直角时，首先应看清物镜向上抬高时（仰角）竖盘读数是增加还是减少，然后规定：

物镜抬高时读数增加，则

$$\alpha = （瞄准目标时读数） - （视线水平时读数）$$

物镜抬高时读数减少，则

$$\alpha = （视线水平时读数） - （瞄准目标时读数）$$

以上规定，不论何种竖盘形式，不论是盘左还是盘右都是适用的。

（三）竖盘指标差

从以上介绍竖盘构造及垂直角计算中可以知道：竖盘水准管气泡居中，望远镜的视线水平时（垂直角为零），竖盘读数应为 90°的整倍数。但是由于竖盘水准管与竖盘读数指标的关系不正确，使视线水平时的读数与应有读数有一个小的角度差 $x$，称为竖盘指标差，如图 2-40 所示。由于指标差的存在，使垂直角计算的（2-4-4）式在盘左时应改为：

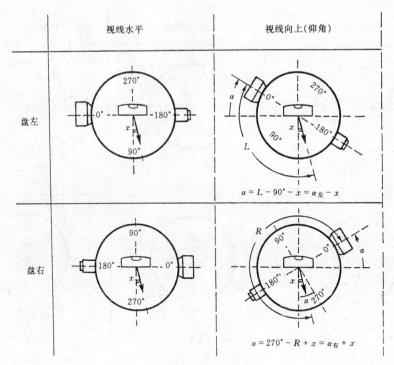

图 2-40 竖盘指标差

$$\alpha = L - 90° - x = \alpha_左 - x \tag{2-4-6}$$

在盘右时应改为：

$$\alpha = 270° - R + x = \alpha_右 + x \tag{2-4-7}$$

但是在取盘左、盘右测得垂直角的平均值时：

$$\alpha = \frac{1}{2}(\alpha_左 + \alpha_右) \tag{2-4-8}$$

可以消除竖盘指标差的影响。

将（2-4-6）式与（2-4-7）式相减，并除以2，得到竖盘指标差的计算公式：

$$x = \frac{1}{2}(\alpha_左 - \alpha_右) \tag{2-4-9}$$

（四）垂直角观测

垂直角观测前应看清竖盘的注记形式，确定垂直角计算公式。

垂直角观测时利用横丝瞄准目标的特定位置，例如标杆的顶部或标尺上的某一位置。垂直角观测的方法如下：

(1) 置经纬仪于测站点，经过对中、整平，用皮尺（或钢尺）量出仪器高 $i$ （从地面桩顶量到望远镜旋转轴的高度）。

(2) 盘左位置瞄准目标，使十字丝的中横丝切于目标某一位置（对准标尺，则读出中丝在尺上的读数，这就是目标高 $l$），转动竖盘水准管微动螺旋使竖盘水准管气泡居中，读取竖盘读数为 $L$。

(3) 盘右位置仍瞄准该目标，方法同第（2）步，读取竖盘读数 $R$。

垂直角记录和计算见表 2-4。对于同一目标，盘左、盘右测得垂直角之差称为两倍指标差。用同一架仪器在某一段时间内连续观测，竖盘指标差应为固定值，但由于观测误差的存在，使两倍指标差有所变化，计算时需算出该数值，以检查观测成果的质量。

**垂 直 角 观 测 记 录**　　　　　　　　　　　　表 2-4

| 测站 | 目标 | 竖盘位置 | 竖盘读数<br>(° ′ ″) | 半测回垂直角<br>(° ′ ″) | 两倍指标差<br>($a_左-a_右$)<br>(″) | 一测回垂直角<br>(° ′ ″) | 备　　注 |
|---|---|---|---|---|---|---|---|
| I | J | 左 | 112 15 00 | +22 15 00 | −22 | +22 15 11 | 盘左<br>计算公式<br>$a_左=L-90°$<br>$a_右=270°-R$ |
| | | 右 | 247 44 38 | +22 15 22 | | | |
| | K | 左 | 118 37 36 | +28 37 36 | −22 | +28 37 47 | |
| | | 右 | 241 22 02 | +28 37 58 | | | |
| | M | 左 | 84 06 10 | −5 53 50 | −20 | −5 53 40 | |
| | | 右 | 275 53 30 | −5 53 30 | | | |

观测垂直角时，只有当竖盘指标水准管气泡居中，指标才处于正确位置，否则读数就有误差。近年来，一些经纬仪的竖盘指标采用自动归零补偿装置来代替水准管结构，简化了操作程序。当经纬仪的安置稍有倾斜时，这种装置会自动地调整光路使能读得相当于水准管气泡居中时的竖盘读数。

## 思考题与练习题

1. 何谓水平角？在同一铅垂面内，瞄准不同高度的目标，在水平度盘上的读数是否一致？
2. 何谓垂直角？为什么只瞄准一个方向即可测得垂直角？
3. 经纬仪由哪些主要部分构成？它们各起什么作用？
4. 测量望远镜与一般望远镜有什么不同之处？测量望远镜的视差是如何产生的？在进行角度观测时如何消除视差？
5. 水准管的分划值代表什么？经纬仪的等级和水准管的分划值有何关系？
6. 角度观测时，如何安置经纬仪？如何瞄准目标？如何读数？
7. 整理水平角观测记录表，计算出该水平角：

**水平角观测记录**（测回法）

| 测站 | 目标 | 竖盘位置 | 水平度盘读数<br>(° ′ ″) | 角　值<br>(° ′ ″) | 平均角值<br>(° ′ ″) | 备　　注 |
|---|---|---|---|---|---|---|
| B | C | 左 | 347 16 30 | | | |
| | A | | 48 34 24 | | | |
| | C | 右 | 167 15 42 | | | |
| | A | | 228 33 54 | | | |

8. 整理垂直角观测记录表，计算出这些垂直角：

**垂 直 角 观 测 记 录**

| 测站 | 目标 | 竖盘位置 | 竖盘读数<br>( ° ′ ″ ) | 半测回垂直角<br>( ° ′ ″ ) | 一测回垂直角<br>( ° ′ ″ ) | 备 注 |
|---|---|---|---|---|---|---|
| A | B | 左 | 72  18  18 | | | 竖盘： 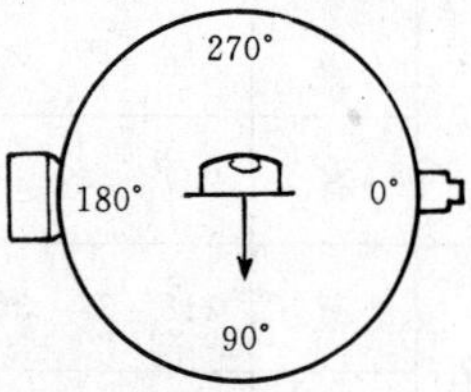 |
| | | 右 | 287  42  00 | | | |
| | C | 左 | 96  32  48 | | | |
| | | 右 | 263  27  30 | | | |
| | D | 左 | 64  28  24 | | | |
| | | 右 | 295  31  30 | | | |

9. 用经纬仪进行水平角和垂直角观测时，为什么要用盘左、盘右观测而取其平均数？

10. 如何对经纬仪上的水准器（圆水准器和水准管）进行检验和校正？

# 第三章 距离和高程测量

距离测量是确定地面点位时的基本测量工作之一。常用的距离测量方法有卷尺量距、视距测量、光电测距，还有超声波测距。卷尺量距是用可以卷起来的尺子沿地面丈量，属于直接量距；视距测量是利用经纬仪或水准仪中的视距丝及视距标尺，按几何光学原理进行测距；光电测距是用仪器发射和接收光波，按其传播速度及时间测定距离；超声波测距所发射和接收的为超声波，也按传播的速度及时间测定距离。后两者为电子物理测距。按几何光学或电子物理测距，属于间接测距。

卷尺量距又称丈量，所用工具简单，但易受地形限制，适合于在平坦地区的近距离测量，若量较长距离时工作繁重。视距测量充分利用经纬仪、水准仪的附属性能，可以克服地形障碍，工作轻便，但其测距精度一般低于直接丈量，适合于低精度的近距离测量。电磁波测距仪器先进，工作方便，测距精度高、测程远，但仪器成本较高。超声波测距仪器小巧，但测程很短，适用于室内测量长度。因此，各种测距方法分别适合于不同的现场具体情况和不同的测程、测距精度要求。

高程测量可以看作是铅垂方向的距离测量，较精确的方法为用水准仪进行的水准测量，其次为用经纬仪和测距仪进行的三角高程测量。

## 第一节 卷 尺 量 距

### 一、钢卷尺、皮尺和丈量工具

（一）钢卷尺

钢卷尺又称钢尺，为钢制成的带状尺，尺的宽度约10～15mm，厚度约0.4mm，长度有20m、30m、50m等数种。钢尺可以卷放在圆形的尺壳内，也有卷放在金属的尺架上，如图3-1 (*a*) 所示。

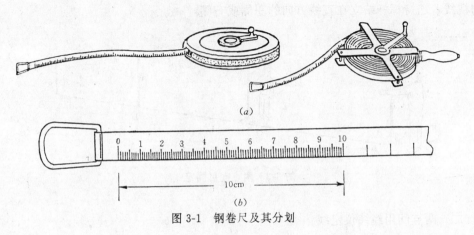

图 3-1 钢卷尺及其分划

钢尺的基本分划为厘米,每分米及每米处刻有数字注记。一般钢尺在开头10cm内刻有毫米分划,如图3-1(b)所示,也有全长都刻有毫米分划的。

（二）皮尺

皮尺又称布卷尺,是用麻线或加入金属丝织成的带状尺。长度有20m、30m和50m数种。尺上基本分划为厘米,尺面每10cm和整米有注记,尺端铜环的外端为尺子的零点,如图3-2所示。尺子不用时卷入皮壳或塑料壳内,携带和使用都很方便,但是容易引起伸缩,量距精度比钢尺低,一般用于地形的细部测量和土方工程的施工放样等。

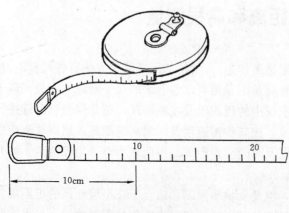

图3-2 皮尺及其分划

（三）量距工具

量距的工具有标杆、测钎、垂球等,精密量距时还需要有弹簧秤和温度计。标杆用于定直线,测钎用于标定尺段,垂球用于不平坦地面将尺的端点垂直投影到地面,弹簧秤用于对钢尺施加一定的拉力,温度计用于测定钢尺丈量时的温度,以便对钢尺的长度进行改正。

**二、直线定线**

地面上两点之间距离较远时,用卷尺一次（一尺段）不能量完,这时就需要在直线方向上标定若干点,使其在同一直线上,这项工作称为直线定线。一般情况下可用标杆目测定线,对于较远距离,需用经纬仪来定线。直线定线还包括延长某一直线。

（一）两点间目测定线

如图3-3所示,设A、B两点互相通视,要在A、B两点间的直线上标出1、2等点。先在A、B点上竖立标杆,甲站在A点标杆后约一米处,指挥乙左右移动标杆,直到甲从A点沿标杆的同一侧看到A、2、B三支标杆在一条线上为止。同法可以定出直线上的其他点。两点间定线,一般应由远到近,即先定1点,再定2点。定线时,乙所持标杆应竖直,利用食指和拇指夹住标杆的上部,稍微提起,利用重力使标杆自然竖直。此外,为了不挡住甲的视线,乙持标杆站立在直线方向的左侧或右侧。

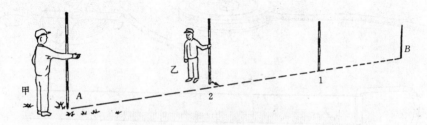

图3-3 两点间目测定线

（二）两点间用经纬仪定线

当 $AB$ 两点距离较远时，可安置经纬仪于 $A$ 点，经过对中、整平后，用望远镜纵丝瞄准 $B$ 点，制动照准部，上下转动望远镜，指挥在两点间的助手，左右移动标杆，直至标杆像为纵丝所平分，即可在地面定下该点。

### 三、距离丈量

用钢卷尺或皮尺进行距离丈量的方法基本上是相同的，以下介绍用钢尺丈量的方法。

钢尺量距一般需要三人，分别担任前尺手、后尺手及记录工作。在地势起伏较大地区或行人、车辆众多地区丈量时还应增加辅助人员。丈量的方法随地面情况而有所不同。

（一）平坦地面的丈量方法

如图 3-4 所示，丈量前先在直线两端点 $A$、$B$ 竖立标杆，丈量时后尺手甲拿着钢尺的末端站立在起点 $A$，前尺手乙拿着钢尺零点一端和一束测钎沿直线方向前进，到一尺段（钢尺的长度）时，两人都蹲下，甲指挥乙将钢尺拉在 $AB$ 直线上，不使钢尺扭曲，乙拉紧钢尺后喊"预备"，甲把尺的末端分划对准起点 $A$ 并喊"好"，乙在听到"好"的同时，把测钎对准钢尺零点刻划垂直地插入地面（如果地面插不下测钎，也可用测钎或铅笔在地面上划线作记号），这样完成了第一尺段的丈量。甲、乙两人抬尺前进，当甲到达测钎或划记号处停住，两人再蹲下，重复上述操作。量完第二尺段，甲拔起地上的测钎，依次前进，直到 $AB$ 直线的最后一段。该段距离不会刚好是整尺段的长度，因此，将该段距离称为余长。丈量余长时，乙将尺的零点刻划对准 $B$ 点，甲在钢尺上读取余长值。则 $A$、$B$ 两点间的水平距离为

$$S_{AB}=n\times 尺段长+余长 \tag{3-1-1}$$

式中 $n$ 为整尺段数。

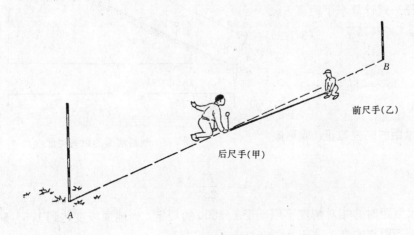

图 3-4　平坦地面的距离丈量

在平坦地面，钢尺沿地面丈量的结果就是水平距离。

为了防止错误并提高丈量精度，需要往、返丈量。把往返丈量所得距离的差数除以该距离的概值，称为丈量的相对精度，或称相对较差。

例如：$AB$ 的往测距离为 174.89m，返测距离为 174.84m，则丈量的相对精度为：

$$\frac{往测-返测}{距离概值}=\frac{174.89-174.84}{175}=\frac{0.05}{175}=\frac{1}{3500}$$

在计算相对精度时，往、返差数取其绝对值，并化成分子为 1 的分式。相对精度的分母越大，说明量距的精度越高。钢尺量距的相对精度一般不应低于 1/3000。若量距的相对精度没有超过规定，则可取往、返结果的平均值作为两点间的水平距离 $S$。距离丈量的记录、计算见表 3-1。

距 离 丈 量 记 录　　　　　　　　　表 3-1

| 线　段 | 往　测 | | 返　测 | | 往返差 (m) | 相对精度 | 往返平均 (m) |
| --- | --- | --- | --- | --- | --- | --- | --- |
| | 分段长 (m) | 总　长 (m) | 分段长 (m) | 总　长 (m) | | | |
| AB | 150<br>24.890 | 174.890 | 150<br>24.840 | 174.840 | 0.050 | $\dfrac{1}{3500}$ | 174.865 |
| BC | 120<br>18.886 | 138.886 | 120<br>18.904 | 138.904 | −0.018 | $\dfrac{1}{7700}$ | 138.895 |

（二）倾斜地面的丈量方法

如果 $A$、$B$ 两点有较大的高差，但地面坡度比较均匀，大致成一倾斜面，如图 3-5 所示，则可沿地面丈量倾斜距离 $S'$，用水准仪测定两点间的高差 $h$，按下两式中的任一式计算水平距离 $S$：

$$S = \sqrt{S'^2 - h^2} \quad (3\text{-}1\text{-}2)$$

$$S = S' + \Delta S_h = S' - \frac{h^2}{2S'} \quad (3\text{-}1\text{-}3)$$

式中 $\Delta S_h$ 称为量距的高差改正（或称倾斜改正）：

$$\Delta S_h = -\frac{h^2}{2S'} \quad (3\text{-}1\text{-}4)$$

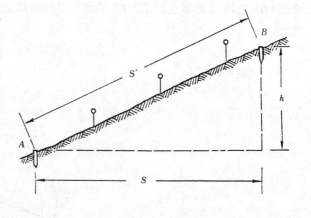

图 3-5　倾斜地面的距离丈量

根据用钢尺量距时的相对精度不应低于 1/3000 的规定，当地面坡度达到 1.5% 时，沿地面量距需要进行距离的高差改正。

（三）高低不平地面的丈量方法

当地面高低不平时，为了能量得水平距离，前、后尺手同时抬高并拉紧尺子。使尺悬空并大致水平（如为整尺段时则中间有一人托尺），同时用垂球把尺子两个端点投影到地面上，用测钎等作出标记。如图 3-6（$a$）所示，分别量得各段水平距离 $s_i$，然后取其总和，得到 $A$、$B$ 两点间的水平距离 $S$。这种方法称为水平钢尺法量距。当地面高低不平并向一个方向倾斜时，可只抬高尺子的一端，然后在抬高的一端用垂球投影，如图 3-6（$b$）所示。

四、钢卷尺长度检定

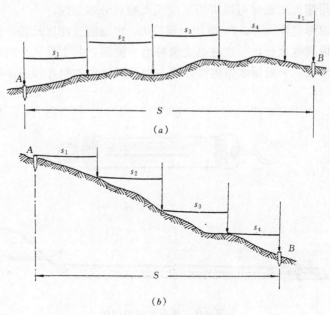

图 3-6 水平钢尺法量距

钢尺两端点刻划线间的标准长度称为钢尺的实际长度,尺面刻注的长度称为名义长度,其实际长度往往不等于名义长度。用这样的尺子去量距离,每量一整尺长,就会使量得的结果包含一定的差值,而且这种差值是累积性的。因此,为了要量得准确的距离。除了要掌握好量距的方法外,还必须进行钢尺检定,以求出其尺长改正值。

(一) 尺长方程式

钢尺受到不同的拉力,会使尺长有微小的改变,故检定钢尺或精密量距时,引伸尺子要用一定的拉力。一般对 30m 钢尺用 100N 拉力(弹簧秤指针读数为 10kg),50m 钢尺用 150N 拉力(弹簧秤指针读数为 15kg)。钢尺在不同的温度下,由于热胀冷缩,其尺长也起变化,可是使用钢尺时无法保持温度不变。因此,在一定的拉力下用以温度为变量的函数来表示尺长 $l$,这就是尺长方程式(简称尺方程式):

$$l = l_0 + \Delta k + \alpha l_0(t - t_0) \tag{3-1-5}$$

式中 $l_0$——钢尺名义长度 (m);

$\Delta k$——尺长改正值 (mm);

$\alpha$——钢的膨胀系数,其值约为 0.0115～0.0125mm/(m·℃);

$t_0$——标准温度 (℃),一般取 20℃;

$t$——丈量时温度 (℃)。

每支钢尺都应该有尺方程式,才能得到实际长度。尺方程式中的尺长改正值 $\Delta k$ 要经过钢尺检定,与标准长度相比较而求得。

(二) 尺长检定方法

在经过人工整平后的地面上,相距 120m(或 150m)的直线两端点埋设固定标志,用高精度的尺子量得两标志间的精确长度作为标准长度。这种专供各种钢尺检定长度用的场地称为钢尺检定场,或称比尺场。在两端点标志之间的每一尺段处,地面埋设有金属板,标明直线方向,在用钢尺丈量时可以用铅笔按尺上端点分划划线。

钢尺检定时用弹簧秤(图3-7)施加一定拉力,用划线法在比尺场上沿地面逐尺段丈量划线,最后一尺段读取余长,一次往返丈量称为一测回,共丈量三个测回。每一测回中用温度计量取地面温度,一般用水银温度计缚一和钢尺相同的钢片(图3-8),放在比尺场的地面上。

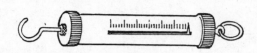

图 3-7 弹簧秤

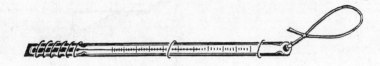

图 3-8 缚钢片的温度计

钢尺检定的计算见表3-2

根据规定,钢尺检定的相对精度不应低于1/100000。

**钢 尺 检 定 计 算**　　　　　　　　　　　　表 3-2

尺号:015　　　　　　名义长度:30m　　　　　　膨胀系数:0.012

| 测回 | 程序 | 丈量时间 | 丈量时温度 $t$(℃) | 温度差 $t-20$(℃) | $n$尺段量得长(m) | 温度改正数 $\Delta t$(mm) | 温度改正后量得长度(m) |
|---|---|---|---|---|---|---|---|
| 1 | 往 返 | 9:50 | 29.3 29.5 | +9.3 +9.5 | 119.973 119.973 | +13.4 +13.7 | 119.9864 119.9867 |
| 2 | 往 返 | | 30.4 30.5 | +10.4 +10.5 | 119.970 119.970 | +15.0 +15.1 | 119.9850 119.9851 |
| 3 | 往 返 | 10:40 | 30.2 31.1 | +10.2 +11.1 | 119.972 119.973 | +14.7 +16.0 | 119.9867 119.9890 |
| 平均量得长度(m) | | | $L'=119.9865$ | | | | |
| 标准长度(m) | | | $L=119.9793$ | | | | |
| 每米尺长改正 | | | $\dfrac{L-L'}{L}=\dfrac{-7.2\text{mm}}{120\text{m}}=-0.06\text{mm/m}$ | | | | |
| 30m尺长改正 | | | $30\times(-0.06)=-1.8\text{mm}$ | | | | |
| 尺长方程式 | | | $l=30\text{m}-1.8\text{mm}+0.36(t-20℃)\text{mm}$ | | | | |

钢尺检定也有用悬空丈量的方式（决定于比尺场的设备形式），则求得的尺方程式为悬空丈量的尺长方程式。

**五、钢卷尺量距的成果整理**

钢卷尺量距的成果整理一般应包括计算每段距离（边长）的量得长度、尺长改正、温度改正和高差改正，最后算得的为经过各项改正后的水平距离。

如果距离丈量的相对精度要求不低于1/3000（属于较低要求）时，在下列情况下才需要进行有关项目的改正：

(1) 尺长改正值大于尺长的1/10000时，应加尺长改正；
(2) 量距时温度与标准温度相差±10℃时，应加温度改正；
(3) 沿地面丈量的地面坡度大于1.5%时，应加高差改正。

现将量距成果整理时的各项计算分述如下：

（一）计算量得长度

用卷尺丈量距离时，一般为前尺手持卷尺零分划一端，因此每丈量一次，其长度 $s$ 应为后尺读数 $a$ 减前尺读数 $b$，即

$$s = a - b \tag{3-1-6}$$

特殊情况是丈量整尺段时，后尺手将尺子末端分划对准地面标志，前尺手按尺子零分划在地面作出标记，因此其丈量长度即为尺子的名义长度。不是整尺段丈量（包括丈量余长），则必须按前、后尺读数用上式计算该尺段的丈量长度。

每一段距离（每一边长）丈量若干尺段所得到的总长称为量得长度，按下式计算：

$$S' = \Sigma s_i = \Sigma a_i - \Sigma b_i \tag{3-1-7}$$

（二）尺长改正

按尺长方程式中的尺长改正值 $\Delta k$ 除以尺子的名义长度 $l_0$，得到每米尺长改正，再乘以量得长度 $S'$，即得到该段距离的尺长改正：

$$\Delta S_k = S' \frac{\Delta k}{l_0} \tag{3-1-8}$$

（三）温度改正

将丈量时的平均温度 $t$ 与标准温度 $t_0$ 之差，乘以取自尺长方程式中的钢的膨胀系数 $\alpha$，再乘以量得长度 $S'$，即得到该段距离的温度改正：

$$\Delta S_t = S'\alpha(t - t_0) \tag{3-1-9}$$

（四）高差改正

在倾斜地面上沿地面丈量时，要用水准仪测得两端点的高差 $h$，按（3-1-4）式计算该段距离的高差改正。如果沿该段距离的地面倾斜不是同一坡度，则应分段测定高差，分段进行改正。

经过各项改正后的水平距离为：

$$S = S' + \Delta S_k + \Delta S_t + \Delta S_h \tag{3-1-10}$$

例：使用某30m钢卷尺，用标准的100N拉力（弹簧秤指针读数为10kg），沿地面往返丈量 $AB$ 边的长度。钢尺的尺长方程式为：

$$l = 30\text{m} - 1.8\text{mm} + 0.36(t - 20℃)\text{mm}$$

$AB$ 沿线地面倾斜，用水准仪测得两端点高差 $h = 2.54$m，往测丈量时的平均温度 $t =$

27.4℃，返测时 $t=27.9$℃。往返丈量的量得长度及各项改正按（3-1-4）式及（3-1-6）～（3-1-9）式计算，最后按照（3-1-10）式计算经过各项改正后的往、返丈量的水平距离（见表3-3）。根据改正后的水平距离，计算往返丈量的相对精度：

$$\frac{234.936-234.926}{235}=\frac{1}{23500}$$

**钢 尺 量 距 成 果 整 理**　　　　　　　　　　表 3-3

尺号：015　　　尺长方程式：$l=30\text{m}-1.8\text{mm}+0.36(t-20℃)\text{mm}$

| 线 段 （端点号） | 量得长度 $S'$ (m) | 丈量时温度 $t$ (℃) | 两端点高差 $h$ (m) | 尺长改正 $\Delta S_k$ (m) | 温度改正 $\Delta S_t$ (m) | 高差改正 $\Delta S_h$ (m) | 改正后平距 $S$ (m) |
|---|---|---|---|---|---|---|---|
| A—B | 234.943 | 27.4 | 2.54 | −0.0141 | +0.0209 | −0.0137 | 234.936 |
| B—A | 234.932 | 27.9 | 2.54 | −0.0141 | +0.0223 | −0.0137 | 234.926 |

## 第二节　视 距 测 量

视距测量是一种光学间接测距方法，它利用测量望远镜内十字丝平面上的视距丝及刻有厘米分划的视距标尺，根据光学原理可以同时测定两点间的水平距离和高差。在测量精度要求较低的情况下，视距测量是一种实用的速测法。视距测量是经纬仪的一种附加功能，曾广泛应用于地形测量中，在地籍图和房产图测绘中也可以用此法测定一些次要的地物点和地形点。

### 一、视距计算公式

在经纬仪望远镜的十字丝平面内，与横丝平行且上下等间距的两根短丝称为视距丝。由于上、下视距丝的间距固定，因此从这两根视距丝引出去的视线在竖直面内的夹角 $\varphi$ 也是一个固定的角度，如图3-9所示。

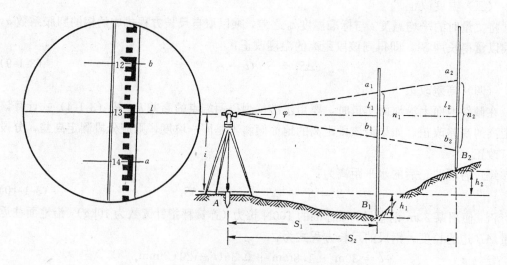

图3-9　视准轴水平时的视距测量

在 $A$ 点安置仪器并使视准轴水平，在 $B$ 点竖立标尺，则视准轴与标尺垂直。下丝在标尺的读数为 $a$，上丝在标尺的读数为 $b$（设望远镜为倒像）。上、下丝读数之差称为视距间隔 $n$，即

$$n = a - b \tag{3-2-1}$$

由于 $\varphi$ 角是固定的，因此视距间隔 $n$ 和立尺点离开测站的水平距离 $S$ 成正比，即

$$S = C \cdot n \tag{3-2-2}$$

比例系数 $C$ 称为视距常数，可以由上、下两根视距丝的间距来决定。在仪器制造时，通常使 $C=100$。因此当视准轴水平时，计算水平距离的公式为：

$$S = 100n = 100(a-b) \tag{3-2-3}$$

视准轴水平时，十字丝的横丝在标尺上的读数为 $l$（称中丝读数），再用尺子量取仪器高 $i$（地面点至经纬仪横轴的高度或至水准仪望远镜的高度），即可计算测站点至立尺点的高差：

$$h = i - l \tag{3-2-4}$$

如果已知测站点的高程 $H_A$ 时，则立尺点 $B$ 的高程为：

$$H_B = H_A + h = H_A + i - l \tag{3-2-5}$$

以上为视准轴水平时的视距测量计算公式。使经纬仪的视准轴水平，可以根据竖盘水准管气泡居中及竖盘读数为 90° 的倍数来确定。

由于地面的高低起伏，在实际测量时往往要使视准轴倾斜一个垂直角 $\alpha$，才能在标尺上进行视距读数，如图 3-10 所示。此时视准轴就不与标尺相垂直，而相交成 $90°\pm\alpha$ 的角度。虽然上、下丝的夹角 $\varphi$ 和视距常数 $C$ 都没有改变，但是由于视准轴不垂直于标尺，不能用 (3-2-3) 式计算水平距离。视距计算公式还需要作进一步的化算。

设想将标尺以中丝读数 $l$ 这一点为中心，转动一个 $\alpha$ 角，使标尺仍与视准轴相垂直，如图 3-10 所示。此时上、下视距丝在标尺上的读数为 $a'$、$b'$，视距间隔 $n'=a'-b'$，则倾斜距离：

$$S' = C \cdot n' = C(a' - b')$$

化为水平距离：

$$S = S' \cdot \cos\alpha = C \cdot n' \cdot \cos\alpha \tag{3-2-6}$$

在实际测量时标尺总是直立的，不可能将标尺转到与视线相垂直的位置，而读得的视距读数为 $a$ 和 $b$，视距间隔 $n=a-b$。为了能利用 (3-2-6) 式，必须找出 $n$ 与 $n'$ 的关系。

由于 $\varphi$ 角很小（约 34′），图 3-10 中的 $\angle aa'l$ 和 $\angle bb'l$ 可以近似地认为是直角，则在直角三角形 $aa'l$ 和 $bb'l$ 中

$$\frac{n'}{2} = \frac{n}{2}\cos\alpha$$

即

$$n' = n \cdot \cos\alpha \tag{3-2-7}$$

将上式代入 (3-2-6) 式，得到视准轴倾斜时计算水平距离的公式：

$$S = C \cdot n \cdot \cos^2\alpha = 100(a-b)\cos^2\alpha \tag{3-2-8}$$

计算出两点间的水平距离 $S$ 后，可以根据垂直角 $\alpha$、量得的仪器高 $i$ 及中丝读数 $l$，按三角高程测量公式 (2-4-2) 式计算两点间的高差：

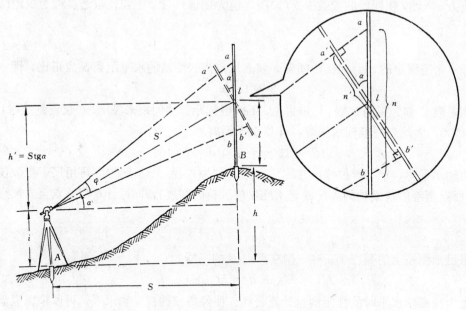

图 3-10　视准轴倾斜时的视距测量

$$h = S \cdot \mathrm{tg}\alpha + i - l \tag{3-2-9}$$

(3-2-8)、(3-2-9)式为视准轴倾斜时的视距测量计算公式。用三角高程测量公式计算高差时，必须注意垂直角 $\alpha$ 的正、负号。对于仰角 $\alpha$ 为正，则 $S \cdot \mathrm{tg}\alpha$ 也为正值；对于俯角 $\alpha$ 为负，则 $S \cdot \mathrm{tg}\alpha$ 也为负值。

**二、视距测量的观测和计算**

（一）视距测量的观测

视距测量主要用于地形测量，测定测站点至地形点的水平距离及高差。视距测量的观测按下列步骤进行：

（1）在控制点 $A$ 上安置经纬仪，作为测站点。量取仪器高 $i$（取至厘米数），并抄录控制点的高程 $H_A$（也取至厘米数）。

（2）立标尺于欲测定其位置的地形点上，尽量使尺子竖直，尺面对准仪器。

（3）视距测量一般用经纬仪盘左位置进行观测，望远镜瞄准标尺后，消除视差，读取下丝读数 $a$ 及上丝读数 $b$（读取米、分米、厘米、估读至毫米数），计算视距间隔 $n=(a-b)$；也可以直接读出视距间隔，其方法为旋转望远镜微动螺旋，使上丝对准标尺上某一整分米数，并迅速估读下丝的毫米数，再读取其分米及厘米数，用心算得到视距间隔 $n$。

（4）读取中丝读数 $l$（读至厘米数）。

（5）使竖盘水准管气泡居中，读竖盘读数（竖盘指标自动归零则直接读数）。

以上完成对一个点的观测，然后重复（2）～（5）步骤测定另一个点。

在十分平坦地区也可以用水准仪代替经纬仪，采用视准轴水平时的视距测量方法。

用经纬仪进行视距测量的记录和计算如表 3-4 所示。

（二）视距测量的计算

### 视距测量记录 表3-4

测站：$A$  测站高程：21.40m  仪器高：1.42m

| 照准点号 | 下丝读数<br>上丝读数<br>视距间隔<br>(m) | 中丝读数<br>$l$<br>(m) | 竖盘读数<br>$L$<br>(° ′) | 垂直角<br>$\alpha$<br>(° ′) | 水平距离<br>$S$<br>(m) | 高差<br>$h$<br>(m) | 高程<br>$H$<br>(m) |
|---|---|---|---|---|---|---|---|
| 1 | 1.734<br>0.900<br>0.834 | 1.32 | 92 45 | +2 45 | 83.21 | +4.10 | 25.50 |
| 2 | 2.222<br>0.700<br>1.522 | 1.46 | 95 27 | +5 27 | 150.83 | +14.35 | 35.75 |
| 3 | 2.378<br>1.800<br>0.578 | 2.09 | 88 25 | −1 35 | 57.76 | −2.27 | 19.13 |

注：竖盘公式：$\alpha = L - 90°$

科学式电子计算器有编制简短计算程序的功能（或称公式保留功能），因此可将视距测量计算公式（3-2-8）、（3-2-9）编成程序。计算时输入已知数据及观测值，即可得到测站至待定点的水平距离、高差和待定点的高程。以下介绍两种计算器的视距测量计算程序：

1. SHARP EL-5103 计算器

(1) 公式保留 AER（algebraic expression reserve）模式（mode）

将模式转换键置于 AER，并进行总清（按 2ndF、CL 键），然后按视距计算公式置入下列程序：

$$100(A-B)(\cos C \to DEG)^2, \times \tan C \to DEG + D - E, +M$$

(2) 运算 COMP（compute）模式

将模式转换键置于 COMP，将视距计算中的下丝读数 $a$、上丝读数 $b$、垂直角 $\alpha$、仪器高 $i$、中丝读数 $l$、测站高程 $H_A$，依次输入（STO）A、B、C、D、E、M 存储单元中。然后按三次 COMP 键，屏幕依次显示水平距离 $S$、高差 $h$、待定点高程 $H_B$。由于在一个测站上 $H_A$ 及 $i$ 不变，因此从计算第二个待定点起，就不需再将其输入。

2. CASIO fx-3800p 计算器

(1) 编程序准备

将 $a$、$b$、$l$、$\alpha$、$H_A$、$i$ 依次输入（Kin）寄存器 1～6，并顺次按下列键：

| MODE | EXP | I | SHIFT | PCL |

(2) 程序编制

$100 \times$ (Kout 1−Kout 2)$\times$
(Kout 4 cos) $x^2$ = SHIFT HLT
$\times$Kout 4 tan+Kout 6−Kout 3
=SHIFT HLT+Kout 5=

（3）运算

将 $a$、$b$、$l$、$\alpha$、$H_A$、$i$ 依次输入寄存器 1～6，然后按下列键：

$\boxed{\text{MODE}}$　$\boxed{\cdot}$　$\boxed{\text{I}}$ ⇒ $S$　$\boxed{\text{RUN}}$ ⇒ $h$　$\boxed{\text{RUN}}$ ⇒ $H_B$

从每个测站的第二个待定点起，由于 $H_A$ 及 $i$ 不变，所以只要将 $a$、$b$、$l$、$\alpha$ 依次输入寄存器 1～4，即可进行运算。

（三）视距测量的精度

根据实践资料分析，在比较良好的观测条件下，距离在 200m 以内，视距测量的相对精度约为 1/300。

## 第三节　电磁波测距

电磁波测距是用电磁波（光波或微波）作为载波，传输测距信号，以测量两点间距离的一种方法。与传统的量距工具和方法相比，具有精度高、作业快、几乎不受地形限制等优点。

电磁波测距的仪器按其所采用的载波可分为：（1）用微波段的无线电波作为载波的微波测距仪；（2）用激光作为载波的激光测距仪；（3）用红外光作为载波的红外光测距仪（简称红外测距仪）。后两者又统称为光电测距仪。微波和激光测距仪多属于长程测距，测程可达 15km 至数十公里，一般用于大地测量，而红外测距仪属于中、短程测距仪（测程为 5km 以下属短程），一般用于小地区控制测量、地形测量、地籍测量和房产测量等。本节介绍红外测距仪的基本原理和测距方法。

**一、光电测距仪基本原理**

光电测距的基本原理是利用已知光速 $C$，测定它在两点间的传播时间 $t$，以计算距离。如图 3-11 所示，欲测定 $A$、$B$ 点间距时，将一台发射和接收光波的主机放在一端 $A$ 点，另一端 $B$ 点放反射棱镜，则其距离 $S$ 可按下式计算：

$$S = \frac{1}{2} C \cdot t \tag{3-3-1}$$

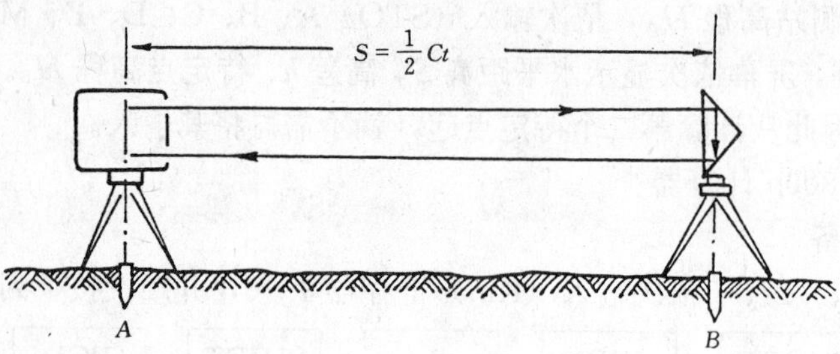

图 3-11　光电测距

光在真空中的传播速度（光速）为一个重要的物理量，通过科学实验，迄今所知的精确值为 $C_0 = 299792458 \pm 1.2 \text{m/s}$。而光在大气中的传播速度：

$$C = \frac{C_0}{n} \tag{3-3-2}$$

式中 $n$ 为大气折射率，它与光的波长 $\lambda_g$、大气温度 $t_g$、气压 $p$ 等有关，即

$$n = f(\lambda_g, t_g, p) \tag{3-3-3}$$

红外测距仪采用 GaAs（砷化镓）发光二极管发出的红外光作为光源，其波长 $\lambda_g = 0.82 \sim 0.93 \mu m$（作为一架具体的红外测距仪则为一个定值）。由于影响光速的大气折射率随大气的温度、气压而变，因此在光电测距作业中，必须测定现场的大气温度和气压，对所测距离作气象改正。

光速是接近于每秒钟 30 万公里的已知数，其相对误差甚小，测距的精度决定于测定时间 $t$ 的精度。例如利用先进的电子脉冲计数，能精确测定到 $\pm 10^{-8}s$，但由此引起的测距误差为 $\pm 1.5m$。为了进一步提高光电测距的精度，必须采用精度更高的间接测时手段——相位法测时，据此测定距离称为相位式测距。

相位式光电测距的原理为：采用周期为 $T$ 的高频电振荡对测距仪的发射光源（红外测距仪为砷化镓发光二极管）进行连续的振幅调制，使光强随电振荡的频率而周期性地明暗变化（每周相位 $\varphi$ 的变化为 $0 \sim 2\pi$），如图 3-12 所示。调制光波（调制信号）在待测距离上往返传播，使在同一瞬时发射光与接收光产生相位移（相位差）$\Delta\phi$，如图 3-13 所示。根据相位差间接计算出传播时间，从而计算距离。

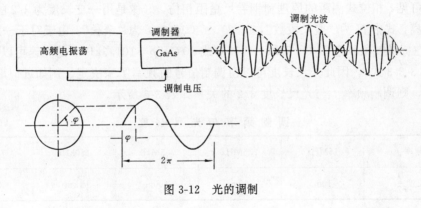

图 3-12 光的调制

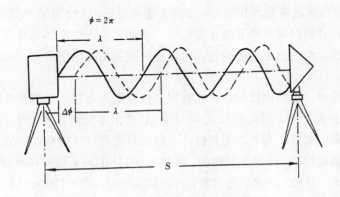

图 3-13 相位式测距原理

设调制信号的频率为 $f$（每秒振荡次数），则其周期 $T = 1/f$（每振荡一次的时间——秒数），调制光的波长

$$\lambda = C \cdot T = \frac{C}{f} \tag{3-3-4}$$

因而

$$C = \lambda \cdot f = \frac{\lambda}{T} \tag{3-3-5}$$

光波在往返传播的时间内，调制信号的相位变化了 $N$ 个整周期（$NT$）及不足一个整周期的尾数 $\Delta T$，即

$$t = NT + \Delta T \tag{3-3-6}$$

由于变化一周的相位差为 $2\pi$，不足一整周的相位差尾数为 $\Delta\phi$，因此

$$\Delta T = \frac{\Delta\phi}{2\pi} \cdot T \tag{3-3-7}$$

$$t = T\left(N + \frac{\Delta\phi}{2\pi}\right) \tag{3-3-8}$$

将（3-3-5）、（3-3-8）式代入（3-3-1）式，得到相位式测距的基本公式：

$$S = \frac{\lambda}{2}\left(N + \frac{\Delta\phi}{2\pi}\right) \tag{3-3-9}$$

由此可见，相位式测距的原理和钢卷尺量距相仿，好像是用一支长度为 $\lambda/2$ 的"光尺"来丈量距离，式中 $N$ 为"整尺段数"，$(\lambda/2) \cdot (\Delta\phi/2\pi)$ 为"余长"。由于对于一定光源的波长 $\lambda_g$，在标准气象状态下（一般取 $t_g = 15℃$ 或 $20℃$，$p = 101.3\text{kPa}$）的光速可以算得（参看 3-3-2、3-3-3 式），因此光尺长度可以由调制信号的频率 $f$ 来决定。例如近似地取 $C = 3 \times 10^8 \text{m/s}$，则调制频率 $f$ 与光尺长度 $\lambda/2$ 的关系如表 3-5 所示。

调 制 频 率 与 光 尺 长 度　　　　　　表 3-5

| 调制频率 $f$ | 15MHz | 7.5MHz | 7.5MHz | 150kHz | 75kHz |
|---|---|---|---|---|---|
| 光尺长度 $\frac{\lambda}{2}$ | 10m | 20m | 100m | 1km | 2km |

注：MHz—兆赫，kHz—千赫。

由此可见，调制频率决定光尺长度。当仪器在使用过程中，由于电子元件老化等原因，实际的调制频率与设计的标准频率有微小变化时，有如尺长误差会影响所测距离，其影响与距离的长度成正比。经过测距仪的检定，可以得到改正用的比例系数，称为仪器乘常数 $R$。

在测距仪的构件中，用相位计按相位比较的方法只能测定往、返调制光波相位差的尾数 $\Delta\phi$，而无法测定整周数 $N$，因此使公式（3-3-9）式产生多值解，只有当待测距离小于光尺长度时才能有确定的数值。另外，用相位计一般也只能测定 4 位有效数值。因而在相位式测距仪中有两种调制频率、两种光尺长度。例如 $f_1 = 15\text{MHz}$，$\lambda_1/2 = 10\text{m}$（称为精尺），可以测定距离尾数的米、分米、厘米、毫米数；$f_2 = 150\text{kHz}$，$\lambda_2/2 = 1000\text{m}$（称为粗尺）可以测定百米、十米、米数；这两种尺子联合使用，可以测定 1km 以内的距离值。

由于电子信号在仪器内部线路中通过时也需要一定的时间，这就相当于附加了一段距离。因此测距仪内部还设置了内光路，藉活动的内光路棱镜使发射信号经光导管，直接在仪器内部回到接收系统。通过相位计比相可以测定仪器内部线路的长度，称为内光路距离。

因此所要测定的两点间距离应为外、内光路距离之差。经计算后，由输出系统在显示窗作两点间距离的数字显示。

但是由于仪器中调制光发射与接收等效面和仪器中心不一致、棱镜等效反射面和棱镜基座中心不一致，以及内光路等效反射面由于电子元件老化而有所变动等原因，使仪器显示距离与实际距离不一致，而存在一个与所测距离长短无关的常数差，称为仪器的加常数 $C$。

如图 3-14 所示，设调制光发射与接收等效面和棱镜等效反射面之间的距离为 $S'$、和内光路等效反射面之间的距离为 $d$，则显示的距离值为：

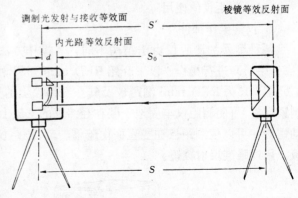

图 3-14 加常数的产生

$$S_0 = S' - d \tag{3-3-10}$$

实际的距离值为 $S$，则仪器的加常数为：

$$C = S - S_0 \tag{3-3-11}$$

对于仪器的加常数，在仪器设计时通过对以上一些参数的调整，一般会使它小到可以忽略的程度。但是在使用过程中，由于电子元件逐渐老化、所用反射棱镜的更换及仪器的修理等原因，而使得在实际使用时不能忽略加常数的存在。通过测距仪的检定，可以求得加常数 $C$，必要时在测距成果整理中加以改正。

在测距过程中，两种频率的转换、粗尺和精尺所测距离的衔接、内外光路测距的交替以及通过几百次甚至上千次的相位差测定、取其平均值等，都自动由仪器中的逻辑程序单元控制完成。因此，尽管测距仪的工作程序相当复杂，而对测距仪的操作却很简单。

## 二、红外测距仪及其使用

### （一）短程红外测距仪

测程在 5km 以下的测距仪称为短程测距仪，一般都用红外光源。国内、外仪器厂有多种生产型号，表 3-6 所示为其中一部分。

短 程 红 外 测 距 仪　　　　　　　　　表 3-6

| 仪器型号 | DI4 | DM502 | DCJ32 | DCH-2 | RED mini |
|---|---|---|---|---|---|
| 制造厂 | 瑞士 Wild 厂 | 瑞士 Kern 厂 | 北京测绘仪器厂 | 常州第二电子仪器厂 | 日本测机舍 |
| 测程 | 3km | 3km | 3km | 2km | 0.8km |
| 测距中误差 | ± (5mm+5×10$^{-6}$·$S$) | | | | |

短程红外测距仪的体型较小，大多可安装于经纬仪之上，主要为了可以同时测定角度与距离。从光电测距本身来讲，也需要利用经纬仪的高倍望远镜来寻找和瞄准远处目标，并根据经纬仪的竖盘读数来计算视线的垂直角，以便将倾斜距离化为水平距离，或进行三角

高程测量。

测距仪的电源盒配备有充电器，使用前在市用交流电源上充电。

（二）测距仪的使用

1. 仪器操作部件

各种型号的测距仪由于结构不同，其操作方法也有差异，使用时应严格按照说明书（操作手册）进行操作。以下介绍 RED mini 短程测距仪及其使用方法。

图3-15为 RED mini 测距仪及其在经纬仪上的安置情况。测距仪的支架座下有插孔及制紧螺旋，可使测距仪牢固地安装在经纬仪的支架上方。测距仪支架上有竖直制动螺旋和微动螺旋，可以使测距仪在竖直面内俯仰转动。测距仪的发射接收镜的目镜内有十字丝分划板，用以瞄准反射棱镜。

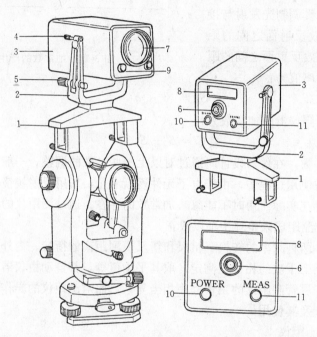

图3-15　RED mini 测距仪

1—支架座；2—支架；3—主机；4—竖直制动螺旋；5—竖直微动螺旋；
6—发射接收镜的目镜；7—发射接收镜的物镜；8—显示窗；9—电源电
缆插座；10—电源开关键（POWER）；11—测量键（MEAS）

图3-16为 RED mini 测距仪的反射棱镜，图中为单块棱镜，当测程较远时还可以换装上三块棱镜。

2. 仪器安置

（1）在某段距离的一个端点上安置纬经仪，其高度应比单纯测角度时低约25cm，将其对中、整平。

（2）从仪器箱中取出测距仪主机，将支架座上的插孔对准经纬仪支架上的插栓，放上主机后用制紧螺旋固紧。

（3）将电池盒挂于经纬仪的三脚架上，并将电缆插头插入主机物镜左下方的电缆插座内，插头上有一细槽，对准插座内的小钢珠才能插入。

(4) 按一下 POWER 键（开，再按一下为关），显示窗内显示"8888888"约5s，此时为仪器自检，当显示"30　00"时，表示仪器显示正常。

(5) 在距离的另一端安置反射棱镜，用基座上的光学对中器对中，并根据圆水准器整平基座，使觇牌面和棱镜面对准测距仪所在方向。

3. 距离测量

(1) 用经纬仪目镜中的十字丝中心瞄准目标点上的觇牌中心，制动经纬仪，使竖盘水准管气泡居中，读竖盘读数，计算垂直角α。

(2) 测距仪上、下转动，使目镜的十字丝中心对准棱镜中心。左、右方向如果不对准棱镜，则可以调节测距仪的支架位置使其对准。

(3) 测距仪瞄准棱镜后，发射的红外光经棱镜反射回来，若仪器接收到足够的回光量，则显示窗下方显示"*"，并发出持续鸣声；若"*"不显示，或显示暗淡，或忽隐忽现，表示未收到回光，或回光不足，应重新瞄准。

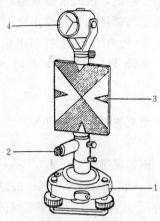

图3-16　反射棱镜
1—基座；2—光学对中器目镜；
3—照准觇牌；4—反射棱镜

测距仪上下、左右微动，使"*"的颜色最浓（表示接收到的回光量最大），称为电瞄准。

(4) 按 MEAS 键，仪器进行测距，测距结束时仪器发出断续鸣声（提示注意），鸣声结束后显示窗显示测得斜距，记下距离读数。

(5) 再按 MEAS 键，进行第二次测距和第二次读数。测距和读数应进行3～5次。一般规定，各次距离读数最大、最小相差不超过5mm时取其平均值，作为一测回的观测值；如果需要进行第二测回，则重复（1）～（5）的操作。

(6) 在各次测距过程中，若显示窗中"*"消失，且出现一行虚线，并发出急促鸣声，表示红外光被遮，应查明起因并予以消除。

(7) 当测距精度要求较高时（例如相对精度为1:10000以上），则测距同时应测定气温、气压，以便进行气象改正。

三、光电测距成果整理

测距时所得一测回或几测回的距离读数平均值 $S'$ 为野外观测值，还必须经过改正，才能得到两点间正确的水平距离。

(一) 仪器常数改正

通过测距仪在若干条标准长度上的检定，可以获得测距仪的乘常数 $R$ 和加常数 $C$。

距离的乘常数改正与所测距离的长度成正比，乘常数 $R$ 的单位取 mm/km。距离的乘常数改正值：

$$\Delta S_R = R \cdot S' \tag{3-3-12}$$

例如测得斜距 $S'=816.350\text{m}$，$R=+6.3\text{mm/km}$，则 $\Delta S_R = 6.3 \times 0.816 = +5\text{mm}$。

距离的加常数改正值 $\Delta S_C$ 与距离的长短无关，因此

$$\Delta S_C = C \tag{3-3-13}$$

例如 $C=-8.2\text{mm}$，则 $\Delta S_C = -8\text{mm}$。

(二) 气象改正

影响光速的大气折射率为光的波长 $\lambda_g$、气温 $t_g$、气压 $p$ 的函数。对于某一型号的测距仪，$\lambda_g$ 为一定值，因此根据观测时测定的气温 $t_g$ 及气压 $p$ 可以计算距离的气象改正。距离的气象改正与距离的长度成正比，因此仪器的气象改正参数 $A$ 也是一个乘常数，其单位取 mm/km，一般在仪器说明书中给出 $A$ 的计算式。例如 RED mini 测距仪以 $t_g=15℃$，$p=101.3\text{kPa}$ 为标准状态，此时 $A=0$；在一般大气状态下：

$$A = \left(278.96 - \frac{0.3872 \times p}{1 + 0.003661 \times t_g}\right) \text{mm/km} \tag{3-3-14}$$

距离的气象改正值为：

$$\Delta S_A = A \cdot S' \tag{3-3-15}$$

例如观测时 $t_g=30℃$，$p=98.67\text{kPa}$，则 $A=+20.8\text{mm/km}$；对于斜距 $S'=816.350\text{m}$，则 $\Delta S_A=+20.8\times 0.816=+17\text{mm}$。

### （三）倾斜改正或高差改正

进行光电测距时，用经纬仪已经测得视线（光线）的垂直角 $\alpha$，如图3-17所示，因此将斜距 $S'$ 化为平距 $S$ 时的距离倾斜改正值：

$$\Delta S_\alpha = S'(\cos\alpha - 1) \tag{3-3-16}$$

例如斜距 $S'=816.350\text{m}$ 的垂直角 $\alpha=+5°18'00''$，则 $\Delta S_\alpha=816.35\times(\cos 5°18'-1)=-3.490\text{m}$。

如果在已知其高程的两点间进行光电测距，则可以不必测定视线的垂直角，而是用小钢尺量取仪器高 $i$ 与棱镜高 $l$，如图3-17所示，则可以计算仪器与棱镜的高差：

$$h = (H_B + l) - (H_A + i) \tag{3-3-17}$$

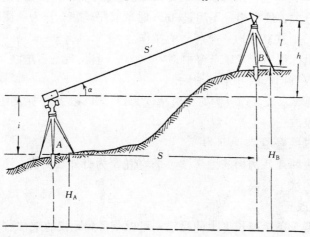

图3-17 距离的倾斜改正或高差改正

然后计算距离的高差改正值：

$$\Delta S_h = -\frac{h^2}{2S'} \tag{3-3-18}$$

例如 $H_A=26.90\text{m}$，$H_B=102.59\text{m}$，$S'=816.35\text{m}$，测距时量得 $i=1.60\text{m}$，$l=1.40\text{m}$，则测距仪与棱镜的高差 $h=(102.59+1.40)-(26.90+1.60)=+75.49\text{m}$，距离的高差改正值 $\Delta S_h=-(75.49)^2/(2\times 816.35)=-3.490\text{m}$。

根据上述各项改正，得到光电测距的观测值化为水平距离的公式：
$$S = S' + \Delta S_R + \Delta S_C + \Delta S_A + \Delta S_\alpha(或 \Delta S_h) \quad (3\text{-}3\text{-}19)$$
例如上述的斜距观测值 $S'$，经各项改正得到平距：
$$S = 816.350 + 0.005 - 0.008 + 0.017 - 3.490 = 812.874 \text{m}$$

（四）光电测距的精度

光电测距中有一部分误差（例如测定相位的误差等）对测距的影响与距离的长短无关，称为常误差或固定误差 $a$；而另一部分误差（例如气象参数测定误差等）对测距的影响与距离 $S$ 成正比，称为比例误差，其比例系数为 $b$。因此光电测距的误差以下式表示：
$$m_S = \pm(a + b \cdot S) \quad (3\text{-}3\text{-}20)$$
普通光电测距仪的精度一般为：$a=5\text{mm}$，$b=5\text{mm/km}$。

## 第四节　超声波测距

超声波测距的基本原理和光电测距是基本相同的，由超声测距器中的超声发生器产生超声波脉冲，射向目标平面使声波反射回来。根据超声的传播速度 $v$ 与声波往返的时间 $t$，即可按下式求得仪器至目标间的距离（长度）：
$$S = \frac{1}{2} v \cdot t \quad (3\text{-}4\text{-}1)$$

在十几米的近距离内，如果要测定某点至墙面的距离，则目标平面即可利用墙面以反射超声波。距离再远，则需要在目标处安置一块电子靶牌，其作用是接收测距器发射的一束红外光，以激活靶牌，使超声波脉冲的返回信号增强。

由于超声波易受干扰，目前生产的超声测距器仅适用于室内的长度测量，或室外的近距离测量，最大测程为250英尺（约76m）。图3-18所示为香港生产的 SONIN 250 超声测距器，(a) 为主机，(b) 为电子靶牌，可握于手中进行测距。另有型号 SONIN30、SONIN60，其测程分别为30、60英尺。测至某一平面（墙面、天花板等）的距离不需要用电子靶牌。

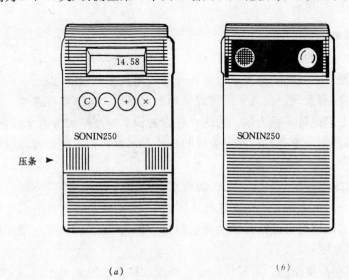

图3-18　超声测距器

测距器上端为测距头，有超声波及红外光发射孔。测量时旋转（打开）测距头保护盖，测距器面板上有测量压条，压一下就开始测量，测得距离在液晶屏幕上显示（单位为英制或米制可任意选定）。面板上的四个按钮其作用为："×"钮将测得两段距离（长和宽或宽和高）相乘而得面积，"+"钮将测得两段距离相加，"—"钮为将测得两段距离相减，"C"钮为清屏幕。

在图3-19中，例如用SONIN 250测定房屋室内宽度$W$，将测距器横置，底部接触墙壁$A$处，打开测距头保护盖，对准贴放于对面墙壁$B$处的电子靶牌，按下测量压条，屏幕立即显示宽度（仪器自动把测距器的高度和电子靶牌的厚度计算在所测距离内）。又例如用SONIN 60测定房屋室内高度$H$，竖直放置测距器于地板上，测距头对准天花板$D$，按下测量压条，屏幕立即显示地板至天花板的高度。

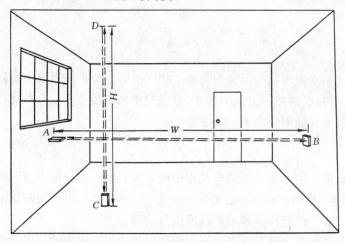

图3-19 用超声测距器测定室内长度及高度

## 第五节 水 准 测 量

### 一、水准测量基本概念

高程测量是根据一点的已知高程，通过测定与另一点的高差，经计算得出另一点的高程。水准测量是高程测量中最常用的方法，另外还有三角高程测量的方法。

为了统一全国的高程系统，我国采用黄海平均海水面作为全国高程系统的基准面（大地水准面），在该面上的绝对高程为零，为此，在青岛设立验潮站和国家水准原点。根据青岛验潮站1953年至1979年验潮资料，确定黄海的平均海水面，据此测定青岛原点的高程为72.260m，称为1985年国家高程基准。

从青岛水准原点出发，用一、二、三、四等水准测量在全国范围内测定一系列水准点（BM——英文 bench mark 的缩写）。根据这些水准点，为地形测量而进行的水准测量称为图根水准测量；为某一工程建设而进行的水准测量称为工程水准测量。图根水准测量和工程水准测量统称为普通水准测量。

本节主要介绍水准测量原理、水准仪构造与普通水准测量的施测方法。

### 二、水准测量原理

水准测量的原理是利用水准仪提供的水平视线,在竖立于两点上的水准尺上读数,以测定两点间的高差,从而由已知点的高程推算未知点的高程。

如图3-20所示,设已知$A$点的高程为$H_A$,求$B$点的高程$H_B$。在$A$、$B$两点之间安置一架水准仪,并在$A$、$B$两点上分别竖立水准尺(尺子零点在底端),根据水准仪望远镜的水平视线在$A$点的水准尺上读数$a$和在$B$点的水准尺上读数$b$,则$A$、$B$两点的高差为:

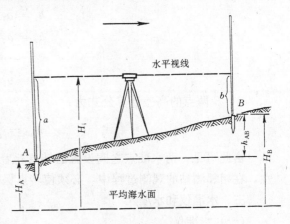

$$h_{AB} = a - b \quad (3\text{-}5\text{-}1)$$

设水准测量是从$A$点向$B$点进行,则规定称$A$点为后视点,其水准尺读数$a$为后视读数;称$B$为前视点,其水准尺读数$b$为前视读数。由此可知,两点间的高差为:"后

图 3-20 水准测量原理

视读数"−"前视读数"。如果后视读数大于前视读数,则高差为正,表示$B$点比$A$点高;如果后视读数小于前视读数,则高差为负,表示$B$点比$A$点低。

测得两点间高差$h_{AB}$后,如果已知$A$点的高程$H_A$,则$B$点的高程$H_B$可按下式计算:

$$H_B = H_A + h_{AB} \quad (3\text{-}5\text{-}2)$$

$B$点的高程也可以通过水准仪的视线高程$H_i$计算,即

$$\left. \begin{array}{l} H_i = H_A + a \\ H_B = H_i - b \end{array} \right\} \quad (3\text{-}5\text{-}3)$$

若两点间相距较远或高差较大,不可能安置一次仪器即可测得两点间的高差,此时可在水准路线中加设若干个临时的立尺点,称之为转点(TP——英文turning point的缩写)。依次连续安置水准仪测定相邻各点间的高差,最后取各个高差的代数和,可得到起、终两点间的高差,这种方法称为连续水准测量。

如图3-21所示,在$A$、$B$两个水准点之间,由于距离远和高差大,依次设置4个临时性

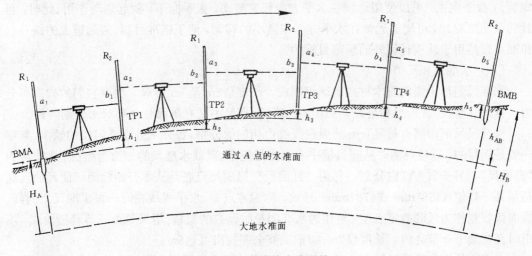

图 3-21 连续水准测量

的转点 TP1～TP4，连续地在相邻两点间安置水准仪和在点上竖立水准尺，依次测定相邻点间的高差：

$$h_1 = a_1 - b_1$$
$$h_2 = a_2 - b_2$$
$$\cdots\cdots$$
$$h_5 = a_5 - b_5$$

$A$、$B$ 两点的高差计算公式为：

$$h_{AB} = \sum_{i=1}^{n} h_i \tag{3-5-4}$$

由此可见，两水准点之间设置的转点起着高程传递的作用。为了保证高程传递的正确性，在相邻测站的观测过程中，必须使转点保持稳定。

### 三、水准仪和水准尺

#### （一）水准仪

水准仪按其精度可分为 $DS_{05}$、$DS_1$、$DS_3$、$DS_{10}$ 等几种等级。"D"和"S"是"大地"和"水准仪"的汉语拼音的第一字母，其下标为每千米水准测量往、返测量的误差，以毫米计。普通水准测量一般使用 $DS_3$ 级水准仪，以下介绍这一类仪器。

水准仪由测量望远镜、水准管和基座三个主要部分组成。

图3-22是一种 $DS_3$ 级工程水准仪。图中的望远镜1和水准管2连成一个整体，在靠近望远镜物镜一端用一钢片3与支架4相连，另一端搁置在顶杆上，转动微倾螺旋5可使顶杆升降，从而使望远镜相对于支架作上、下微倾，使水准管气泡居中，导致望远镜的视线水平。由于用微倾螺旋使望远镜上、下倾斜有一定限度，所以应该使支架首先大致水平。支架的旋转轴（仪器纵轴）是插入基座6中，转动基座下面的三个脚螺旋7，可使支架上的圆水准器8的气泡居中，导致支架面大致水平。这时再转动微倾螺旋，使水准管的气泡居中，从而使望远镜的视线水平。

图3-22中9是望远镜的目镜对光螺旋，转动它可使十字丝像清晰。10是望远镜的物镜对光螺旋，转动它可使水准尺的像清晰。11是水准管气泡观察镜。12是制动扳手（即水平制动螺旋），扳手向上，可以使望远镜在水平方向任意转动，扳手向下，就起制动作用。此时，再旋转微动螺旋13，可使望远镜在水平方向作微小的移动，便于瞄准目标。望远镜上的缺口14和准星15是用于从望远镜外面粗瞄目标的。

#### （二）水准尺和尺垫

水准尺是用干燥优质木材或玻璃钢制成，长度从2m至5m不等，根据它们的构造可分为：直尺（整尺）、折尺和塔尺，如图3-23所示。直尺中又有单面分划和双面分划两种。

水准尺尺面印刷有每隔1cm的黑白或红白相间的分格，每分米处注有阿拉伯数字，数字一般是倒写的，以便观测时从望远镜中看到的是正字。双面水准尺的一面为黑白分划，称为"黑面尺"，另一面为红白分划，称为"红面尺"。黑面尺尺底是从零开始，而红面尺的尺底是从某一数值（4687mm或4787mm）开始，称为零点差。水平视线在同一根水准尺上的红、黑面读数差称为尺底的零点差，可作为水准测量时读数的检核。塔尺是由三节套接而成，不用时套在最下一节之内，长度仅2m。如把三节全部拉出可达5m。

水准测量中需要设置转点之处，为防止观测过程中尺子下沉而影响读数，应在转点处

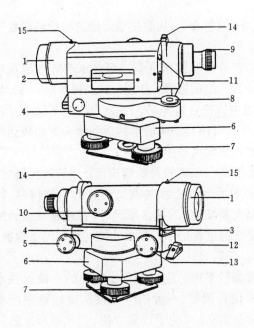

图 3-22 DS₃水准仪

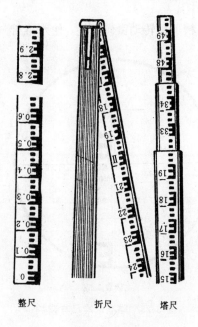

图 3-23 水准尺

1—望远镜；2—水准管；3—钢片；4—支架；5—微倾螺旋；6—基座；7—脚螺旋；8—圆水准器；9—目镜对光螺旋；10—物镜对光螺旋；11—气泡观察镜；12—制动扳手；13—微动螺旋；14—缺口；15—准星

放一尺垫，如图3-24所示。尺垫一般由三角形的铸铁制成，下面有三个尖脚，以便踩入土中，使它稳定。面上有一突起的半球体，水准尺立于球顶，尺底仅接触球顶最高的一点，当水准尺转动方向时高程不会改变。

图 3-24 尺垫

(三) 水准仪使用

用水准仪进行水准测量的操作程序为：

粗平——瞄准——精平——读数

现将操作方法分述如下：

1. 粗平

转动水准仪的脚螺旋，使基座上的圆水准器气泡居中，导致仪器的纵轴大致铅垂，为在各个方向精密定平仪器创造条件。

2. 瞄准

瞄准是把望远镜对准水准尺，进行目镜和物镜对光，消除视差，使十字丝和尺像十分清晰，以便在尺上进行正确读数。具体操作方法如下：首先转动目镜对光螺旋，使十字丝调至十分清晰（以后瞄准时就不需要再调节目镜对光）。然后放松制动扳手，用望远镜上部的缺口和准星对准水准尺。粗略地进行物镜对光，在望远镜内看到水准尺像时，立即按下制动扳手。转动水平微动螺旋，使十字丝的纵丝靠近水准尺的一侧，如图3-25所示，可检查水准尺在左右方向是否倾斜。转动物镜对光螺旋，消除视差，使水准尺的分划像十分清晰。

3. 精平

精平是转动微倾螺旋，使水准管气泡严格居中（符合），从而使望远镜的视线精确处于水平位置。

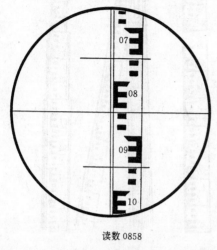

读数 0858

图 3-25　瞄准水准尺与读数

有符合棱镜的水准管，可在水准管气泡观察镜中看到气泡的影像，如图3-26上部所示，$(a)$ 为气泡居中（符合），$(b)$、$(c)$ 为气泡不居中（符合），此时可按照图中所示的虚线箭头方向转动微倾螺旋，使气泡居中（符合）。

由于圆水准器的灵敏度较低，当转动仪器后，已经居中后的水准管气泡又会有微小的偏移。因此当每次瞄准前、后视水准尺时，都应转动微倾螺旋，使气泡重新居中，然后才能在水准尺上读数。

**4. 读数**

仪器精平后，应立即用十字丝的中横丝在水准尺上进行读数。一般的水准仪从望远镜中所看到的像是倒立的，为了读数方便，把水准尺上的注

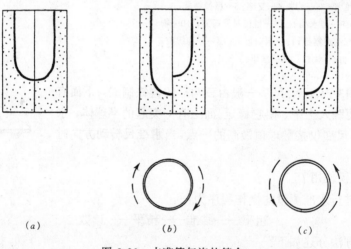

图 3-26　水准管气泡的符合

字倒写，这样从望远镜中能看到正的注字。读数时应从上往下读，即从小往大读。为了提高读数的速度和精度，应先用十字丝的中横丝估读出毫米数，然后再读出米、分米、厘米数。如图3-25中其读数为0.858m。由于在水准尺上总是读出四位数，所以可简单地读记为0858，单位为毫米。

读数后应立即在水准管气泡观察镜内重新检视气泡是否仍居中（符合），如仍居中（符合），则读数有效；否则应再使气泡居中（符合）后重新读数。

**四、水准测量方法**

在每一测站的水准测量中，为了能及时发现错误，通常采用两次仪器高法进行观测。

图3-27为用两次仪器高法进行水准测量的观测实例示意图。设已知水准点 BM $A$ 的高程 $H_A=13.428$m，欲求水准点 BM $B$ 的高程 $H_B$。观测数据的记录及计算如表3-7所示。

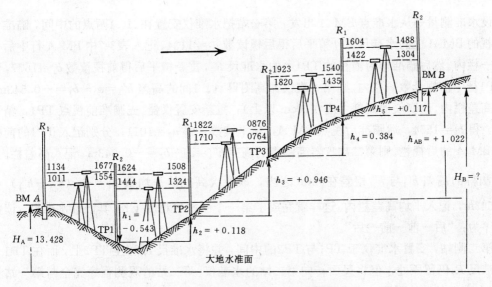

图3-27 两次仪器高法水准测量

**水准测量记录**（两次仪器高法）　　　　　　　　　　表3-7

| 测站 | 点号 | 水准尺读数 | | 高差 $h$ (m) | 平均高差 (m) | 改正后高差 (m) | 高程 $H$ (m) | 备注 |
|---|---|---|---|---|---|---|---|---|
| | | 后视 | 前视 | | | | | |
| 1 | BM A | 1134 | | | | | 13.428 | |
| | | 1011 | | | | | | |
| | TP1 | | 1677 | $-0.543$ | | | | |
| | | | 1554 | $-0.543$ | $-0.543$ | | | |
| 2 | TP1 | 1444 | | | | | | |
| | | 1624 | | | | | | |
| | TP2 | | 1324 | $+0.120$ | | | | |
| | | | 1508 | $+0.116$ | $+0.118$ | | | |
| 3 | TP2 | 1822 | | | | | | |
| | | 1710 | | | | | | |
| | TP3 | | 0876 | $+0.946$ | | | | |
| | | | 0764 | $+0.946$ | $+0.946$ | | | |
| 4 | TP3 | 1820 | | | | | | |
| | | 1923 | | | | | | |
| | TP4 | | 1435 | $+0.385$ | | | | |
| | | | 1540 | $+0.383$ | $+0.384$ | | | |
| 5 | TP4 | 1422 | | | | | | |
| | | 1604 | | | | | | |
| | BM B | | 1304 | $+0.118$ | | | | |
| | | | 1488 | $+0.116$ | $+0.117$ | | 14.450 | |
| | | Σ后=15.514<br>Σ前=13.470<br>Σ后−Σ前=+2.044<br>$\frac{1}{2}$(Σ后−Σ前)=+1.022 | | $\Sigma h=$<br>$+2.044$ | $\frac{1}{2}\Sigma h=$<br>$+1.022$ | | | |

设水准测量是从水准点 BM $A$ 出发,第一站把水准仪安置在 $A$、1两点的中间,瞄准作为后视的 BM $A$ 上的水准尺 $R_1$,精平后得后视读数 $a_1=1134$,记入表3-7中 BM $A$ 行中后视读数一栏内。然后瞄准作为前视的 TP1上的水准尺 $R_2$,重新精平后得前视读数 $b_1=1677$,记入 TP1行中前视读数一栏内。则第一次仪器高测得 $A$、1间的高差 $h'_1=a_1-b_1=-0.543\text{m}$,记入高差栏内。改变仪器高度(应在10cm以上),重新安置仪器。先瞄准前视点 TP1,精平读数,得 $b_2=1554$,后瞄准后视点 BM $A$,精平读数,得 $a_2=1011$,分别记入 TP1的前视栏和 BM $A$ 的后视栏。则第二次仪器高测得的高差 $h''_1=a_2-b_2=-0.543\text{m}$,记入高差栏内。如果测得的高差 $h'_1$ 与 $h''_1$ 相差在5mm 之内,取两次高差的平均值 $h_1=\frac{1}{2}(h'_1+h''_1)=-0.543\text{m}$,记入平均高差栏内。这样就完成了第一个测站的观测工作。其瞄准水准尺、读数的次序为:"后—前—前—后"。

第二测站,安置水准仪于 TP1与 TP2的中间,并将水准尺 $R_1$ 移至 TP2上,而在 TP1上的水准尺 $R_2$ 仍留原处,但将尺面转向第二站的水准仪。第二站的观测程序完全与第一站相同。依次进行各站的观测,直至最后一站。

进行水准测量时,要求每一页记录纸都要进行检核计算,例如表3-7中最下一行:

$$\Sigma 后 - \Sigma 前 = \Sigma h = +2.044\text{m}$$

$$\frac{1}{2}(\Sigma 后 - \Sigma 前) = \frac{1}{2}\Sigma h = +1.022\text{m}$$

两者相等,说明计算正确。

最后按照(3-5-2)式计算 BM $B$ 的高程:

$$H_B = 13.428 + 1.022 = 14.450\text{m}$$

两次仪器高法水准测量一般作为每一测站的检核,而整个水准路线(例如图3-27中从 BM $A$ 测到 BM $B$)还应往返观测(即再从 BM $B$ 测到 BM $A$)进行检核。普通水准测量往返观测测定高差的允许差数为 $\pm 40\text{mm}\sqrt{L}$,$L$ 为两点间的距离,以公里为单位。

## 第六节 三角高程测量

当地形高低起伏、高差较大不便于进行水准测量时,可以用三角高程测量的方法测定两点间的高差,计算待定点的高程(如图3-28)。进行三角高程测量的先决条件为两点间的水平距离 $S$ 或斜距 $S'$ 为已经测定或已知,观测垂直角 $\alpha$,量取仪器高 $i$ 和觇标高 $l$,分别用下式计算两点间的高差:

$$h_{AB} = S \cdot \text{tg}\alpha + i - l \tag{3-6-1}$$

$$h_{AB} = S' \cdot \sin\alpha + i - l \tag{3-6-2}$$

以上两式中的 $\alpha$ 为仰角时 $\text{tg}\alpha$ 或 $\sin\alpha$ 为正,俯角时为负。求得高差 $h_{AB}$ 后,按下式计算 $B$ 点的高程:

$$H_B = H_A + h_{AB} \tag{3-6-3}$$

以上三角高程测量公式是设大地水准面和通过 $A$、$B$ 点的水平面为相互平行的平面。在近距离内(例如200m)可以认为是这样的,但事实上高差的起算面——水准面是曲面(如图3-29)。因此在远距离进行三角高程测量时,还应加一些改正。

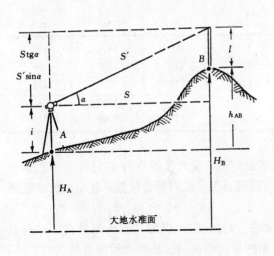
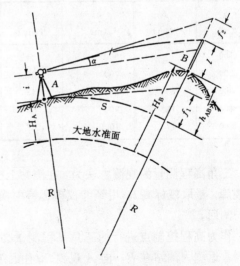

图 3-28 三角高程测量　　图 3-29 三角高程测量中大气折光和地球曲率影响

**(1) 地球曲率改正**

改正地球曲率对高差测量的影响称为球差改正 $f_1$，按下式计算：

$$f_1 = \frac{S^2}{2R} \tag{3-6-4}$$

式中 $S$ 为两点间的水平距离，$R$ 为地球平均曲率半径（一般取 $R=6371$km）。由于地球曲率的影响总是使测得的高差小于实际的高差，因此球差改正 $f_1$ 恒为正值。

**(2) 大气折光改正**

在观测垂直角时，由于受大气垂直折光的影响，瞄准目标的视线为一条向上凸的曲线，这使视线的切线方向向上抬高，测得的垂直角偏大（如图3-29）。因此还应在远距离三角高程测量时，加大气折光改正 $f_2$，也称为气差改正。大气垂直折光使视线形成的曲率大约为地球曲率的 $k$ 倍（$k$ 称为大气垂直折光系数），因此气差改正的计算公式为：

$$f_2 = -k\frac{S^2}{2R} \tag{3-6-5}$$

大气垂直折光使测得的垂直角偏大，因此改正数恒为负值。

球差改正和气差改正合在一起称为两差改正 $f$，则

$$f = f_1 + f_2 = (1-k)\frac{S^2}{2R} \tag{3-6-6}$$

大气垂直折光系数 $k$ 随气温、气压、日照、地面覆盖物和视线高度等因素而改变，一般取其平均值，令 $k=0.14$。在表3-8中列出水平距离 100～2000m 的两差改正值 $f$。由于 $f_1 > f_2$，故 $f$ 恒为正值。

考虑两差改正时，三角高程测量的高差计算公式为：

$$h_{AB} = S \cdot \text{tg}\alpha + i - l + f \tag{3-6-7}$$

$$h_{AB} = S' \cdot \sin\alpha + i - l + f \tag{3-6-8}$$

**三角高程测量地球曲率和大气折光改正**（$k=0.14$） 表 3-8

| $S$ (m) | $f$ (mm) | $S$ (m) | $f$ (mm) | $S$ (m) | $f$ (mm) | $S$ (m) | $f$ (mm) |
|---|---|---|---|---|---|---|---|
| 100 | 1 | 600 | 24 | 1100 | 82 | 1600 | 173 |
| 200 | 3 | 700 | 33 | 1200 | 97 | 1700 | 195 |
| 300 | 6 | 800 | 43 | 1300 | 114 | 1800 | 219 |
| 400 | 11 | 900 | 55 | 1400 | 132 | 1900 | 244 |
| 500 | 17 | 1000 | 67 | 1500 | 152 | 2000 | 270 |

三角高程测量的观测方法为：在测站上安置经纬仪，量取仪器高 $i$；在目标上安置标杆或觇牌，量取觇标高 $l$；用经纬仪望远镜中横丝瞄准目标，读取竖盘读数，盘左、盘右观测为一测回。

作为高程控制点进行的三角高程测量必须进行对向观测。例如往测为测站在 $A$，向 $B$ 观测；返测为测站在 $B$，向 $A$ 观测。取往返观测的平均值为 $A$、$B$ 两点间的高差。

三角高程测量的计算见表 3-9。

**三角高程测量高差计算** 表3-9

| 起 算 点 | $A$ | | $B$ | |
|---|---|---|---|---|
| 待 定 点 | $B$ | | $C$ | |
| 往返测 | 往 | 返 | 往 | 返 |
| 距离 $S$ 或 $S'$ (m) | 581.38 | 581.38 | 488.01 | 488.01 |
| 垂直角 $\alpha$ (° ′ ″) | 11 38 30 | −11 24 00 | 6 52 07 | −6 34 38 |
| $S\mathrm{tg}\alpha$ 或 $S'\sin\alpha$ (m) | +119.78 | −117.23 | +58.78 | −56.27 |
| 仪 器 高 $i$ (m) | 1.44 | 1.49 | 1.49 | 1.50 |
| 觇 标 高 $l$ (m) | 2.50 | 3.00 | 3.00 | 2.50 |
| 两差改正 $f$ (m) | 0.02 | 0.02 | 0.02 | 0.02 |
| 单向高差 (m) | +118.74 | −118.72 | +57.29 | −57.25 |
| 平均高差 (m) | +118.73 | | +57.27 | |

## 思考题与练习题

1. 钢尺量距要进行哪些改正？
2. 设用某一名义长度为50m的钢尺，沿倾斜地面丈量距离。该钢尺的尺方程式为：

$$l = 50\mathrm{m} + 10\mathrm{mm} + 0.6\,(t-20℃)\,\mathrm{mm}$$

丈量时温度 $t=32℃$，$A$、$B$ 两点间高差为1.86m，量得斜距为128.360m，计算经过尺长改正、温度改

正与高差改正后的 $A$、$B$ 两点间的水平距离 $S_{AB}$。

3. 用经纬仪进行视距测量的记录如下表所示，计算测站至各照准点的水平距离及各照准点的高程。

**视 距 测 量 记 录**

测站：$B$　　测站高程：20.36m　　仪器高：1.42m

| 照准点号 | 下丝读数 $a$<br>上丝读数 $b$<br>视距间隔 $n$<br>(m) | 中丝读数<br>$l$<br>(m) | 竖盘读数<br>$L$<br>(° ′) | 垂直角<br>$\alpha$<br>(° ′) | 水平距离<br>$S$<br>(m) | 高差<br>$h$<br>(m) | 高程<br>$H$<br>(m) |
|---|---|---|---|---|---|---|---|
| 1 | 1.766<br>0.902 | 1.36 | 84　32 | | | | |
| 2 | 2.165<br>0.555 | 1.36 | 87　25 | | | | |
| 3 | 2.570<br>1.428 | 2.00 | 93　45 | | | | |
| 4 | 2.871<br>1.128 | 2.00 | 86　13 | | | | |
| 5 | 2.221<br>0.780 | 1.50 | 90　28 | | | | |
| 备注 | 垂直角 $\alpha = L - 90°$ | | | | | | |

4. 光电测距的基本原理是什么？
5. 光电测距要进行哪些改正？
6. 水准仪有哪些主要构件？
7. 水准仪的操作步骤是什么？
8. 三角高程测量如何进行观测？计算时要进行哪些改正？

# 第四章 测量误差基本知识

## 第一节 测量误差概念

**一、测量误差产生的原因**

测量工作的实践表明，对于某一个客观存在的量，例如两点之间的距离或高差、三点之间构成的水平角等，尽管采用了比较精密的仪器和合理的观测方法，测量人员工作的态度也是认真负责的，但多次测量的结果总是存在着差异，这说明观测值中总是存在测量误差。产生测量误差的原因很多，概括起来有下列三个方面：

1. 仪器的原因

测量工作是需要用测量仪器进行的，而每一种测量仪器只具有一定的精确度，使测量结果受到一定影响。例如 6 秒级经纬仪度盘分划误差可能达到 3″，由此使所测角度产生误差。

2. 人的原因

由于观测者的感觉器官的鉴别能力存在局限性，所以对仪器的对中、整平、瞄准、读数等方面都会产生误差。例如在厘米分划的水准尺上，由观测者估读至毫米数，则 1mm 以下的误差是完全可能存在的。此外，观测者的技术熟练程度也会对观测成果带来不同程度的影响。

3. 外界环境的影响

测量时所处的外界环境的温度、风力、日光、大气折光、烟雾等客观情况时刻在变化，使测量结果产生误差。例如温度变化使钢尺产生伸缩，风吹和日光照射使仪器的安置不稳定，大气折光使瞄准产生偏差等。

人、仪器和环境是测量工作得以进行的客观条件，由于受到这些条件的影响，测量中的误差是不可避免的。观测条件相同的各次观测称为等精度观测，观测条件不相同的各次观测称为不等精度观测。

**二、测量误差的分类与处理原则**

测量误差按其对观测结果影响性质的不同可以分为系统误差与偶然误差两类。

1. 系统误差

在相同的观测条件下，对某一量进行一系列的观测，若误差的出现在符号和数值上均相同，或按一定的规律变化，这种误差称为系统误差。例如用名义长度为 30m 而实际正确长度应为 30.004m 的钢卷尺量距，每量一尺段就有使距离量短了 0.004m 的误差，其量距误差的符号不变，且与所量距离的长度成正比。因此系统误差具有积累性。

系统误差对观测值的影响具有一定的数学或物理上的规律性，如果这种规律性能够找到，则系统误差对观测值的影响可加以改正，或用一定的测量方法加以抵消或削弱。

2. 偶然误差

在相同的观测条件下，对某一量进行一系列的观测，若误差出现的符号和数值大小均不一致，从表面上看没有任何规律性，这种误差称为偶然误差。偶然误差是由人力所不能控制的因素（例如人眼的分辨能力、仪器的极限精度、气象因素等）共同引起的测量误差，其数值的正负、大小纯属偶然。例如在厘米分划的水准尺上读数，估读毫米数时有时估读过大、有时过小；大气折光使望远镜中成像不稳定，引起瞄准目标有时偏左、有时偏右。因此多次观测取其平均值，可以抵消掉一些偶然误差。

偶然误差是不可避免的。在相同的观测条件下观测某一量，所出现的大量偶然误差具有统计的规律，或称之为具有概率论的规律，关于这方面以后再作进一步分析。

在测量工作中，除了上述两种误差以外，还可能发生错误，例如瞄错目标，读错读数等。错误是一种特别大的误差，是由观测者的粗心大意所造成的。错误应该可以避免，含有错误的观测值应该舍弃，并重新进行观测。

为了防止错误的发生和提高观测成果的质量，在测量工作中一般要进行多于必要的观测，称为多余观测。例如一段距离采用往返丈量，如果往测是属于必要观测，则返测就属于多余观测；又例如一个平面三角形的水平角观测，其中两个角属于必要观测，第三个角属于多余观测。有了多余观测可以发现观测值中的错误，以便将其剔除或重测。由于观测值中的偶然误差不可避免，所以有了多余观测，而观测值之间必然产生差值（不符值、闭合差）。根据差值的大小可以评定测量的精度（精确程度）。差值如果大到一定的程度，就认为观测值中有错误（不属于偶然误差），称为误差超限。差值如果不超限，则按偶然误差的规律加以处理，称为闭合差的调整，以求得最可靠的数值。

### 三、偶然误差的特性

测量误差理论主要是研究在具有偶然误差的一系列观测值中如何求得最可靠的结果和评定观测成果精度的方法。为此需要对偶然误差的性质作进一步的讨论。

设某一量的真值为 $X$，对此量进行 $n$ 次观测，得到的观测值为 $l_1, l_2 \cdots \cdots l_n$，在每次观测中发生的偶然误差（又称真误差）为 $\Delta_1, \Delta_2 \cdots \cdots \Delta_n$，则定义：

$$\Delta_i = X - l_i (i = 1, 2 \cdots n) \tag{4-1-1}$$

从单个偶然误差来看，其符号的正负和数值的大小没有任何规律性。但是如果观测的次数很多，观察其大量的偶然误差，就能发现隐藏在偶然性下面的必然性规律。进行统计的数量越大，规律性也越明显。下面结合某观测实例，用统计方法进行分析。

某一测区，在相同的观测条件下共观测了 358 个三角形的全部内角。由于每个三角形内角之和的真值（180°）已知，因此可以按（4-1-1）式计算三角形内角之和的偶然误差 $\Delta_i$（三角形闭合差），将它们分为正误差、负误差与绝对值，按其绝对值由小到大进行排列。以误差区间 $d\Delta = 3''$ 进行误差个数 $k$ 的统计，并计算其相对个数 $k/n$ ($n=358$)，$k/n$ 称为误差出现的频率。见表4-1。

为了直观地表示偶然误差的分布情况，可以按表 4-1 的数据作图（图 4-1）。图中以横坐标表示误差的正负与大小，以纵坐标表示误差出现于各区间的频率（相对个数）除以区间的间隔 $d\Delta$。每一区间按纵坐标作成矩形小条，则小条的面积代表误差出现在该区间的频率，而各小条的面积总和等于1。该图称为频率直方图。

从表 4-1 的统计中可以归纳出偶然误差的特性：

1. 在一定观测条件下的有限次观测中，偶然误差的绝对值不会越过一定的限值。

偶然误差的统计  表4-1

| 误差区间 $d\Delta$ (″) | 负误差 | | 正误差 | | 误差绝对值 | |
|---|---|---|---|---|---|---|
| | $k$ | $k/n$ | $k$ | $k/n$ | $k$ | $k/n$ |
| 0～3 | 45 | 0.126 | 46 | 0.128 | 91 | 0.254 |
| 3～6 | 40 | 0.112 | 41 | 0.115 | 81 | 0.226 |
| 6～9 | 33 | 0.092 | 33 | 0.092 | 66 | 0.184 |
| 9～12 | 23 | 0.064 | 21 | 0.059 | 44 | 0.123 |
| 12～15 | 17 | 0.047 | 16 | 0.045 | 33 | 0.092 |
| 15～18 | 13 | 0.036 | 13 | 0.036 | 26 | 0.073 |
| 18～21 | 6 | 0.017 | 5 | 0.014 | 11 | 0.031 |
| 21～24 | 4 | 0.011 | 2 | 0.006 | 6 | 0.017 |
| 24以上 | 0 | 0 | 0 | 0 | 0 | 0 |
| Σ | 181 | 0.505 | 177 | 0.495 | 358 | 1.000 |

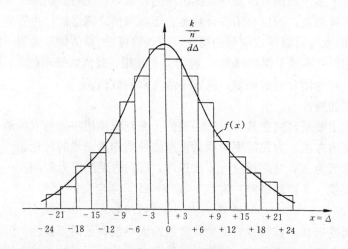

图 4-1 频率直方图

2. 绝对值较小的误差出现的频率大，绝对值较大的误差出现的频率小。

3. 绝对值相等的正、负误差具有大致相等的频率。

4. 当观测次数无限增大时，偶然误差的理论平均值趋近于零，即偶然误差具有抵偿性。用公式表示为：

$$\lim_{n\to\infty}\frac{\Delta_1+\Delta_2+\cdots+\Delta_n}{n}=\lim_{n\to\infty}\frac{[\Delta]}{n}=0 \quad (4\text{-}1\text{-}2)$$

式中 [ ] 表示取括号中数值的代数和。

以上根据358个三角形角度闭合差作出的误差出现频率直方图的基本图形（中间高、两边低并向横轴逐渐逼近的对称图形），并不是一种特例，而是统计偶然误差出现的普遍规律，并且可以用数学公式来表示。

当误差的个数 $n \to \infty$，同时又无限缩小误差的区间 $d\Delta$，则图4-1中各小长条的顶边的折线就逐渐成为一条光滑的曲线。该曲线在概率论中称为正态分布曲线，它完整地表示了偶然误差出现的概率 $P$（当 $n\to\infty$ 时，上述误差区间内误差出现的频率趋于稳定，成为概率）。

正态分布的数学方程式为：

$$y = f(\Delta) = \frac{1}{\sqrt{2\pi}\sigma} e^{\frac{-\Delta^2}{2\sigma^2}} \tag{4-1-3}$$

式中 $\pi=3.1416$ 为圆周率；$e=2.7183$ 为自然对数的底，$\sigma$ 为标准差，标准差的平方 $\sigma^2$ 为方差。方差为偶然误差平方的理论平均值：

$$\sigma^2 = \lim_{n\to\infty} \frac{\Delta_1^2 + \Delta_2^2 + \cdots + \Delta_n^2}{n} = \lim_{n\to\infty} \frac{[\Delta^2]}{n} \tag{4-1-4}$$

标准差为：

$$\sigma = \pm \lim_{n\to\infty} \sqrt{\frac{[\Delta^2]}{n}} = \pm \lim_{n\to\infty} \sqrt{\frac{[\Delta\Delta]}{n}} \tag{4-1-5}$$

由上式可知，标准差的大小决定于在一定条件下偶然误差出现的绝对值的大小。由于在计算标准差时取各个偶然误差的平方和，因此当出现有较大绝对值的偶然误差时，在标准差的数值大小中会得到明显的反映。

以上（4-1-3）式称为正态分布的密度函数，以偶然误差 $\Delta$ 为自变量，标准差 $\sigma$ 为密度函数的唯一参数。

## 第二节 评定精度的标准

### 一、中误差

为了统一衡量在一定观测条件下观测结果的精度，取标准差 $\sigma$ 作为依据是比较合适的。但是在实际测量工作中，不可能对某一量作无穷多次观测，因此定义按有限次观测的偶然误差求得的标准差为中误差 $m$，即

$$m = \pm \sqrt{\frac{\Delta_1^2 + \Delta_2^2 + \cdots + \Delta_n^2}{n}} = \pm \sqrt{\frac{[\Delta\Delta]}{n}} \tag{4-2-1}$$

例如，对 10 个三角形的内角进行两组观测，根据两组观测值中的偶然误差（真误差），分别计算其中误差列于表 4-2。

由此可见，第二组观测值的中误差大于第一组观测值的中误差，虽然这两组观测值误差的绝对值之和是相等的，但是在第二组中出现了较大的误差（$-7$、$+8$），因此相对来说其精度较低。

在一组观测值中，如果标准差已经确定，就可以画出它所对应的偶然误差正态分布曲线。按（4-1-3）式，当 $\Delta=0$ 时，$f(\Delta)$ 有最大值。如果以中误差代替标准差，则其最大值为：

$$\frac{1}{\sqrt{2\pi}m}$$

因此当 $m$ 较小时，曲线在纵轴方向的顶峰较高，表示小误差出现的频率较大；当 $m$ 较大时，曲线的顶峰较低，曲线形状平缓，表示误差分布比较离散。这两种情况的正态分布曲线如图 4-2 所示。

按观测值的真误差计算中误差　　　　　　　　　　表 4-2

| 次 序 | 第 一 组 观 测 | | | 第 二 组 观 测 | | |
|---|---|---|---|---|---|---|
| | 观测值 $l$ (° ′ ″) | 真误差 $\Delta$ (″) | $\Delta^2$ | 观测值 $l$ (° ′ ″) | 真误差 $\Delta$ (″) | $\Delta^2$ |
| 1 | 180 00 03 | −3 | 9 | 180 00 00 | 0 | 0 |
| 2 | 180 00 02 | −2 | 4 | 179 59 59 | +1 | 1 |
| 3 | 179 59 58 | +2 | 4 | 180 00 07 | −7 | 49 |
| 4 | 179 59 56 | +4 | 16 | 180 00 02 | −2 | 4 |
| 5 | 180 00 01 | −1 | 1 | 180 00 01 | −1 | 1 |
| 6 | 180 00 00 | 0 | 0 | 179 59 59 | +1 | 1 |
| 7 | 180 00 04 | −4 | 16 | 179 59 52 | +8 | 64 |
| 8 | 179 59 57 | +3 | 9 | 180 00 00 | 0 | 0 |
| 9 | 179 59 58 | +2 | 4 | 179 59 57 | +3 | 9 |
| 10 | 180 00 03 | −3 | 9 | 180 00 01 | −1 | 1 |
| Σ | | −2 | 72 | | +2 | 130 |
| 中 误 差 | $m_1=\pm\sqrt{\dfrac{72}{10}}=\pm2''.7$ | | | $m_2=\pm\sqrt{\dfrac{130}{10}}=\pm3''.6$ | | |

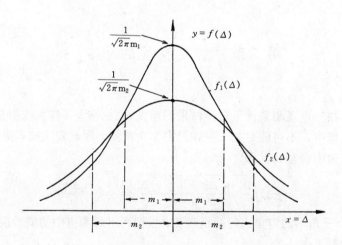

图 4-2　不同中误差的正态分布曲线

## 二、相对误差

在某些测量工作中，用中误差这个标准还不能反映出观测的质量。例如用钢尺丈量 200m 及 40m 两段距离，观测值的中误差都是 ±2cm，但不能认为两者的精度一样，因为量距误差与其长度有关。为此，用观测值的中误差与观测值之比化为 $1/K$ 形式，称为相对中误差。上例中，前者的相对中误差为 $0.02/200=1/10000$，而后者则为 $0.02/40=1/2000$。前者的精度高于后者。

## 三、极限误差

由频率直方图（图 4-1）可知：各矩形小条的面积代表误差出现在该区间中的频率。当统计误差的个数无限增加、误差区间无限减小时，频率逐渐稳定而成概率，直方图的顶边即形成正态分布曲线。因此根据正态分布曲线可以表示误差出现在小区间 $d\Delta$ 中的概率：

$$P(\Delta) = f(\Delta) \cdot d\Delta = \frac{1}{\sqrt{2\pi}m} e^{-\frac{\Delta^2}{2m^2}} d\Delta \tag{4-2-2}$$

根据上式的积分可以得到偶然误差在任意区间出现的概率。设以 $k$ 倍中误差作为区间，则在此区间中误差出现的概率为：

$$P(|\Delta| \leqslant k \cdot m) = \int_{-km}^{+km} \frac{1}{\sqrt{2\pi}m} e^{\frac{\Delta^2}{2m^2}} d\Delta \tag{4-2-3}$$

以 $k=1$、2、3 代入上式，得到偶然误差的绝对值不大于中误差、2 倍中误差和 3 倍中误差的概率：

$$P(|\Delta| \leqslant m) = 0.683 = 68.3\%$$
$$P(|\Delta| \leqslant 2m) = 0.954 = 95.4\%$$
$$P(|\Delta| \leqslant 3m) = 0.997 = 99.7\%$$

由此可见，偶然误差的绝对值大于 2 倍中误差的约占误差总数的 5%，而大于 3 倍中误差的仅占误差总数的 0.3%。一般进行测量的次数有限，上述情况很少遇到，因此以 2 倍中误差作为允许的误差极限，称为允许误差或称为限差：

$$\Delta_{允} = 2m \tag{4-2-4}$$

## 第三节 观测值的算术平均值及改正值

### 一、算术平均值

在相同观测条件下，对某个未知量进行 $n$ 次观测，其观测值分别为 $l_1$、$l_2$……$l_n$。将这些观测值取算术平均值 $\overline{x}$，作为该量的最可靠的数值，或称最或是值：

$$\overline{x} = \frac{l_1 + l_2 + \cdots + l_n}{n} = \frac{[l]}{n} \tag{4-3-1}$$

取算术平均值的合理性与可靠性，可以用偶然误差的特性来证明：设某一量的真值为 $X$，各次观测值为 $l_1$、$l_2$……$l_n$，其相应的真误差为 $\Delta_1$、$\Delta_2$……$\Delta_n$，则

$$\Delta_1 = X - l_1$$
$$\Delta_2 = X - l_2$$
$$\cdots\cdots$$
$$\Delta_n = X - l_n$$

将上列等式相加，并除以 $n$，得到

$$\frac{[\Delta]}{n} = X - \frac{[l]}{n}$$

根据偶然误差第 4 特性，当观测次数无限增多时，$\frac{[\Delta]}{n}$ 就趋近于零，即

$$\lim_{n \to \infty} \frac{[\Delta]}{n} = 0$$

也就是说，当观测次数为无限大时，算术平均值趋近于该量的真值。但是在实际工作

中不可能进行无限次的观测，因此就把有限个观测值的算术平均值作为该量的最可靠的数值。

## 二、观测值的改正值

算术平均值与观测值之差，称为观测值的改正值 $v$：

$$\left.\begin{array}{l} v_1 = \bar{x} - l_1 \\ v_2 = \bar{x} - l_2 \\ \cdots\cdots \\ v_n = \bar{x} - l_n \end{array}\right\} \quad (4\text{-}3\text{-}2)$$

将上列等式相加：

$$[v] = n\bar{x} - [l]$$

根据（4-3-1）式：

$$[v] = n\frac{[l]}{n} - [l] = 0 \quad (4\text{-}3\text{-}3)$$

一组观测值取算术平均值后，其改正值之和恒等于零。这一结论可以作为计算的检核。

## 第四节 用观测值的改正值计算中误差

### 一、按观测值的改正值计算中误差

观测值的精度一般以中误差来衡量。一组等精度观测值在真值已知的情况下（例如平面三角形的 3 个内角之和），可以按（4-1-1）式计算观测值的真误差，再按（4-2-1）式计算观测值的中误差。

在一般情况下：观测值的真值 $X$ 是不知道的，真误差 $\Delta$ 也就无法求得，因此就不能用（4-2-1）式求中误差。由上一节知道，在同样条件下对某一量进行多次观测，可以取其算术平均值 $\bar{x}$ 作为最或是值，也可以算得各个观测值的改正值 $v_i$。并且还知道，最或是值 $\bar{x}$ 在观测次数无限增多时，将趋近于真值 $X$。对于有限的观测次数，以 $\bar{x}$ 代替 $X$，就相当于以改正值 $v_i$ 代替真误差 $\Delta_i$。参照（4-2-1）式，得到按观测值的改正值计算观测值的中误差的公式：

$$m = \pm\sqrt{\frac{[vv]}{n-1}} \quad (4\text{-}4\text{-}1)$$

上式与（4-2-1）式对照，除了以 $[vv]$ 代替 $[\Delta\Delta]$ 之外，还以 $(n-1)$ 代替 $n$。简单的解释为：在真值已知的情况下，所有 $n$ 个观测值均为多余观测；在真值未知的情况下，则有一个观测值是必要的，其余 $(n-1)$ 个观测值是多余的，因此 $n$ 和 $(n-1)$ 是代表两种不同情况下的多余观测数。

（4-4-1）式也可以根据偶然误差的特性来证明。根据（4-1-1）式和（4-3-2）式

$$\Delta_1 = X - l_1, \quad v_1 = x - l_1$$
$$\Delta_2 = X - l_2, \quad v_2 = x - l_2$$
$$\cdots\cdots \qquad \cdots\cdots$$
$$\Delta_n = X - l_n, \quad v_n = x - l_n$$

上列左右两式分别相减，得到

$$\Delta_1 = v_1 + (X - x)$$

$$\Delta_2 = v_2 + (X - x)$$
$$\cdots\cdots$$
$$\Delta_n = v_n + (X - x)$$

上列各式取其总和，并顾及 $[v] = 0$，得到
$$[\Delta] = n(X - x)$$
$$X - x = \frac{[\Delta]}{n}$$

取其平方和则得到
$$[\Delta\Delta] = [vv] + n(X - x)^2$$

式中
$$(X - x)^2 = \frac{[\Delta]^2}{n^2} = \frac{\Delta_1^2 + \Delta_2^2 + \cdots + \Delta_n^2}{n^2} + \frac{2(\Delta_1\Delta_2 + \Delta_2\Delta_3 + \cdots + \Delta_{n-1}\Delta_n)}{n^2}$$

上式右端第二项中 $\Delta_i\Delta_j\ (j \neq i)$ 为两个偶然误差的乘积，仍然具有偶然误差的特性，根据其第 4 特性：

$$\lim_{n \to \infty} \frac{\Delta_1\Delta_2 + \Delta_2\Delta_3 + \cdots + \Delta_{n-1}\Delta_n}{n} = 0$$

当 $n$ 为有限值时，上式的值为一微小量，再除以 $n$ 后更可以忽略不计，因此
$$(X - x)^2 = \frac{[\Delta\Delta]}{n^2}$$
$$[\Delta\Delta] = [vv] + \frac{[\Delta\Delta]}{n}$$
$$\frac{[\Delta\Delta]}{n} = \frac{[vv]}{n-1}$$

(4-4-1) 式是对于某一量进行多次观测（又称抽样统计）而评定其精度的公式，也是统计计算的主要公式之一。

例如对于某一水平角，在同样条件下进行 5 次观测，求其算术平均值及观测值的中误差，计算在表 4-3 中进行。在计算算术平均值时，由于各个观测值必然大同小异，因此令其共同部分为 $l_0$，差异部分为 $\Delta l_i$，即
$$l_i = l_0 + \Delta l_i \quad (i = 1 \sim n) \tag{4-4-2}$$

**按观测值的改正值计算中误差**　　　　　　　　　　　　　　　　　　　　　表 4-3

| 次　序 | 观测值 $l$ (° ′ ″) | $\Delta l$ (″) | 改正值 $v$ (″) | $vv$ | 计算 $x$ 及 $m$ |
|---|---|---|---|---|---|
| 1 | 85 42 49 | 9 | −4 | 16 | 算术平均值： |
| 2 | 85 42 40 | 0 | +5 | 25 | $\bar{x} = l_0 + \frac{[\Delta l]}{n} = 85°42'40'' + 5'' = 85°42'45''$ |
| 3 | 85 42 42 | 2 | +3 | 9 |  |
| 4 | 85 42 46 | 6 | −1 | 1 | 观测值中误差 |
| 5 | 85 42 48 | 8 | −3 | 9 | $m = \pm\sqrt{\frac{[vv]}{n-1}} = \pm\sqrt{\frac{60}{5-1}} = \pm 3''.9$ |
| Σ | ($l_0 = 85°42'40''$) | 25″ | 0 | 60 |  |

则算术平均值的实用计算公式为：

$$\bar{x} = l_0 + \frac{[\Delta l]}{n} \tag{4-4-3}$$

### 二、科学式计算器的统计计算功能

科学式电子计算器例如 SHARP EL-5103、CASIO fx-4000p 等具有对同一量进行多次观测，计算其算术平均值和中误差的功能（统计功能）。依次输入各个观测值后，即可按（4-3-1）计算其算术平均值 $\bar{x}$ 和按（4-2-1）式或（4-4-1）式计算观测值的中误差。

例如对于某一量的一组观测值为 55、54、51、55、53、52，求其算术平均值及观测值的中误差。

（1）用 SHARP EL-5103 计算器

置功能选择器于 "STAT" 模式（statistical calculation mode），按 2ndF 和 CL 键以清除原有的内存，然后按下列数字键和功能键：

55、Data、54、Data、51、Data、55、Data、53、Data、52、Data

最后按下列键，得到计算结果：（⇒表示屏幕显示）

2ndF、$\bar{x}$ ⇒ 53.33333333（算术平均值）

2ndF、$Sx$ ⇒ 1.632993203（观测值中误差）

（2）CASIO fx-4000p 计算器

按 MODE、×键，进入 SD（standard deviation mode），再按 SHIFT、Mcl、EXE 键清内存，然后按下列数字键与功能键：

55、DT、54、DT、51、DT、55、DT、53、DT、52、DT

最后按下列键，得到计算结果：

SHIFT、$\bar{x}$、EXE ⇒ 53.33333333（算术平均值）

SHIFT、$x\sigma_{n-1}$、EXE ⇒ 1.632993166（观测值中误差）

## 第五节 误差传播定律

### 一、观测值的函数

以上介绍对于某一量（例如一个角度、一段距离）直接进行多次观测，以求得其最或是值，并计算观测值的中误差，作为衡量观测值精度的标准。但是在测量工作中有一些量并非直接观测值，而是根据直接观测值用一定的数学公式（函数关系）计算而得，因此称这些量为观测值的函数。由于观测值中含有误差，使函数受其影响也含有误差，称之为误差传播。

一般有下列一些函数关系：

（一）和差函数

例如两点间的距离 $S$ 分 $n$ 段丈量，各段量得的长度分别为 $s_1$、$s_2$……$s_n$，则 $S = s_1 + s_2 + \cdots + s_n$，距离 $S$ 是各分段长度 $s_1$、$s_2$……$s_n$ 的函数，是各观测值之和。又例如一个水平角值是两个方向观测值之差。这些函数称为和差函数。

（二）倍函数

例如用尺子在比例尺为 1∶1000 的地图上量两点间的距离 $d$，其相应的实地距离 $S =$

$1000 \times d$,则 $S$ 是 $d$ 的倍函数。

### (三)线性函数

例如计算算术平均值的公式为:

$$\bar{x} = \frac{1}{n}(l_1 + l_2 + \cdots + l_n) = \frac{1}{n}l_1 + \frac{1}{n}l_2 + \cdots + \frac{1}{n}l_n \tag{4-5-1}$$

式中在直接观测值 $l_i$ 之前乘某一系数(不一定是相同的系数)并取其代数和,因此,可以把算术平均值看成是各个观测值的线性函数。和差函数和倍函数也属于线性函数。

### (四)一般函数

例如用三角高程测量方法获得两点间的高差 $h$,是通过测量斜距 $S'$ 和垂直角 $\alpha$,按公式:$h = S'\sin\alpha$ 计算而得。凡是乘、除、乘方、开方、三角函数等组成的函数称为非线性函数。线性函数与非线性函数总称为一般函数。

根据观测值的中误差求观测值函数的中误差,这就是误差传播定律。误差传播定律按照函数的形式表达为一定的数学公式。

## 二、一般函数的中误差

用一矩形量长、宽求面积的例子来说明一般函数的误差传播。在图 4-3 中,设直接量得矩形的长度 $a$ 和宽度 $b$,求其面积 $P$,则

$$P = a \cdot b \tag{4-5-2}$$

上式是一个具有两个自变量 $a$、$b$ 的一般函数。设 $a$、$b$ 中包含偶然误差 $\Delta_a$、$\Delta_b$,分析其由此产生面积的误差 $\Delta_p$。由于偶然误差是一种微小量,误差传播是一种微分关系,因此将(4-5-2)式对 $a$、$b$ 求偏微分:

$$dP = \frac{\partial P}{\partial a} \cdot da + \frac{\partial P}{\partial b} \cdot db$$

$$dP = b \cdot da + a \cdot db \tag{4-5-3}$$

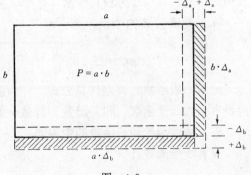

图 4-3

上式中的微分元素以偶然误差代替:

$$\Delta_p = b\Delta_a + a\Delta_b \tag{4-5-4}$$

将上式与图 4-3 对照可以看出:$b\Delta_a$ 与 $a\Delta_b$ 为两小块狭长矩形的面积,形成总的面积误差 $\Delta_p$。至于 $\Delta_a\Delta_b$ 的一小块面积属于更高阶的无穷小,可以忽略不计。这就是上列微分公式的几何意义。

设对长度 $a$、$b$ 进行 $n$ 次观测,则有下列一组关系式成立:

$$\left.\begin{aligned}\Delta_{p_1} &= b\Delta_{a_1} + a\Delta_{b_1} \\ \Delta_{p_2} &= b\Delta_{a_2} + a\Delta_{b_2} \\ &\cdots\cdots\cdots \\ \Delta_{p_n} &= b\Delta_{a_n} + a\Delta_{b_n}\end{aligned}\right\} \tag{4-5-5}$$

取上列各式的平方和:

$$[\Delta_p\Delta_p] = b^2[\Delta_a\Delta_a] + a^2[\Delta_b\Delta_b] + 2ab[\Delta_a\Delta_b]$$

为了计算面积 $P$ 的中误差,将上式除以 $n$:

$$\frac{[\Delta_p\Delta_p]}{n} = b^2 \frac{[\Delta_a\Delta_a]}{n} + a^2 \frac{[\Delta_b\Delta_b]}{n} + 2ab \frac{[\Delta_a\Delta_b]}{n} \tag{4-5-6}$$

由于两个不同的偶然误差的乘积仍具有偶然误差的性质，根据偶然误差的第 4 特性，可知：

$$\lim_{n\to\infty} \frac{[\Delta_a\Delta_b]}{n} = 0$$

因此 (4-5-6) 式成为：

$$\frac{[\Delta_p\Delta_p]}{n} = b^2 \frac{[\Delta_a\Delta_a]}{n} + a^2 \frac{[\Delta_b\Delta_b]}{n} \tag{4-5-7}$$

按中误差的定义，上式为：

$$m_p^2 = b^2 m_a^2 + a^2 m_b^2$$

即面积 $P$ 的中误差：

$$m_p = \pm \sqrt{b^2 m_a^2 + a^2 m_b^2} \tag{4-5-8}$$

由此可以推广到一般多元函数：

$$Z = f(x_1, x_2, \cdots, x_n) \tag{4-5-9}$$

式中 $x_1$、$x_2$、$\cdots$、$x_n$ 为独立变量（直接观测值也属于独立变量），其中误差分别为 $m_1$、$m_2$、$\cdots$、$m_n$，则函数 $Z$ 的中误差为：

$$m_z = \pm \sqrt{\left(\frac{\partial f}{\partial x_1}\right)^2 m_1^2 + \left(\frac{\partial f}{\partial x_2}\right)^2 m_2^2 + \cdots + \left(\frac{\partial f}{\partial x_n}\right)^2 m_n^2} \tag{4-5-10}$$

此即一般函数的误差计算公式，称为误差传播定律，是误差传播的最普遍的形式。其他函数例如线性函数、和差函数等都是一般函数的特殊情况。

**三、线性函数和倍函数的中误差**

设有线性函数：

$$z = k_1 x_1 \pm k_2 x_2 \pm \cdots \pm k_n x_n \tag{4-5-11}$$

式中 $k_1 \sim k_n$ 为常数，$x_1 \sim x_n$ 为独立变量，其中误差分别为 $m_1 \sim m_n$。按 (4-5-10) 式，由于此时

$$\frac{\partial f}{\partial x_1} = k_1, \quad \frac{\partial f}{\partial x_2} = k_2 \cdots \quad \frac{\partial f}{\partial x_n} = k_n$$

得到线性函数的中误差：

$$m_z = \pm \sqrt{k_1^2 m_1^2 + k_2^2 m_2^2 + \cdots + k_n^2 m_n^2} \tag{4-5-12}$$

例如某一量进行多次等精度观测后的算术平均值可以写成 (4-5-1) 式，因此按 (4-5-12) 式得到

$$m_x = \sqrt{\left(\frac{1}{n}\right)^2 m_1^2 + \left(\frac{1}{n}\right)^2 m_2^2 + \cdots + \left(\frac{1}{n}\right)^2 m_n^2}$$

由于是等精度观测，$m_1 = m_2 = \cdots = m_n = m$，$m$ 为观测值的中误差。由此得到按观测值的中误差计算算术平均值的中误差的公式：

$$m_x = \pm \frac{m}{\sqrt{n}} \tag{4-5-13}$$

式中 $n$ 为观测的次数。由此可见，算术平均值的中误差是观测值中误差的 $1/\sqrt{n}$。因此进行多次观测取其平均值是精密测量时提高观测成果精度的有效方法。

例如钢尺长度检定时，为了使检定结果的相对中误差不大于 1/100000，在比尺场上共进行往返 6 次丈量，最后取其算术平均值（例见第三章第一节四，表 3-2）。今按 (4-4-1) 式中计算观测值（1 次丈量）的中误差和按 (4-5-13) 式计算其 6 次丈量的算术平均值的中误差及相对中误差，如表 4-4 所示。

**算术平均值的中误差**　　　　　　　　　　　　　表 4-4

| 丈量次序 | 观测值 $l$ (m) | $\Delta l$ (mm) | 改正值 $v$ (mm) | $vv$ | 中误差计算 |
|---|---|---|---|---|---|
| 1 | 119.9864 | 6.4 | +0.1 | 0.01 | 算术平均值：$\bar{x} = l_0 + \dfrac{[\Delta l]}{n} = 119.9865$ |
| 2 | 119.9867 | 6.7 | −0.2 | 0.04 | |
| 3 | 119.9850 | 5.0 | +1.5 | 2.25 | 观测值中误差：$m = \sqrt{\dfrac{[vv]}{n-1}} = \pm 1.5\text{mm}$ |
| 4 | 119.9851 | 5.1 | +1.4 | 1.96 | 算术平均值中误差：|
| 5 | 119.9867 | 6.7 | −0.2 | 0.04 | $m_x = \dfrac{m}{\sqrt{n}} = \pm 0.6\text{mm}$ |
| 6 | 119.9890 | 9.0 | −2.5 | 6.25 | 算术平均值相对中误差：|
| $\Sigma$ | ($l_0$=119.98) | 38.9 | +0.1 | 10.55 | $\dfrac{m_x}{x} = \dfrac{1}{200000}$ |

由此可见，1 次丈量的中误差为 $\pm 1.5$mm，其相对中误差为：

$$\frac{0.0015}{120} = \frac{1}{80000}$$

尚不能满足规定的要求。而 6 次丈量的平均值的中误差为 $\pm 0.6$mm，其相对中误差为：

$$\frac{0.0006}{120} = \frac{1}{200000}$$

其精度已高于规定的要求。

如果某线性函数只有一个自变量：

$$z = kx \tag{4-5-14}$$

则成为倍函数。按 (4-5-12) 式，得到倍函数的中误差

$$m_z = km_x \tag{4-5-15}$$

例如在比例尺为 1:1000 的地形图上量得某两点间的距离 $d=168.5$mm。图上量长度的中误差 $m_d = \pm 0.2$mm，则所得实地两点间的距离 $S$ 及其中误差 $m_s$ 为：

$$S = 1000 \times 168.5\text{mm} = 168.5\text{m}$$

$$m_s = 1000 \times (\pm 0.2\text{mm}) = \pm 0.2\text{m}$$

一般可以写成：

$$S = 168.5 \pm 0.2\text{m}。$$

**四、和差函数的中误差**

设有和差函数：
$$z = x_1 \pm x_2 \pm \cdots \pm x_n \quad (4\text{-}5\text{-}16)$$

式中 $x_1 \sim x_n$ 为独立变量，其中误差为 $m_1 \sim m_n$。和差函数也属线性函数，因此按（4-5-12）式，并顾及 $k_1 = k_2 = \cdots = k_n = \pm 1$，得到和差函数的中误差：

$$m_z = \pm \sqrt{m_1^2 + m_2^2 + \cdots + m_n^2} \quad (4\text{-}5\text{-}17)$$

例如分段丈量一直线上的两段距离 $AB$、$BC$，丈量结果及其中误差如下：
$$AB = 150.15 \pm 0.12\text{m}$$
$$BC = 210.24 \pm 0.16\text{m}$$

则全长 $AC$ 及其中误差 $m_{AC}$ 为：
$$AC = AB + BC = 150.15 + 210.24 = 360.39\text{m}$$
$$m_{AC} = \pm \sqrt{0.12^2 + 0.16^2} = \pm 0.20\text{m}$$

和差函数中的各个自变量如果具有相同的精度，即在（4-5-17）式中 $m_1 = m_2 = \cdots = m_n = m$，则等精度和差函数的中误差

$$m_z = \pm m \sqrt{n} \quad (4\text{-}5\text{-}18)$$

例如用 30m 的钢尺丈量一段 240m 长的距离 $S$，共量 8 尺段。设每一尺段丈量的中误差为 $\pm 0.012$m，则丈量全长 $S$ 的中误差

$$m_s = \pm 0.012 \sqrt{8} = \pm 0.034\text{m}$$

和差函数的中误差是一种最简单的误差传播形式。在测量工作中还会遇到这种情况：一个观测的结果往往同时受到几种误差的联合影响，例如进行水平角观测时，每一方向同时受到对中、瞄准、读数、仪器误差和大气折光等影响。此时不一定能用（4-5-16）式来表达所测角度与这些因素的函数关系，但是可以知道观测结果的误差为各种因素的偶然误差的代数和，即

$$\Delta_{方} = \Delta_{中} + \Delta_{瞄} + \Delta_{读} + \Delta_{仪} + \Delta_{气}$$

如果我们可以估算出各种偶然误差的中误差，则其联合影响同样可以用和差函数的中误差的公式来计算，即

$$m_{方} = \pm \sqrt{m_{中}^2 + m_{瞄}^2 + m_{读}^2 + m_{仪}^2 + m_{气}^2}$$

例如瞄准与读数误差为测角中的主要误差来源，设其中误差各为 $\pm 2''$，其余因数的中误差各为 $\pm 1''$，则每一方向的中误差

$$m_{方} = \pm \sqrt{1^2 + 2^2 + 2^2 + 1^2 + 1^2} = \pm 3''.3$$

水平角由两个方向的观测值相减而得，按等精度的和差函数中误差公式（4-5-18），得到角度的中误差：

$$m_{角} = \pm m_{方} \sqrt{2} = \pm 3''.3 \sqrt{2} = \pm 4''.7$$

在实际工作中，可根据所用经纬仪的规格和实验数据，确定各项误差来源的实际数值，估算 $m_{方}$ 和 $m_{角}$。

## 第六节　误差传播定律的应用

本节应用误差传播定律，讨论某些测量成果的精度及其限差规定的理论根据。

## 一、距离测量的精度

用长度为 $l$ 的钢尺丈量一段水平距离 $S$，共量了 $n$ 个尺段，如果已知量一尺段的中误差为 $m$，求量得距离 $S$ 的中误差 $m_s$。距离 $S$ 的函数式为：

$$S = l_1 + l_2 + \cdots + l_n$$

按照等精度和差函数中误差的公式（4-5-18），得到

$$m_s = \pm m \sqrt{n}$$

尺段数 $n = S/l$，代入上式，得到

$$m_s = \pm \frac{m}{\sqrt{l}} \sqrt{S}$$

采用钢尺丈量，在一定的观测条件下，$m$ 为一常数。令

$$\mu = \frac{m}{\sqrt{l}} \tag{4-6-1}$$

称为单位长度的量距中误差，则距离 $S$ 的量距中误差：

$$m_s = \pm \mu \sqrt{S} \tag{4-6-2}$$

由此可见，距离丈量的中误差与距离长度的平方根成正比。

例如用长度 $l=30\text{m}$ 的钢尺丈量一尺段的量距中误差 $m=\pm 0.007\text{m}$，按（4-6-1）式算得 $\mu=0.00128$。丈量一段长度为 100m 的距离 $S$，按（4-6-2）式算得 $m_s=\pm 0.013\text{m}$。往返丈量的差数 $\Delta S = S_{往} - S_{返}$，因此差数的中误差 $m_{\Delta s} = \pm m_s \sqrt{2} = \pm 0.018\text{m}$。允许误差如果规定为中误差的两倍，则 $\Delta S_{允} = \pm 2 m_{\Delta s} = \pm 0.036\text{m}$，其相对误差 $\Delta S_{允}/S \approx 1/3000$。因此对于长度为 100m 左右的距离，用钢尺往返丈量允许的相对差数一般规定为 1/3000。

## 二、角度测量的精度

### （一）水平角观测的精度

用 $DJ_6$ 级经纬仪观测水平角，根据仪器的设计标准，一测回方向观测的中误差 $m=\pm 6''$，角度为两个方向值之差，故一测回角度观测（仅包含瞄准与读数）的中误差为：

$$m_\beta = m \sqrt{2} = \pm 6'' \sqrt{2} = \pm 8''.5$$

由于一测回的角度值为取盘左、盘右两个半测回角度值的平均值，故半测回角度值的中误差：

$$m'_\beta = m_\beta \sqrt{2} = \pm 12''.0$$

盘左、盘右角度值之差的中误差

$$m_{\Delta\beta} = m'_\beta \sqrt{2} = \pm 17''.0$$

取两倍中误差为极限误差则为 $\pm 34''$。故用 $DJ_6$ 级经纬仪一测回观测水平角，盘左、盘右分别测得角度值之差的允许值一般规定为 $\pm 40''$。

### （二）多边形角度闭合差限差的规定

$n$ 边形的内角（水平角）之和在理论上应为 $(n-2)\cdot 180°$，即

$$\Sigma \beta_{理} = (n-2) \cdot 180° \tag{4-6-3}$$

由于测角中存在不可避免的偶然误差，使观测的内角之和 $\Sigma \beta_{测}$ 不等于 $\Sigma \beta_{理}$ 而产生角度闭合差

$$f_\beta = \Sigma \beta_{测} - \Sigma \beta_{理} = \beta_1 + \beta_2 + \cdots + \beta_n - (n-2)180° \tag{4-6-4}$$

由此可见,角度闭合差为各角之和的函数,角度闭合差的中误差,即为各角之和的中误差。由于各个角度为等精度观测,其中误差为 $m_\beta$,因此各角之和的中误差

$$m_{\Sigma\beta} = \pm m_\beta \sqrt{n} \qquad (4\text{-}6\text{-}5)$$

以 2 倍中误差为极限误差,则允许的角度闭合差

$$f_{\beta允} = \pm 2m_\beta \sqrt{n} \qquad (4\text{-}6\text{-}6)$$

例如设测角中误差 $m_\beta = \pm 18''$,则三角形的角度闭合差的限差应为:

$$2m_\beta \sqrt{3} = 2 \times 18'' \sqrt{3} \approx \pm 60''$$

## 思考题与练习题

1. 测量误差产生有哪些原因?偶然误差具有哪些特性?
2. 何谓标准差、中误差、极限误差?
3. 对某水平角以等精度观测 4 个测回,观测值列于下表。计算其算术平均值 $\bar{x}$、一测回的中误差 $m$ 及算术平均值的中误差 $m_x$。

| 次 序 | 观测值 $l$ (° ′ ″) | $\Delta l$ (″) | 改正值 $v$ (″) | $vv$ | 计算 $\bar{x}, m, m_x$ |
|---|---|---|---|---|---|
| 1 | 55 40 47 | | | | |
| 2 | 55 40 40 | | | | |
| 3 | 55 40 42 | | | | |
| 4 | 55 40 46 | | | | |
| | | | | | |

4. 对某段距离用钢尺丈量 6 次,观测值列于下表。计算其算术平均值 $\bar{x}$、算术平均值的中误差 $m_x$ 及其相对中误差 $m_x/\bar{x}$。

| 次 序 | 观测值 $l$ (m) | $\Delta l$ (cm) | 改正值 $v$ (cm) | $vv$ | 计算 $\bar{x}, m_x, \dfrac{m_x}{\bar{x}}$ |
|---|---|---|---|---|---|
| 1 | 246.52 | | | | |
| 2 | 246.48 | | | | |
| 3 | 246.56 | | | | |
| 4 | 246.46 | | | | |
| 5 | 246.40 | | | | |
| 6 | 246.58 | | | | |
| | | | | | |

5. 在一个三角形中,观测了其中两个内角 $\alpha$ 和 $\beta$,其测角中误差均为 $\pm 20''$。根据 $\alpha$ 和 $\beta$ 角可以计算第三个角度 $\gamma$,试计算 $\gamma$ 角的中误差 $m_\gamma$。

6. 某一圆形物量得其直径为 64.780m,求其圆周的长度 $S$。设量测直径的中误差为 $\pm 5$mm,求其周长的中误差 $m_s$ 及相对中误差 $m_s/S$。

7. 对于某一矩形场地,量得其长度 $a=156.34\pm0.03$m、宽度 $b=85.27\pm0.02$m,求该矩形场地面积的中误差及其相对中误差。

# 第五章 小地区控制测量

## 第一节 控制测量概述

本书第一章"测绘工作概述"中已经讲到：测量工作在布局上是"由整体到局部"，在精度上是"由高级到低级"，在次序上是"先控制后细部"。控制测量的目的是在整个测区范围内，测定少量点位精确的平面位置（$x,y$）和高程（$H$）。前者称为平面控制，后者称为高程控制。细部测量是在控制测量的基础上进行的。为了测绘地形图、地籍图或房产图而需要测定大量的地物点、地形点和界址点的位置，这些都属于细部测量。在作业程序上先进行控制测量，后进行细部测量。控制测量以较高的精度测定少量点位，细部测量以较低精度测定大量点位。控制测量必须把一个测区作为整体来布设，而细部测量可以按轻重缓急分别在局部地区进行。此即上述的测量工作的三个原则。要进行房地产测绘，也必须首先进行控制测量。

**一、平面控制测量**

平面控制测量本身也是从整体到局部、由高级到低级分等级逐步布设的。我国在全国范围内首先建立一等天文大地网，其基本图形为沿经线与纬线方向布设、长度约200km的三角形锁段所组成的方格网；然后用全面的二等三角网布满各个方格；再用三、四等网逐级进行加密。近年来，平面控制网的布网形式有较大的改进，除了传统的三角网以外，还有三边网、导线网和利用卫星定位的GPS（全球定位系统global positioning system）控制网。以上这些控制网通称为大地控制网。

我国各地的城镇占有大小不等的面积，大至数百平方公里，小至1、2平方公里。但是都需要测绘大比例尺地形图、地籍图和房产图，为城镇的规划建设、土地管理和房产管理所用。因此，必须布设城市平面控制网。

城市平面控制网分为二、三、四等网和一、二级小三角网、小三边网或一、二、三级导线网。按城市面积的大小和国家网在城市附近的布设情况，从其中某一等级开始（称为城市首级网）布设城市独立网或附合网。独立网是从国家网中取得控制网定位和定向的必要数据而独立布网。附合网是以国家网为上级网而将城市网作为加密网来布设。城市各等级控制点统称为基本控制点，在基本控制点下，布设直接为测图或解析法测定界址点所用的图根控制网——图根小三角及图根导线。图5-1所示为城市三角网与导线网。

按照我国《城市测量规范》（1985年，城乡建设环境保护部颁发）的规定，城市平面控制测量的主要技术要求如表5-1～5-4所示。

城市控制测量应满足城市地形图测量、市政工程施工放样、地籍测量和房产测量的需要，以其中对测量精度要求最高者为城市控制网设计的准则。我国《城市测量规范》中对城市基本平面控制网的主要技术要求能满足上述各方面的需要，仅是在图根控制方面由于

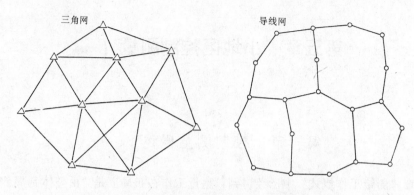

图 5-1 城市三角网与导线网

测绘的内容与要求不同,地籍测量和房产测量各自有所规定。

城市三角网的主要技术要求　　　　　　　　　　表 5-1

| 等　级 | 平均边长 (km) | 测角中误差 (″) | 起始边边长相对中误差 | 最弱边边长相对中误差 |
|---|---|---|---|---|
| 二　等 | 9 | ±1 | 1/300000 | 1/120000 |
| 三　等 | 5 | ±1.8 | 1/200000（首级）<br>1/120000（加密） | 1/80000 |
| 四　等 | 2 | ±2.5 | 1/120000（首级）<br>1/80000（加密） | 1/45000 |
| 一级小三角 | 1 | ±5 | 1/40000 | 1/20000 |
| 二级小三角 | 0.5 | ±10 | 1/20000 | 1/10000 |
| 图根小三角 | 不大于测图最大视距的1.7倍 | ±20 | 1/10000 | |

城市三边网的主要技术要求　　　　　　　　　　表 5-2

| 等　级 | 平均边长（km） | 测距中误差（mm） | 测距相对中误差 |
|---|---|---|---|
| 二　等 | 9 | ±30 | 1/300000 |
| 三　等 | 5 | ±30 | 1/160000 |
| 四　等 | 2 | ±16 | 1/120000 |
| 一级小三边 | 1 | ±16 | 1/60000 |
| 二级小三边 | 0.5 | ±16 | 1/30000 |

城市导线的主要技术要求  表 5-3

| 等级 | 附合导线长度 (km) | 平均边长 (m) | 每边测距中误差 (mm) | 测角中误差 (″) | 导线全长相对闭合差 |
|---|---|---|---|---|---|
| 三等 | 15 | 3000 | ±18 | ±1.5 | 1/60000 |
| 四等 | 10 | 1600 | ±18 | ±2.5 | 1/40000 |
| 一级 | 3.6 | 300 | ±15 | ±5 | 1/14000 |
| 二级 | 2.4 | 200 | ±15 | ±8 | 1/10000 |
| 三级 | 1.5 | 120 | ±15 | ±12 | 1/6000 |

图根导线的技术要求  表 5-4

| 测图比例尺 | 附合导线长度 (m) | 平均边长 (m) | 导线相对闭合差 | 测回数 $DJ_6$ | 方位角闭合差 |
|---|---|---|---|---|---|
| 1:500 | 500 | 75 | 1/2000 | 1 | $±60″\sqrt{n}$ $n$ 为测站数 |
| 1:1000 | 1000 | 110 | | | |
| 1:2000 | 2000 | 180 | | | |

按照《城镇地籍调查规程》(1989年,国家土地管理局颁发),地籍测量图根导线的主要技术要求如表 5-5 所示。

地籍测量图根导线主要技术要求  表 5-5

| 级别 | 导线长度 (km) | 平均边长 (m) | 测回数 $DJ_2$ | 测回数 $DJ_6$ | 测回差 (″) | 方位角闭合差 (″) | 导线全长相对闭合差 | 全长闭合差 (m) |
|---|---|---|---|---|---|---|---|---|
| 一级 | 1.2 | 120 | 1 | 2 | 18 | $±24\sqrt{n}$ | 1/5000 | 0.22 |
| 二级 | 0.7 | 70 | | 1 | | $±40\sqrt{n}$ | 1/3000 | 0.22 |

按照《房产测量规范》(1991年,国家测绘局颁发),房产测量图根导线主要技术要求如表 5-6 所示。

房产测量图根导线主要技术要求  表 5-6

| 附合次数 | 1:500 测图 附合导线长度 (m) | 1:500 测图 平均边长 (m) | 1:1000 测图 附合导线长度 (m) | 1:1000 测图 平均边长 (m) | 每边测距中误差 (mm) | 测角中误差 (″) | 导线全长相对闭合差 |
|---|---|---|---|---|---|---|---|
| 一次 | 1000 | 100 | 2000 | 200 | ±15 | ±20 | 1/4000 |
| 二次 | 500 | 50 | 1000 | 100 | ±15 | ±30 | 1/2000 |

将表 5-4、5-5、5-6 中所列数字进行比较,可见地籍测量对图根导线测量的精度要求最

高,其次是房产测量和地形图测绘。

在城市基本平面控制网的控制下,为了进行地形图测绘和房地产测量,在局部地区布设图根控制网,称为小地区控制测量。以后将介绍小地区控制网最常用的图根导线和交会定点。对图根控制测量的精度规定,按照地籍测量的精度要求。

### 二、高程控制测量

高程控制网主要是用水准测量的方法而建立的。国家水准测量分为一、二、三、四等。一、二等水准测量称为精密水准测量,在全国范围内整体布设,然后用三、四等水准测量进行加密。国家一、二、三、四等水准网作为全国各地的高程控制网。

城市高程控制网是在国家水准网的基础上布设的。城市水准测量分为二、三、四等,根据城市的大小及其所在地区国家水准点的密度从某一等级开始布设,在四等水准网下再布设直接为测绘大比例尺地形图用的图根水准网。城市水准测量的主要技术要求如表5-7所示。

城市水准网主要技术要求　　　　　表5-7

| 等级 | 每公里高差中误差(mm) | 附合路线长度(km) | 水准仪的级别 | 测段往返测高差不符值(mm) | 附合路线或环线闭合差(mm) |
|---|---|---|---|---|---|
| 二等 | ±2 | 400 | $DS_1$ | $±4\sqrt{R}$ | $±4\sqrt{L}$ |
| 三等 | ±6 | 45 | $DS_3$ | $±12\sqrt{R}$ | $±12\sqrt{L}$ |
| 四等 | ±10 | 15 | $DS_3$ | $±20\sqrt{R}$ | $±20\sqrt{L}$ |
| 图根 | ±20 | 8 | $DS_{10}$ |  | $±40\sqrt{L}$ |

注:$R$为测段的长度,$L$为附合线路或环线的长度,均以km为单位。

第三章中所介绍的普通水准测量方法可用于图根水准测量。

对于一般的地籍图和房产图并不需要表示地面的高低起伏,但是对于多用途地籍测量还应兼顾城市规划和土地利用规划等方面的需要,因此,也应表示出一系列地面点的高程和地形起伏。此时,高程控制测量是必不可少的。

## 第二节　平面控制网的定位、定向和坐标换算

### 一、地面点的坐标和两点间的坐标增量

建立平面控制网的目的是在地面上确定一系列点的平面位置,包括点位坐标、点与点之间的距离与方向关系。

在第一章"测绘工作概述"中已经介绍:为了确定地球表面上的点位,用高斯分带投影方法建立全球统一的平面直角坐标系。对于某一投影带,中央子午线经投影至平面后为$X$轴,与之相垂直的方向为$Y$轴。处于该投影带中任一地面点的位置可以用一对平面直角坐标值$(x, y)$来表示。如图5-2所示,1、2两点的平面直角坐标为:$(x_1, y_1)$、$(x_2, y_2)$,两点坐标值之差为坐标增量:

$$\left.\begin{array}{l}\Delta x_{1,2} = x_2 - x_1 \\ \Delta y_{1,2} = y_2 - y_1\end{array}\right\} \quad (5\text{-}2\text{-}1)$$

根据上式,如果已知两点的坐标值,可以计算其坐标增量;也可以已知其中一点坐标及至另一点的坐标增量,计算另一点的坐标。例如:

$$\left.\begin{array}{l}x_2 = x_1 + \Delta x_{1,2}\\ y_2 = y_1 + \Delta y_{1,2}\end{array}\right\} \quad (5\text{-}2\text{-}2)$$

## 二、两点间的边长、方位角和坐标方位角

地面上两点间除了存在坐标增量关系之外,还存在距离与方位的关系。

### (一)边长

地面两点间的连线投影在水平面上的长度,称为水平距离或边长 $S$。在已知两点坐标的情况下,可以按下式计算:

$$S_{1,2} = \sqrt{(x_2-x_1)^2 + (y_2-y_1)^2} \quad (5\text{-}2\text{-}3)$$

### (二)方位角

为了确定两点间连线的方向,必须先规定一个基准方向。以直线一端点的正北方向(该点子午线方向)为基准方向,顺时针转至该直线的角度(从 0°至 360°)称为方位角。方位角可以用天文测量方法测定。由于地面上各点的子午线都向南、北极收敛,所以任意两点的子午线方向并不平行而存在一个交角 $\gamma$(称为子午线收敛角)。如图 5-3 所示,$A_{1,2}$ 和 $A_{2,1}$ 称为 1、2 两点间的正、反方位角,两者存在下列关系:

$$A_{2,1} = A_{1,2} \pm 180° \pm \gamma \quad (5\text{-}2\text{-}4)$$

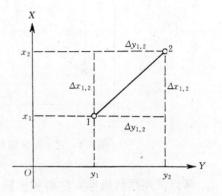

图 5-2 平面直角坐标与坐标增量

子午线收敛角随两点间的距离、方向和纬度而变化。因此用方位角来确定两点间的方向并不方便,一般仅用于国家或城市高级平面控制网的定向。

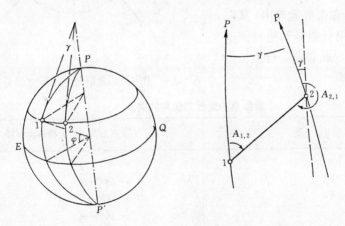

图 5-3 正、反方位角和子午线收敛角

### (三)坐标方位角

在平面直角坐标系统中,以平行于 $X$ 坐标轴方向为基准方向,顺时针转至某两点间连线的角度(从 0°~360°)称为坐标方位角,或称方向角 $\alpha$。由于在某一投影带中 $X$ 轴是唯一的,因此平行于 $X$ 轴的方向都是互相平行的。如图 5-4 所示,$\alpha_{1,2}$ 和 $\alpha_{2,1}$ 为 1、2 两点间的正、

反坐标方位角，两者存在下列关系：

$$\alpha_{2,1} = \alpha_{1,2} \pm 180°\tag{5-2-5}$$

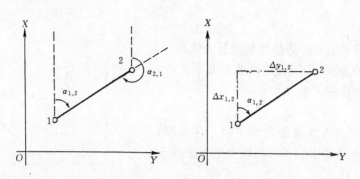

图 5-4 正、反坐标方位角和坐标方位角与坐标增量的关系

两点间连线的坐标方位角和坐标增量之间存在下列关系：

$$\text{tg}\alpha_{1,2} = \frac{\Delta y_{1,2}}{\Delta x_{1,2}} \tag{5-2-6}$$

（四）象限角

平行于 $X$ 轴和 $Y$ 轴的两个垂直方向把一个圆周分成 Ⅰ、Ⅱ、Ⅲ、Ⅳ 4 个象限，如图5-5所示。从 $X$ 轴方向顺时针或逆时针转至某直线的角度（从 0°～90°）称为象限角 $R$。象限角和坐标方位角的关系列于表5-8中。在三角函数运算中，从三角函数表或计算器中只能得到绝对值不大于 90° 的象限角，因此必须进行坐标方位角与象限角的换算。

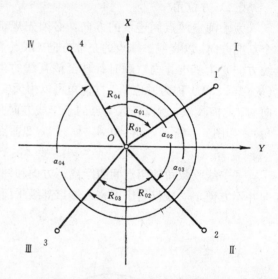

图 5-5 象限角与坐标方位角

象限角与坐标方位角的关系　　　　表 5-8

| 象 限 | 象限角与坐标方位角的关系 |
| --- | --- |
| Ⅰ | $\alpha = R$ |
| Ⅱ | $\alpha = 180° - R$ |
| Ⅲ | $\alpha = 180° + R$ |
| Ⅳ | $\alpha = 360° - R$ |

### 三、直角坐标和极坐标的换算

平面控制网中，任意两点间在平面直角坐标系中的位置关系有两种表示方法：

(1) 直角坐标表示法——用两点间的坐标增量 $\Delta x$、$\Delta y$ 表示，某点的坐标也可以看作是坐标原点（$x=0$，$y=0$）至该点的坐标增量。

(2) 极坐标表示法——用两点间连线的坐标方位角 $\alpha$ 和边长 $S$ 表示。

图 5-6 所示为 1、2 两点间直角坐标和极坐标的关系。在平面控制网的计算中，经常要用到这两种坐标的换算。

（一）极坐标化为直角坐标（坐标正算）

极坐标化为直角坐标又称坐标正算，即已知两点间的边长和坐标方位角，计算两点间的坐标增量：

$$\left.\begin{array}{l}\Delta x_{1,2}=S_{1,2}\cos\alpha_{1,2}\\ \Delta y_{1,2}=S_{1,2}\sin\alpha_{1,2}\end{array}\right\} \quad (5\text{-}2\text{-}7)$$

根据上式计算时，sin 和 cos 函数值随 $\alpha$ 所在的象限而有正、负之分，因此算得的增量同样是有正、负号的。正、负号的决定如表 5-9 所示。

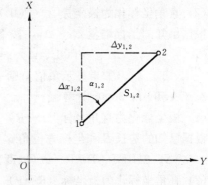

图 5-6 直角坐标与极坐标的关系

坐标增量的正负号　　　　　　　　表 5-9

| 象 限 | 坐标方位角 α | cosα | sinα | Δx | Δy |
|---|---|---|---|---|---|
| I | 0°～90° | + | + | + | + |
| II | 90°～180° | − | + | − | + |
| III | 180°～270° | − | − | − | − |
| IV | 270°～360° | + | − | + | − |

（二）直角坐标化为极坐标（坐标反算）

直角坐标化为极坐标又称坐标反算，即已知两点间的坐标增量，计算两点间的边长和坐标方位角。根据（5-2-3）、（5-2-6）和（5-2-7）式，得到：

$$S_{1,2}=\sqrt{\Delta x_{1,2}^2+\Delta y_{1,2}^2} \quad (5\text{-}2\text{-}8)$$

$$\left.\begin{array}{l}\alpha_{1,2}=\text{tg}^{-1}\dfrac{\Delta y_{1,2}}{\Delta x_{1,2}}\\[6pt]\alpha_{1,2}=\sin^{-1}\dfrac{\Delta y_{1,2}}{S_{1,2}}\\[6pt]\alpha_{1,2}=\cos^{-1}\dfrac{\Delta x_{1,2}}{S_{1,2}}\end{array}\right\} \quad (5\text{-}2\text{-}9)$$

上式用反三角函数计算坐标方位角，不论用三角函数表或计算器，只能得到象限角。可根据坐标增量的正负，按表 5-9 决定所在的象限，再按表 5-8 把象限角换算成坐标方位角。

（三）利用科学式电子计算器进行坐标换算

科学式电子计算器具有极坐标（polar coordinates）与直角坐标（rectangular coordinates）互相换算的专用按键，使换算十分方便。以下介绍三种计算器的坐标换算方法。符号"⇒"后表示屏幕显示的计算内容或计算结果。

1. SHARP EL-5103 计算器

（1）极坐标化为直角坐标（→REC）

根据已知的边长 $S$ 和坐标方位角 $\alpha$，按下列数字键及功能键：

$$S、2ndF、\rightarrow REC、\alpha、\rightarrow DEG、= \Rightarrow \Delta x$$
$$RCL、E \Rightarrow \Delta y$$

(2) 直角坐标化为极坐标（→POL）

根据已知的坐标增量 $\Delta x$、$\Delta y$，按下列数字键及功能键：

$$\Delta x、\rightarrow POL、\Delta y、= \Rightarrow S、RCL、E$$
$$（如果显示负值，则+360°）、2ndF、\rightarrow DMS、= \Rightarrow \alpha$$

2. CASIO fx-3800p 计算器

(1) 极坐标化为直角坐标（P→R）

根据已知的边长 $S$ 和坐标方位角 $\alpha$，按下列数字键及功能键：

$$S、SHIFT、P\rightarrow R、\alpha（以度为单位）、=、\Rightarrow \Delta x、2ndF、x\leftrightarrow y、\Rightarrow \Delta y$$

(2) 直角坐标化为极坐标（R→P）

根据已知的坐标增量 $\Delta x$、$\Delta y$，按下列数字键及功能键：

$$\Delta x、SHIFT、R\rightarrow P、\Delta y、=、\Rightarrow S、2ndF、x\leftrightarrow y、SHIFT、° ′ ″\leftarrow、\Rightarrow \alpha$$

（$\alpha$ 如果出现负值，则+360°）

3. CASIO fx—4000p 计算器

(1) 极坐标化为直角坐标（Rec $(r,\theta)$）

根据已知的边长 $S$ 和方向角 $\alpha$，按下列数字键及功能键：

$$SHIFT、Rec、(、S、SHIFT、,、\alpha、)$$
$$\Rightarrow Rec(S,\alpha)、EXE \Rightarrow \Delta x、ALPHA、J、$$
$$EXE \Rightarrow \Delta y$$

(2) 直角坐标化为极坐标（Pol $(x,y)$）

$$SHIFT、Pol、(、\Delta x，SHIFT、,、\Delta y、)$$
$$\Rightarrow Pol(\Delta x,\Delta y)、EXE \Rightarrow S、ALPHA、$$
J、EXE $\Rightarrow \alpha$（以度为单位）、SHIFT、
° ′ ″ $\Rightarrow \alpha$（以度分秒表示）

### 四、平面控制网的定位与定向

如果已知两点的坐标或一点的坐标和该点至另一点的坐标方位角作为起始数据，就可以将平面控制网定位和定向。

在小地区建立平面控制网，一般是与该地区已有大地控制网或城市控制网连测，以取得起始数据，进行定位和定向。如果缺少这方面的点位和数据，可以布设假定坐标系的独立网，假定某点的坐标作为起始点，并用天文测量测定该点至另一点的天文方位角，进行定位和定向。当缺少天文测量的技术力量时，可以用罗盘仪测定磁方位角进行定向。

## 第三节 导线测量

### 一、导线的布设

图根导线的布设有下列三种基本形式：

（一）闭合导线

如图 5-7 所示，$A$、$B$ 为高级控制点，以 $A$ 点为起始点，以 $AB$ 边的坐标方位角 $\alpha_{AB}$ 为

起始边坐标方位角，布设1、2、3、4点，形成一个闭合多边形，称为闭合导线。

如果在某一地区中，只有一个高级控制点 $A$，而另外的高级控制点离开该地区较远，此时宜布设闭合导线。

（二）附合导线

如图 5-7 所示，在高级控制点 $A$、$B$ 与 $C$、$D$ 之间布设 5、6、7、8 点，以 $AB$ 边的坐标方位角 $\alpha_{AB}$ 为起始边坐标方位角、$CD$ 边的坐标方位角 $\alpha_{CD}$ 为终了边坐标方位角，这样的导线称为附合导线。附合导线是在高级控制点下进行控制点加密的最常用的形式。

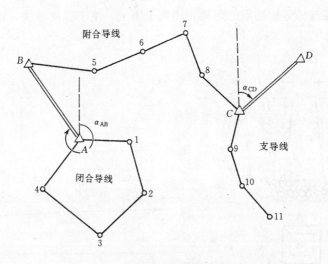

图 5-7　导线的布设

（三）支导线

如图 5-7 所示，从一个高级控制点 $C$ 和一条高级边的坐标方位角 $\alpha_{CD}$ 出发，延伸出去的导线 $C$、9、10、11 称为支导线。由于支导线缺少对观测数据的检核，故支导线的点数一般规定不超过 3 点，并且只限于在图根导线中布设。

遇到一端不能通行的胡同（弄、巷）或工厂、企业、机关等单位无后门的大院，需要布设图根控制时，往往只能布设支导线。有时为了测定较隐蔽的界址点的位置，也只能采用支导线。对支导线的观测必须十分谨慎。

二、导线测量外业工作

导线测量的外业工作包括踏勘选点、建立标志、量边和测角。

（一）踏勘选点及建立标志

在踏勘选点之前，应到有关部门收集资料：测区原有地形图、高级控制点的所在位置、坐标与高程等。在图上规划导线的线路，然后按规划路线到实地去踏勘选点。现场选点时应注意下列各点：

1. 相邻点间通视良好，以便于角度和边长测量。如果采用钢卷尺量距，则沿线地势应较为平坦。

2. 点位应选在土质坚实并便于保存之处。

3. 视野开阔，便于测绘周围的地物和地貌。

4. 导线边长应按有关规定（见表 5-4），最长不超过平均边长的 2 倍，相邻边长尽量不使其长短相差悬殊。

5. 导线点数量要足够，密度要均匀，便于控制整个测区。

导线点位置选定以后，要在点位上打一木桩，桩顶钉一小钉，作为临时性标志。不能打入木桩时，也可以用大铁钉代替。若导线点需要长期保存，则在选定的位置上埋设混凝土桩（如图 5-8）。一般以钢筋作标心，顶面刻"十"字纹，作为导线点位的中心。

导线点应统一编号，以便于测量资料的管理。为了便于寻找导线点，可在点位附近房角或电线杆等明显地物上，用红漆标明导线点的位置。对于每一个导线点的位置还应画一草图，并量出导线点与邻近地物点的距离，注明于图上，便于以后寻找，该图称为"点之记"，如图 5-9 所示。

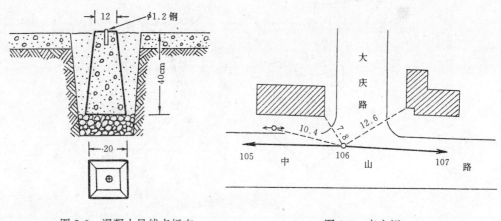

图 5-8　混凝土导线点标志　　　　　图 5-9　点之记

**（二）导线边长测量**

图根导线边长可以用检定过的钢尺测定，一般采用双次丈量的方法，相对误差不应大于 1/3000。当尺长改正数大于尺长的 1/10000 时，应加尺长改正；量距时温度与检定时温度相差超过 ±10℃ 时，应加温度改正；当沿地面丈量，地面坡度大于 1.5% 时，应进行高差改正（倾斜改正）。

图根导线边长也可以用短程电磁波测距仪测定。由于测定的为斜距，当视线的倾角（垂直角）大于 1° 时，应进行倾斜改正。

**（三）导线转折角测量**

导线转折角即导线中相邻两边之间的水平角。导线转折角分为左角和右角，在导线前进方向右侧的水平角称为右角，在左侧的水平角称为左角。左角和右角仅是计算上的差别。图根导线的转折角规定用 $DJ_6$ 级经纬仪观测一测回。

图 5-7 中所示闭合导线的转折角（右角）及距离（边长）测量记录的一部分如表 5-10 所示。

**三、导线测量内业计算**

导线内业计算主要是计算导线点的坐标。在计算之前，应全面检查导线测量的外业记录，有无遗漏或记错，是否符合测量的限差要求。然后绘导线略图，在图上注明已知点

(高级点)及导线点点号,已知点坐标及已知边坐标方位角及导线边长和角度观测值。

**导线水平角观测(测回法)及距离测量记录** 表 5-10

| 测站点号 | 目标点号 | 竖盘位置 | 水平度盘读数 ° | ′ | ″ | 角值 ° | ′ | ″ | 平均角值 ° | ′ | ″ | 重复或分段观测值(m) | 总长或平均值(m) | 点号 |
|---|---|---|---|---|---|---|---|---|---|---|---|---|---|---|
| A | 1 | 左 | 0 | 18 | 36 | 127 | 25 | 42 | | | | | | A |
|   | 4 |   | 127 | 44 | 18 | | | | | | | | | |
|   | 1 | 右 | 180 | 19 | 06 | 127 | 25 | 30 | 127 | 25 | 36 | 30 | | |
|   | 4 |   | 307 | 44 | 36 | | | | | | | 30 | | |
| 1 | 2 | 左 | 20 | 35 | 12 | 118 | 06 | 36 | | | | 26.34 | 86.34 | 1 |
|   | A |   | 138 | 41 | 48 | | | | | | | | | |
|   | 2 | 右 | 200 | 35 | 36 | 118 | 06 | 30 | 118 | 06 | 33 | 30 | | |
|   | A |   | 318 | 42 | 06 | | | | | | | 30 | | |
| 2 | 3 | 左 | 41 | 26 | 18 | 116 | 14 | 24 | | | | 30 | 97.25 | 2 |
|   | 1 |   | 157 | 40 | 42 | | | | | | | 7.25 | | |
|   | 3 | 右 | 221 | 26 | 42 | 116 | 14 | 24 | 116 | 14 | 24 | 30 | | |
|   | 1 |   | 337 | 41 | 06 | | | | | | | 30 | | |
| 3 | 4 | 左 | 65 | 54 | 12 | 98 | 12 | 42 | | | | 30 | 111.68 | 3 |
|   | 2 |   | 164 | 06 | 54 | | | | | | | 21.68 | | |
|   | 4 | 右 | 245 | 54 | 24 | 98 | 13 | 12 | 98 | 12 | 57 | 30 | | |
|   | 2 |   | 344 | 07 | 36 | | | | | | | 30 | | |
|   |   |   |   |   |   |   |   |   |   |   |   | 30 | 118.97 | 4 |
|   |   |   |   |   |   |   |   |   |   |   |   | 28.97 | | |

进行导线计算应具备一台科学式电子计算器。计算在规定的表格中进行。计算时,角度值取至秒,长度和坐标值取至厘米。

(一)闭合导线计算

我们结合图 5-10 的例子介绍闭合导线的计算步骤和方法。图中已知点 1 的坐标为 $(x_1, y_1)$,已知 1-2 边的坐标方位角为 $\alpha_{1,2}$,已知数据及观测数据如图中所注明,需要计算 2、3、4、5 点的坐标。计算按以下步骤在表 5-11 中进行。

1. 角度闭合差(方位角闭合差)调整

按照平面几何学原理,$n$ 边形内角之和应为 $(n-2) \cdot 180°$,因此 $n$ 边闭合导线内角 $\beta_1$、$\beta_2$、…、$\beta_n$ 之和的理论值应为:

$$\Sigma \beta_{理} = (n-2) \cdot 180° \tag{5-3-1}$$

由于观测中不可避免地含有误差,使内角之和不等于理论值,而产生角度闭合差:

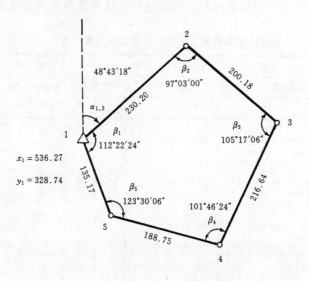

图 5-10 闭合导线略图

## 闭 合 导 线 坐 标 计 算

表 5-11

| 点号 | 转折角(右)(° ′ ″) | 改正后转折角(° ′ ″) | 坐标方位角 α (° ′ ″) | 边长 S | 增量计算值 | | 改正后增量 | | 坐 标 | | 点号 |
|---|---|---|---|---|---|---|---|---|---|---|---|
| | | | | | $\Delta x$ | $\Delta y$ | $\Delta x$ | $\Delta y$ | $x$ | $y$ | |
| 1 | 2 | 3 | 4 | 5 | 6 | 7 | 8 | 9 | 10 | | |
| 1 | | | | | | | | | 536.27 | 328.74 | 1 |
| | | | 48 43 18 | 230.20 | −0.04 151.87 | +0.04 173.00 | 151.83 | 173.04 | | | |
| 2 | +12 97 03 00 | 97 03 12 | | | | | | | 688.10 | 501.78 | 2 |
| | | | 131 40 06 | 200.18 | −0.04 −133.08 | +0.03 149.54 | −133.12 | 149.57 | | | |
| 3 | +12 105 17 06 | 105 17 18 | | | | | | | 554.98 | 651.35 | 3 |
| | | | 206 22 48 | 216.64 | −0.04 −194.08 | +0.04 −96.26 | −194.12 | −96.22 | | | |
| 4 | +12 101 46 24 | 101 46 36 | | | | | | | 360.86 | 555.13 | 4 |
| | | | 284 36 12 | 188.75 | −0.03 47.59 | +0.03 −182.65 | 47.56 | −182.62 | | | |
| 5 | +12 123 30 06 | 123 30 18 | | | | | | | 408.42 | 372.51 | 5 |
| | | | 341 05 54 | 135.17 | −0.03 127.88 | +0.02 −43.79 | 127.85 | −43.77 | | | |
| 1 | +12 112 22 24 | 112 22 36 | | | | | | | 536.27 | 328.74 | 1 |
| | | | 48 43 18 | | | | | | | | |
| 2 | | | | | | | | | | | |
| | | | Σ | 970.94 | +0.18 | −0.16 | 0 | 0 | | | |

$\Sigma\beta_{测} = 539°59'00''$      $\Sigma S = 970.94$      $f_x = +0.18$      $T = \dfrac{f}{\Sigma S} = \dfrac{1}{4000}$

$\Sigma\beta_{理} = 540°00'00''$                              $f_y = -0.16$

$f_\beta = \Sigma\beta_{测} - \Sigma\beta_{理} = -60''$                     $f = \sqrt{f_x^2 + f_y^2} = 0.24$

$f_{\beta_允} = \pm 60''\sqrt{5} = \pm 134''$

$$f_\beta = \Sigma\beta_{测} - \Sigma\beta_{理} \tag{5-3-2}$$

按照图根导线的技术要求（表 5-4），允许的角度闭合差（方位角闭合差）为：

$$f_{\beta_允} = \pm 60''\sqrt{n} \tag{5-3-3}$$

其理论根据见 (4-6-3)～(4-6-6) 式,并规定图根导线的测角中误差 $m_\beta=\pm 30''$。

如果 $f_\beta \leqslant f_{\beta 允}$,则将角度闭合差按"反其符号,平均分配"的原则,对各个观测角度进行改正,改正值在表格中写在角度观测值的上方。改正后的角度之和应等于 $\Sigma\beta_理$,作为计算的检核。以上计算在表 5-11 的第 1、2 栏中进行。

本例导线转折角数 $n=5$,$\Sigma\beta_理=(5-2)\times 180°=540°$,$\Sigma\beta_测=539°59'00''$,$f_\beta=-60''$,$f_{\beta 允}=\pm 60''\sqrt{5}=\pm 134''$。因此,可以将角度闭合差进行调整,按"反其符号,平均分配"原则,各角度的改正值为:$+60''/5=+12''$。改正后各角之和为 540°。

2. 坐标方位角推算

为了计算除起始点以外的各导线点坐标,必须计算相邻两点间的坐标增量,这就要用到边长和坐标方位角。边长是直接量测的,而坐标方位角必须根据起始坐标方位角及观测的导线转折角(左角或右角)来推算。

本例导线以 $\alpha_{1,2}$ 为起始坐标方位角,各转折角为右角,如图 5-11 所示。从图中可以看出:

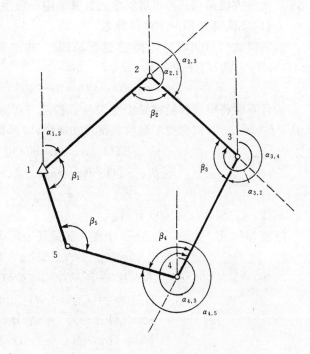

图 5-11 导线各边坐标方位角推算

$$\alpha_{2,3}=\alpha_{2,1}-\beta_2$$

每一边的正、反坐标方位角相差 180°,因此:

$$\alpha_{2,1}=\alpha_{1,2}+180°$$

由此得到:

$$\alpha_{2,3}=\alpha_{1,2}+180°-\beta_2$$

同理可得:

$$\alpha_{3,4}=\alpha_{2,3}+180°-\beta_3$$
$$\alpha_{4,5}=\alpha_{3,4}+180°-\beta_4$$
······

由此可以归纳出按后面一边的已知坐标方位角 $\alpha_后$ 和导线右角 $\beta_右$,推算导线前进方向一边的坐标方位角 $\alpha_前$ 的一般公式:

$$\alpha_前 = \alpha_后 + 180° - \beta_右 \tag{5-3-4}$$

由于导线的左角和右角的关系为 $\beta_右=360°-\beta_左$,因此按导线左角推算坐标方位角的公式为:

$$\alpha_前 = \alpha_后 + \beta_左 - 180° \tag{5-3-5}$$

因为坐标方位角的角值为 0°～360°,不应该有负值和大于 360°的值。因此用以上两式推算导线边的坐标方位角时,如果算得结果为负值,则加 360°;如果算得结果大于 360°,则减去360°。

导线边坐标方位角推算在表5-11的第3栏中进行。本例的闭合导线从1-2边的已知坐标方位角 $\alpha_{1,2}$ 开始,逐边推算。最后还应按 $\beta_1$ 推算回到1-2边的 $\alpha_{1,2}$,仍应为原来的数值,作为坐标方位角推算正确性的检核。

坐标方位角推算可以用科学式计算器编一程序进行计算:

(1) SHARP EL-5103 计算器

将模式(MODE)转换键置于 AER,并进行总清(按 2ndF、CL 键),然后按照(5-3-4)式置入下列程序:

$$(A \to DEG + 180 - B \to DEG) \to DMS\ STO\ A$$

计算时将模式转换键置于 COMP,按照导线起始坐标方位角的数值 $\alpha_{始}$ 及各个右角值 $\beta_1$、$\beta_2$、…、$\beta_n$,依次按下列数字键及功能键,即可算得各边坐标方位角:(⇒后为屏幕显示)

$$\alpha_{始}、STO、A、\beta_2、STO、B、COMP \Rightarrow \alpha_{2,3}$$
$$\beta_3、STO、B \Rightarrow \alpha_{3,4}、\beta_4、STO、B \Rightarrow \alpha_{4,5}$$
……

(2) CASIO fx-4000p 计算器

按 MODE、2 键,在0~9个程序区的任一区中置入下列坐标方位角推算程序:

"A0=":? →A:Lbl 1:"BETA=":? →B:

A+180−B→G:G<0⇒G+360→G:

G≥360⇒G−360→G:Int G→D:

60×(Frac G)→N:Int N→M:

60×(Frac N)→S:D+M÷100+S÷

10000 ▲ G→A:Goto 1

计算时按 MODE、1、Prg 键,再按程序所在的区号键及 EXE 键,屏幕出现提示符"A0=?"时键入起始坐标方位角 $\alpha_0$;屏幕显示提示符"BETA=?"时键入相应的导线右角 $\beta_i$,屏幕即显示推算所得的坐标方位角;抄录后按 EXE 键,又显示"BETA=?",继续键入导线右角,进行以后各边坐标方位角的推算。

3. 坐标增量计算与增量闭合差调整

将各条导线边长抄录于表5-11中第3栏,根据边长与推算所得的坐标方位角按(5-2-7)式计算各边的坐标增量 $\Delta x$、$\Delta y$,分别记于表中第5、6栏。增量计算一般用科学式计算器按第五章第二节介绍的坐标换算(极坐标化为直角坐标)方法进行。

从图5-12(a)可以看出:闭合导线各边纵、横坐标增量代数和的理论值应分别等于零,即:

$$\left.\begin{array}{l}\Sigma\Delta x_{理} = 0\\ \Sigma\Delta y_{理} = 0\end{array}\right\} \tag{5-3-6}$$

由于导线边长观测值中有误差,角度观测值虽经过角度闭合差的调整,但仍有剩余的误差。因此,使据此计算而得的坐标增量也带有误差,从而产生纵坐标增量闭合差 $f_x$ 和横坐标增量闭合差 $f_y$,如图5-12(b)所示,即

$$\left.\begin{array}{l}f_x = \Sigma\Delta x_{测}\\ f_y = \Sigma\Delta y_{测}\end{array}\right\} \tag{5-3-7}$$

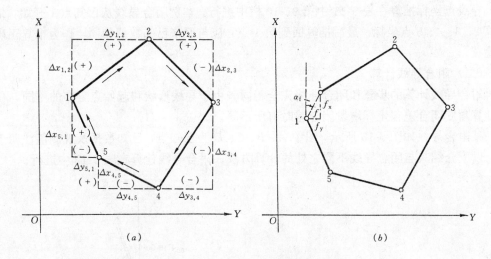

图 5-12 闭合导线的坐标增量闭合差

由于存在增量闭合差使导线不能闭合,图 5-12 (b) 中 1-1' 向量称为导线全长闭合差,其长度 $f$ 及方向角 $\alpha_f$ 为:

$$f = \sqrt{f_x^2 + f_y^2} \tag{5-3-8}$$

$$\alpha_f = \text{tg}^{-1}\left(\frac{f_y}{f_x}\right) \tag{5-3-9}$$

导线越长,导线测角、量距中积累的误差也越多。因此,$f$ 与导线全长有关。在衡量导线测量的精度时,应将 $f$ 与导线全长(各导线边长之和 $\Sigma S$)相比,并以分子为 1 的分式表示,称为导线全长相对闭合差 $T$,即

$$T = \frac{f}{\Sigma S} = \frac{1}{\dfrac{\Sigma S}{f}} \tag{5-3-10}$$

$T$ 愈小,表示导线测量的精度愈高。对于图根导线,允许的导线全长相对闭合差为 1/2000(见表 5-4)。当导线全长相对闭合差在允许范围以内时,可将坐标增量闭合差 $f_x$、$f_y$ 依照"反其符号、按边长为比例分配"的原则,将各边纵、横坐标增量进行改正,改正值按下式计算:

$$\left.\begin{aligned}\delta\Delta x_i &= -\frac{f_x}{\Sigma S}S_i \\ \delta\Delta y_i &= -\frac{f_y}{\Sigma S}S_i\end{aligned}\right\} \tag{5-3-11}$$

坐标增量、增量闭合差、全长闭合差及全长相对闭合差在表 5-11 中第 5、6 栏中及表下方进行计算。各边增量改正值按 (5-3-11) 式算好以后,写在增量计算值上方,然后在第 7、8 栏中计算改正后的增量。改正后坐标增量的代数和应分别等于零。

4. 导线点坐标推算

已知 $i$ 点的坐标及 $i$ 至 $j$ 点的坐标增量,用下式推算 $j$ 点的坐标:

$$\left.\begin{aligned}x_j &= x_i + \Delta x_{ij} \\ y_j &= y_i + \Delta y_{ij}\end{aligned}\right\} \tag{5-3-12}$$

导线点坐标推算在表 5-11 中第 9、10 栏中进行。本例闭合导线从已知点 1 开始,依次推算 2、3、4、5 点坐标。最后推算回到第 1 点,应与原来已知数值相同,作为推算正确性的检核。

(二) 附合导线计算

附合导线计算的步骤和闭合导线完全相同。由于导线形状和起始点分布的不同,仅是在计算角度闭合差和坐标增量闭合差时有所不同。

某附合导线如图 5-13 所示,图中 A、B、C、D 为已知点,已知数据及观测值注明于图上。以下介绍其与闭合导线不同之处的计算方法。附合导线计算在表 5-12 中进行。

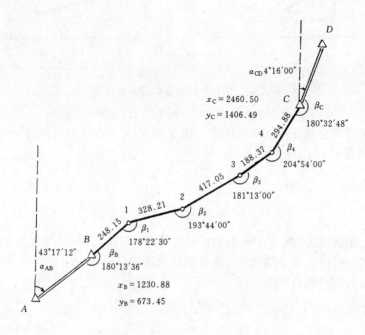

图 5-13 附合导线略图

**1. 角度闭合差(方位角闭合差)计算**

附合导线并不构成闭合多边形,其角度闭合差要根据导线两端已知点的坐标方位角及导线转折角来计算。控制点 A、B、C、D 的坐标已知,按坐标反算公式 (5-2-9) 式可以算得起始与终了边的坐标方位角 $\alpha_{AB}$ 与 $\alpha_{CD}$。导线的转折角为右角。

根据起始边坐标方位角及导线右角,按 (5-3-4) 式推算各边坐标方位角,直至终了边的坐标方位角:

$$\alpha_{B,1} = \alpha_{AB} + 180° - \beta_B$$
$$\alpha_{1,2} = \alpha_{B,1} + 180° - \beta_1$$
$$\alpha_{2,3} = \alpha_{1,2} + 180° - \beta_2$$
$$\alpha_{3,4} = \alpha_{2,3} + 180° - \beta_3$$
$$\alpha_{4C} = \alpha_{3,4} + 180° - \beta_4$$
$$\alpha_{CD} = \alpha_{4,C} + 180° - \beta_C$$

附 合 导 线 坐 标 计 算　　　　　表 5-12

| 点号 | 转折角(右)<br>(° ′ ″) | 改正后转折角<br>(° ′ ″) | 坐标方位角 $\alpha$<br>(° ′ ″) | 边长 $S$ | 增量计算值 | | 改正后增量 | | 坐标 | | 点号 |
|---|---|---|---|---|---|---|---|---|---|---|---|
| | | | | | $\Delta x$ | $\Delta y$ | $\Delta x$ | $\Delta y$ | $x$ | $y$ | |
| $A$ | | | | | | | | | | | |
| $B$ | +8<br>108 13 36 | 180 13 44 | 43 17 12 | | | | | | 1230.88 | 673.45 | $B$ |
| 1 | +8<br>178 22 30 | 178 22 38 | 43 03 28 | 248.15 | −0.03<br>181.31 | +0.04<br>169.42 | 181.28 | 169.46 | 1412.16 | 842.91 | 1 |
| 2 | +8<br>193 44 00 | 193 44 08 | 44 40 50 | 328.21 | −0.04<br>233.37 | +0.05<br>230.78 | 233.33 | 230.83 | 1645.49 | 1073.74 | 2 |
| 3 | +8<br>181 13 00 | 181 13 08 | 30 56 42 | 417.05 | −0.05<br>357.69 | +0.07<br>214.45 | 357.64 | 214.52 | 2003.13 | 1288.26 | 3 |
| 4 | +8<br>204 54 30 | 204 54 38 | 29 43 34 | 188.37 | −0.02<br>163.58 | +0.03<br>93.40 | 163.56 | 93.43 | 2166.69 | 1381.69 | 4 |
| $C$ | +8<br>180 32 48 | 180 32 56 | 4 48 56 | 294.88 | −0.03<br>293.84 | +0.05<br>24.75 | 293.81 | 24.80 | 2460.50 | 1406.49 | $C$ |
| $D$ | | | 4 16 00 | | | | | | | | |
| $\Sigma$ | | | | | +1229.79 | +732.80 | +1229.62 | +733.04 | +1229.62 | +733.04 | |

$\Sigma\beta_{测}=1119°00′24″$　　　　$\Sigma S=1476.66$　$f_x=+0.17$

$\Sigma\beta_{理}=1119°01′12″$　　　　　　　　　　　$f_y=-0.24$　　　　$T=\dfrac{f}{\Sigma S}=\dfrac{1}{5100}$

$f_\beta=\Sigma\beta_{测}-\Sigma\beta_{理}=-48″$

$f_{\beta允}=\pm60″\sqrt{6}=\pm147″$　　　　　　$f=\sqrt{f_x^2+f_y^2}=0.29$

将以上各式相加，得到

$$\alpha_{CD}=\alpha_{AB}+6\times180°-\Sigma\beta$$

或写成

$$\Sigma\beta=\alpha_{AB}-\alpha_{CD}+6\times180°$$

假定导线的角度观测中不存在误差，则上式成立，因此式中 $\Sigma\beta$ 为附合导线右角之和的理论值，其一般表达式为：

$$\Sigma\beta_{理}=\alpha_{始}-\alpha_{终}+n\cdot180° \tag{5-3-13}$$

如果导线转折角为左角，则左角之和的理论值应为：

$$\Sigma\beta'_{理}=\alpha_{终}-\alpha_{始}+n\cdot180° \tag{5-3-14}$$

由于在转折角观测中不可避免地含在偶然误差，使测得的转折角之和 $\Sigma\beta_{测}$ 不等于 $\Sigma\beta_{理}$ 而产生角度闭合差 $f_\beta$，$f_\beta$ 的计算式同 (5-3-2) 式。允许角度闭合差及角度闭合差的分配同闭合导线。

本例附合导线的 $\alpha_{始}=43°17′12″$、$\alpha_{终}=4°16′00″$、导线转折角数 $n=6$，因此理论上右角之和

$$\Sigma\beta_{理}=43°17′12″-4°16′00″+6\times180°=1119°01′12″$$

导线右角之和 $\Sigma\beta_{测}=1119°00′24″$，角度闭合差 $f_\beta=-48″$，允许的角度闭合差

$$f_{\beta允}=\pm60″\sqrt{6}=\pm147″$$

角度闭合差在允许范围以内，按"反其符号，平均分配"原则，各导线右角改正+8″。

按改正后右角推算各边坐标方位角，同闭合导线。

2. 坐标增量闭合差计算

如图5-14所示，本例附合导线的坐标按下式计算：

$$x_1 = x_B + \Delta x_{B,1}, \ y_1 = y_B + \Delta y_{B,1}$$
$$x_2 = x_1 + \Delta x_{1,2}, \ y_2 = y_1 + \Delta y_{1,2}$$
$$x_3 = x_2 + \Delta x_{2,3}, \ y_3 = y_2 + \Delta y_{2,3}$$
$$x_4 = x_3 + \Delta x_{3,4}, \ y_4 = y_3 + \Delta y_{3,4}$$
$$x_C = x_4 + \Delta x_{4,C}, \ y_C = y_4 + \Delta y_{4,C}$$

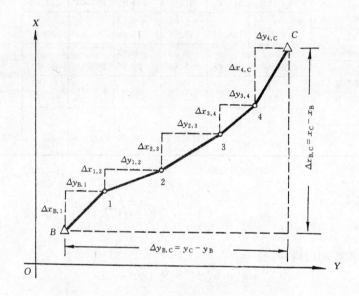

图 5-14 附合导线坐标增量总和的理论值

将上式分别相加，得到

$$x_C = x_B + \Sigma\Delta x, \ y_C = y_B + \Sigma\Delta y$$

或者

$$\Sigma\Delta x = x_C - x_B = \Delta x_{BC}, \ \Sigma\Delta y = y_C - y_B = \Delta y_{BC}$$

上式表示，如果导线的角度和边长测量中没有误差，则附合导线各边纵、横坐标增量分别取代数和应等于终点和始点已知的纵、横坐标增量。即

$$\left.\begin{array}{l}\Sigma\Delta x_{理} = x_{终} - x_{始} \\ \Sigma\Delta y_{理} = y_{终} - y_{始}\end{array}\right\} \quad (5\text{-}3\text{-}15)$$

由于导线的角度和边长测量中都不可避免地存在偶然误差，因而各边的坐标增量中也存在着误差，使从始点坐标开始按各边坐标增量计算至终点坐标，不等于原来已知的数值，而产生坐标增量闭合差（图5-15），即

$$\left.\begin{array}{l}f_x = \Sigma\Delta x_{测} - \Sigma\Delta x_{理} \\ f_y = \Sigma\Delta y_{测} - \Sigma\Delta y_{理}\end{array}\right\} \quad (5\text{-}3\text{-}16)$$

附合导线的导线全长闭合差、全长相对闭合差及允许相对闭合差的计算,以及增量闭合差的调整,同闭合导线。

(三) 支导线计算

支导线中没有多余观测值,因此也没有任何闭合差产生,导线转折角和计算的坐标增量不需要进行改正。支导线的计算步骤为:

1. 根据观测的转折角推算各边坐标方位角;

2. 根据各边坐标方位角和边长计算坐标增量;

3. 根据各边的坐标增量推算各点的坐标。

以上各步骤的计算方法同闭合导线或附合导线的计算方法。

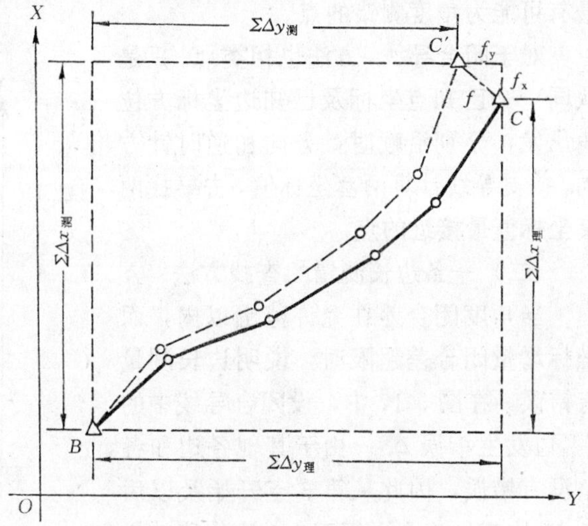

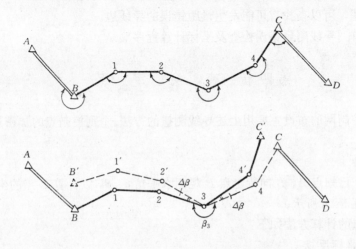

图 5-15 附合导线坐标增量闭合差

四、导线测量错误的检查

在导线计算中,如果发现闭合差超限,则应首先复查导线测量外业观测记录、内业计算时的数据抄录和计算。如果都没有发现问题,则说明导线外业中的测角、量距有错误,应到现场去返工重测。但在去现场以前,如果能分析判断出错误可能发生在某处,则首先应到该处重测。这样就可以避免角度或边长的全部重测,大大减少返工的工作量。

(一) 一个角度测错的查找方法

在图 5-16 中,设附合导线的第 3 点上的转折角 $\beta_3$ 发生一个 $\Delta\beta$ 的错误,使角度闭合差超限。如果分别从导线两端的已知坐标方位角推算各边的坐标方位角,则到测错角度的第 3 点为止,导线边的坐标方位角仍然是正确的。经过第 3 点的转折角 $\beta_3$ 以后,导线边的坐标方位角开始向错误方向偏转,使以后各边坐标方位角都包含错误。

图 5-16 导线中一个转折角测错

因此，一个转折角测错的查找方法为：分别从导线两端的已知点坐标及已知坐标方位角出发，按支导线计算导线各点的坐标。则所得到的同一个点的两套坐标值非常接近的点，最有可能为角度测错的点。

对于闭合导线，方法也相类似。只是从同一个已知点坐标及已知边坐标方位角出发，分别沿顺时针方向和逆时针方向，按支导线计算两套坐标值，去寻找两套坐标值最接近的点。

### （二）一条边长测错的查找方法

当角度闭合差在允许范围以内，而坐标增量闭合差超限时，说明边长测量有错误，在图 5-17 中，设闭合导线中的 $S_{2,3}$ 边发生错误 $\Delta S$。由于其他各边和各角没有错误，因此从第 3 点开始及以后各点，均产生一个平行于 2-3 边的移动量 $\Delta S$。如果其他各边、角中的偶然误差忽略不计，则按 (5-3-8) 式计算的导线全长闭合差即等于 $\Delta S$：

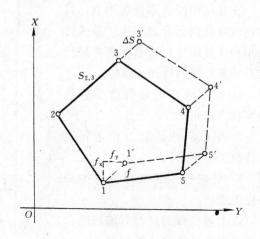

图 5-17 导线中一条边长测错

$$f = \sqrt{f_x^2 + f_y^2} = \Delta S$$

按 (5-3-9) 式计算的全长闭合差的坐标方位角即等于 2-3 边的坐标方位角 $\alpha_{2,3}$，或再 $\pm 180°$：

$$\alpha_f = \text{tg}^{-1}\left(\frac{f_y}{f_x}\right) = \alpha_{2,3} \quad (\text{或} \pm 180°)$$

上式也可以写成另外一种形式：

$$\frac{f_x}{f_y} = \frac{\Delta x_{2,3}}{\Delta y_{2,3}}$$

根据这个原理，可以查找有可能发生量距错误的导线边。

本书附录二有"导线测量错误检查及坐标计算程序"。

## 第四节 交 会 定 点

小地区平面控制网的布设主要用上述导线测量的方法。个别控制点的加密用前方交会、测边交会等方法。

### 一、前方交会

从相邻的两个已知点 $A$、$B$ 向待定点 $P$ 观测水平角 $\alpha$、$\beta$，以计算 $P$ 点的坐标，称为前方交会定点，如图 5-18 所示。

前方交会定点的计算方法如下：

#### （一）已知点坐标反算

根据两个已知点的直角坐标计算两点间的边长 $c$ 及坐标方位角 $\alpha_{AB}$，按 (5-2-8)、(5-2-9)

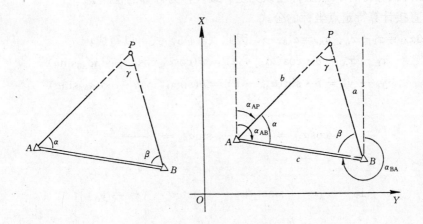

图 5-18 前方交会定点

式，得到：

$$c = \sqrt{(x_B - x_A)^2 + (y_B - y_A)^2} \tag{5-4-1}$$

$$\alpha_{AB} = \text{tg}^{-1}\left(\frac{y_B - y_A}{x_B - x_B}\right) \tag{5-4-2}$$

（二）待定边边长和坐标方位角计算

按正弦定律计算已知点至待定点的边长 $a$、$b$：

$$\left.\begin{array}{l} a = \dfrac{c \sin\alpha}{\sin\gamma} = \dfrac{c \sin\alpha}{\sin(\alpha + \beta)} \\ b = \dfrac{c \sin\beta}{\sin\gamma} = \dfrac{c \sin\beta}{\sin(\alpha + \beta)} \end{array}\right\} \tag{5-4-3}$$

按下式计算待定边的坐标方位角：

$$\left.\begin{array}{l} \alpha_{AP} = \alpha_{AB} - \alpha \\ \alpha_{BP} = \alpha_{BA} + \beta = \alpha_{AB} \pm 180° + \beta \end{array}\right\} \tag{5-4-4}$$

（三）待定点坐标计算

根据已算得的待定边的边长和坐标方位角，按坐标正算法从已知点 $A$、$B$ 分别计算至待定点 $P$ 的坐标增量：

$$\left.\begin{array}{l} \Delta x_{AP} = b \cos\alpha_{AP} \\ \Delta y_{AP} = b \sin\alpha_{AP} \end{array}\right\} \tag{5-4-5}$$

$$\left.\begin{array}{l} \Delta x_{BP} = a \cos\alpha_{BP} \\ \Delta y_{BP} = a \sin\alpha_{BP} \end{array}\right\} \tag{5-4-6}$$

然后分别从 $A$、$B$ 点计算待定点 $P$ 的坐标：

$$\left.\begin{array}{l} x_P = x_A + \Delta x_{AP} \\ y_P = y_A + \Delta y_{AP} \end{array}\right\} \tag{5-4-7}$$

$$\left.\begin{array}{l} x_P = x_B + \Delta x_{BP} \\ y_P = y_B + \Delta y_{BP} \end{array}\right\} \tag{5-4-8}$$

从以上两式算得的 $P$ 点坐标应该完全一致，作为计算的检核。

（四）直接计算待定点坐标的公式

由于 $\Delta x_{AP}=x_P-x_A$、$\alpha_{AP}=\alpha_{AB}-\alpha$，因此（5-4-5）式可以写成：

$$x_P - x_A = b \cdot \cos(\alpha_{AB} - \alpha) = b(\cos\alpha_{AB}\cos\alpha + \sin\alpha_{AB}\sin\alpha)$$

$$y_P - y_A = b \cdot \sin(\alpha_{AB} - \alpha) = b(\sin\alpha_{AB}\cos\alpha - \cos\alpha_{AB}\sin\alpha)$$

而

$$\cos\alpha_{AB} = \frac{x_B - x_A}{c}, \quad \sin\alpha_{AB} = \frac{y_B - y_A}{c}$$

因此

$$\left.\begin{aligned} x_P - x_A &= \frac{b}{c}\sin\alpha[(x_B - x_A)\text{ctg}\alpha + (y_B - y_A)] \\ y_P - y_A &= \frac{b}{c}\sin\alpha[(y_B - y_A)\text{ctg}\alpha + (x_A - x_B)] \end{aligned}\right\} \quad (5\text{-}4\text{-}9)$$

按正弦定律：

$$\frac{b}{c} = \frac{\sin\beta}{\sin\gamma} = \frac{\sin\beta}{\sin(\alpha+\beta)}$$

$$\frac{b}{c}\sin\alpha = \frac{\sin\alpha\sin\beta}{\cos\alpha\sin\beta + \sin\alpha\cos\beta} = \frac{1}{\text{ctg}\alpha + \text{ctg}\beta}$$

将上式代入（5-4-9）式：

$$x_P - x_A = \frac{(x_B - x_A)\text{ctg}\alpha + (y_B - y_A)}{\text{ctg}\alpha + \text{ctg}\beta}$$

$$y_P - y_A = \frac{(y_B - y_A)\text{ctg}\alpha + (x_A - x_B)}{\text{ctg}\alpha + \text{ctg}\beta}$$

将上式等号左端的已知数据 $x_A$、$y_A$ 移至右端，得到前方交会直接计算待定点坐标的公式（余切公式）：

$$\left.\begin{aligned} x_P &= \frac{x_A\text{ctg}\beta + x_B\text{ctg}\alpha + (y_B - y_A)}{\text{ctg}\alpha + \text{ctg}\beta} \\ y_P &= \frac{y_A\text{ctg}\beta + y_B\text{ctg}\alpha + (x_A - x_B)}{\text{ctg}\alpha + \text{ctg}\beta} \end{aligned}\right\} \quad (5\text{-}4\text{-}10)$$

如果将 $\text{ctg}\alpha=1/\text{tg}\alpha$、$\text{ctg}\beta=1/\text{tg}\beta$ 代入上式，则得到前方交会直接计算待定点坐标的另一种公式（正切公式）：

$$\left.\begin{aligned} x_P &= \frac{x_A\text{tg}\alpha + x_B\text{tg}\beta + (y_B - y_A)\text{tg}\alpha\text{tg}\beta}{\text{tg}\alpha + \text{tg}\beta} \\ y_P &= \frac{y_A\text{tg}\alpha + y_B\text{tg}\beta + (x_A - x_B)\text{tg}\alpha\text{tg}\beta}{\text{tg}\alpha + \text{tg}\beta} \end{aligned}\right\} \quad (5\text{-}4\text{-}11)$$

用计算器进行计算时，由于可以直接使用正切函数，因此用正切公式比较方便一些。

前方交会的算例列于表 5-13。

（五）用科学式计算器进行前方交会计算

利用科学式计算器编制程序的功能编制前方交会计算程序，计算时输入已知点坐标及观测值，即可得到待定点的坐标。以下介绍两种计算器的前方交会计算方法：

前方交会计算（正切公式） 表 5-13

| 图形与计算公式 | $x_P = \dfrac{x_A \mathrm{tg}\alpha + x_B \mathrm{tg}\beta + (y_B - y_A)\mathrm{tg}\alpha\mathrm{tg}\beta}{\mathrm{tg}\alpha + \mathrm{tg}\beta}$ $y_P = \dfrac{y_A \mathrm{tg}\alpha + y_B \mathrm{tg}\beta + (x_A - x_B)\mathrm{tg}\alpha\mathrm{tg}\beta}{\mathrm{tg}\alpha + \mathrm{tg}\beta}$ |
|---|---|

| $x_A$ | 659.232 | $y_A$ | 355.537 | $\alpha$ | 69°11′03″ | $\mathrm{tg}\alpha$ | 2.630329 |
|---|---|---|---|---|---|---|---|
| $x_B$ | 406.593 | $y_B$ | 654.051 | $\beta$ | 59°42′39″ | $\mathrm{tg}\beta$ | 1.712038 |
| $x_A - x_B$ | 252.639 | $y_B - y_A$ | 298.514 | (1) $\mathrm{tg}\alpha\,\mathrm{tg}\beta$ | 4.503223 | (2) $\mathrm{tg}\alpha + \mathrm{tg}\beta$ | 4.342367 |
| (3) $x_A \mathrm{tg}\alpha$ | | 1733.9970 | | (6) $y_A \mathrm{tg}\alpha$ | | 935.1793 | |
| (4) $x_B \mathrm{tg}\beta$ | | 696.1027 | | (7) $y_B \mathrm{tg}\beta$ | | 1119.7602 | |
| (5) $(y_B - y_A) \times$ (1) | | 1344.2751 | | (8) $(x_A - x_B) \times$ (1) | | 1137.6898 | |
| $x_P = [(3)+(4)+(5)] \div (2) = 869.198$ | | | | $y_P = [(6)+(7)+(8)] \div (2) = 735.228$ | | | |

1. SHARP EL-5103 计算器

将模式（MODE）转换键置于 AER，并进行总清（按 2ndF、CL 键），然后根据正切公式（5-4-11 式）置入下列程序：

$$(AE + CM + (D-B)EM) \div (E+M),$$
$$(BE + DM + (A-C)EM) \div (E+M)$$

计算时将模式转换键置于 COMP，根据已知点坐标 $(x_A, y_A)$、$(x_B, y_B)$ 及观测角度 $\alpha$、$\beta$，依次按下列数字键及功能键，即可得到待定点坐标 $(x_P, y_P)$：（⇒后为屏幕显示）

$x_A$、STO、A、$y_A$、STO、B、$x_B$、
STO、C、$y_B$、STO、D、TAN、$\alpha$、
→DEG、STO、E、TAN、$\beta$、→DEG、
STO、M、COMP ⇒ $x_P$、COMP ⇒ $y_P$

2. CASIO fx-4000p 计算器

按 MODE、2 键，在 0～9 个程序区的任一区中置入下列前方交会（正切公式）程序：

"XA=":? →A; "YA=":? →B; "XB=":
? →C; "YB=":? →D; "ALPHA=":?
→E; "BETA=":? →F; tan E→E;
tan F→F; (AE+CF+ (D−B) EF) ÷ (E+F)
▲ (BE+DF+ (A−C) EF) ÷ (E+F)

计算时按 MODE、1、Prg 键，再按程序所在的区号键及 EXE 键，屏幕出现提示符 "XA=?"、"YA=?"、"XB=?"、"YB=?" 时，依次输入 $x_A$、$y_A$、$x_B$、$y_B$；屏幕出现提示符 "ALPHA=?"、"BETA=?" 时，依次输入 $\alpha$、$\beta$ 角值，按 EXE 键后，显示 $x_P$；再按 EXE 键后，显示 $y_P$。

## 二、测边交会

从两个已知点 $A$、$B$ 向待定点测量边长 $AP$ ($b$)、$BP$ ($a$),来计算 $P$ 点的坐标,如图 5-19 所示,称为测边交会定点,或称距离交会定点。

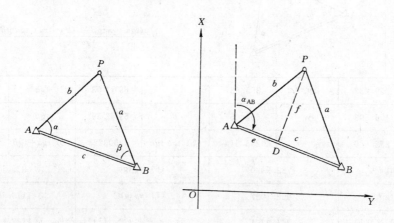

图 5-19 测边交会定点

测边交会定点的计算方法如下:

(一)测边交会化为前方交会法

根据三角形 $ABP$ 的三边长度 $a$、$b$、$c$,用余弦定律计算三角形的两个内角 $\alpha$、$\beta$:

$$\left.\begin{aligned} \alpha &= \cos^{-1}\left(\frac{b^2 + c^2 - a^2}{2bc}\right) \\ \beta &= \cos^{-1}\left(\frac{a^2 + c^2 - b^2}{2ac}\right) \end{aligned}\right\} \quad (5\text{-}4\text{-}12)$$

再按已知点 $A$、$B$ 的坐标及算得的 $\alpha$、$\beta$ 角,用前方交会法计算 $P$ 点的坐标。

(二)直接计算待定点坐标的公式

在图 5-19 中,从 $P$ 点作 $AB$ 边的垂线,得辅助线段 $AD$ ($e$) 及 $PD$ ($f$),则

$$b^2 - e^2 = a^2 - (c-e)^2$$
$$2ce = b^2 + c^2 - a^2$$

由此得到辅助线段的长度:

$$\left.\begin{aligned} e &= \frac{b^2 + c^2 - a^2}{2c} \\ f &= \sqrt{b^2 - e^2} \end{aligned}\right\} \quad (5\text{-}4\text{-}13)$$

$AP$、$AD$、$DP$ 各点间的坐标增量关系为:

$$\Delta x_{AP} = \Delta x_{AD} + \Delta x_{DP}$$
$$\Delta y_{AP} = \Delta y_{AD} + \Delta y_{DP}$$

式中

$$\Delta x_{AD} = e \cos\alpha_{AB}$$
$$\Delta y_{AD} = e \sin\alpha_{AB}$$
$$\Delta x_{DP} = f \cos(\alpha_{AB} - 90°) = f \sin\alpha_{AB}$$

$$\Delta y_{DP} = f\sin(\alpha_{AB} - 90°) = -f\cos\alpha_{AB}$$

因此 $A$ 点至 $P$ 点的坐标增量为：

$$\left.\begin{array}{l}\Delta x_{AP} = e\cos\alpha_{AB} + f\sin\alpha_{AB}\\ \Delta y_{AP} = e\sin\alpha_{AB} - f\cos\alpha_{AB}\end{array}\right\} \quad (5\text{-}4\text{-}14)$$

直接计算 $P$ 点坐标的公式为：

$$\left.\begin{array}{l}x_P = x_A + e\cos\alpha_{AB} + f\sin\alpha_{AB}\\ y_P = y_A + e\sin\alpha_{AB} - f\cos\alpha_{AB}\end{array}\right\} \quad (5\text{-}4\text{-}15)$$

求得 $P$ 点坐标以后，可以用下列公式进行检核：

$$\left.\begin{array}{l}\sqrt{(x_P - x_A)^2 + (y_P - y_A)^2} = b\\ \sqrt{(x_P - x_B)^2 + (y_P - y_B)^2} = a\end{array}\right\} \quad (5\text{-}4\text{-}16)$$

测边交会用直接计算待定点坐标方法的算例列于表 5-14。

测 边 交 会 计 算　　　　　　　　　表 5-14

| 图形及计算公式 | 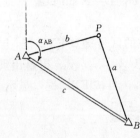 $e=\dfrac{b^2+c^2-a^2}{2c}\quad f=\sqrt{b^2-e^2}$<br>$x_P = x_A + e\cos\alpha_{AB} + f\sin\alpha_{AB}$<br>$y_P = y_A + e\sin\alpha_{AB} - f\cos\alpha_{AB}$ | | | | | | |
|---|---|---|---|---|---|---|---|
| 点　号 | $x$ | | $y$ | $\Delta x$ | $\Delta y$ | 观 测 边 长 | |
| $A$ | 1630.744 | | 834.560 | −352.414 | 574.325 | $a$ | 518.624 |
| $B$ | 1278.330 | | 1408.885 | | | $b$ | 360.080 |
| $e$ | 233.5395 | $f$ | 274.0746 | | | $c$ | 673.828 |
| $\cos\alpha_{AB}$ | −0.5230028 | $\sin\alpha_{AB}$ | 0.8523310 | | | $\alpha_{AB}$ | 121°32′02″ |
| $\Delta x_{AP}$ | 111.460 | $\Delta y_{AP}$ | 342.395 | | | 检 核 计 算 | |
| $x_P$ | 1742.204 | $y_P$ | 1176.955 | | | $a$ | 518.624 |
| $\Delta x_{BP}$ | 463.874 | $\Delta y_{BP}$ | −231.930 | | | $b$ | 360.080 |

（三）用科学式计算器计算测边交会

1. SHARP EL-5103 计算器

将模式（MODE）转换键置于 AER，并进行总清（按 2ndF、CL 键），然后根据（5-4-15）式置入下列程序：

　　　　　（B²+C²−A²）÷2÷C　STO　E，√　（B²−E²）　STOM，
　　　　　E SIN D−M COS D，E COS D+M SIN D

计算时将模式转换键置于 COMP，先用坐标反算法计算出已知边 $AB$ 的边长 $c$ 及其方

105

向角 $α_{AB}$，然后根据 $a$、$b$、$c$、$α_{AB}$ 及 $x_A$、$y_A$，按下列数字键及功能键算得待定点 $P$ 的坐标：

$a$、STO、A、$b$、STO、B、$c$、STO、C、
$α_{AB}$、→DEG、STO、D、COMP ⇒ $e$、
COMP ⇒ $f$、COMP ⇒ $Δy_{AP}$、STO、A、
COMP ⇒ $Δx_{AP}$、+、$x_A$、= ⇒ $x_P$、
RCL、A ⇒ $Δy_{AP}$、+、$y_A$、= ⇒ $y_P$

2. CASIO fx-4000p 计算器

按 MODE、2 键，在 0~9 个程序区的任一区中置入下列测边交会程序：

"XA=" : ? →X : "YA=" : ? →Y : "XB=" :
? →U : "YB=" : ? →V : "A=" : ? →A :
"B=" : ? →B : U−X→M : V−Y→N : √
(M²+N²) →C : (B²+C²−A²) ÷2÷C→E :
√ (B²−E²) →F : tan⁻¹ (N÷M) →D :
M<0⇒D+180→D : X+E cos D+F sin D▲
Y+E sin D−F cos D

计算时按 MODE、1、Prg 键，再按程序所在的区号键及 EXE 键，屏幕出现"XA=?"、"YA=?"、"XB=?"、"YB=?"时，依次输入 $x_A$、$y_A$、$x_B$、$y_B$；屏幕出现"A=?"、"B=?"时，依次输入 $a$、$b$ 边长；按 EXE 键后，显示 $x_P$；再按 EXE 键，显示 $y_P$。

## 思考题与练习题

1. 在全国范围内，平面控制网和高程控制网是如何布设的？局部地区的控制网是如何布设的？
2. 如何进行局部地区平面控制网的定位与定向？
3. 象限角和坐标方位角有什么不同？如何进行换算？
4. 如何进行直角坐标和极坐标的换算？
5. 导线的布设有哪几种形式？各适用于什么情况？
6. 设有闭合导线 J1-J2-J3-J4-J5 的边长和角度（右角）观测值如图 5-20 所示。已知 J1 点的坐标 $x_1$ =540.38m，$y_1$=1236.70m，J1-J2 边的坐标方位角 $α_{1,2}$=46°57′02″，进行该闭合导线的计算。
7. 设有附合导线 A-B-K1-K2-K3-C-D 的边长和角度（右角）观测值，如图 5-21 所示。两端 A、B、C、D 为已知点，B、C 点的坐标为：$x_B$=864.22m，$y_B$=413.35m，$x_C$=970.21m，$y_C$=986.42m，两端已知坐标方位角为 $α_{AB}$=45°00′00″、$α_{CD}$=283°51′33″，进行该附合导线的计算。
8. 在导线测量中，如果一个角度或一条边长观测有错误，如何检查错误可能发生之处？
9. 如图 5-22 所示，A、B 两点为已知点，用前方交会测定 P 点的位置。已知数据为：

$$x_A = 500.000m, y_A = 500.000m$$
$$x_B = 526.825m, y_B = 433.160m$$

观测值为：$α = 91°03′24″, β = 50°35′23″$

10. 如图 5-23 所示，A、B 两点为已知点，用测边交会测定 P 点的位置。已知数据为：

$$x_A = 500.000m, y_A = 500.000m$$
$$x_B = 615.186m, y_B = 596.653m$$

观测值为：$a = 153.112m, b = 161.361m$

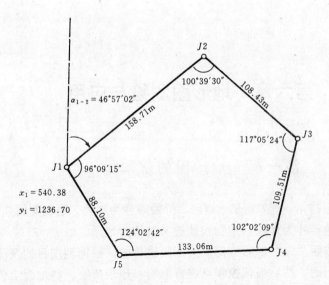

图 5-20

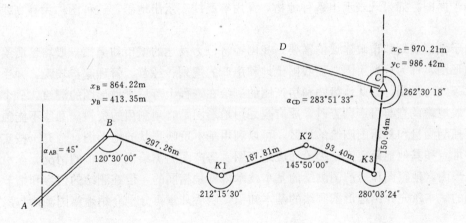

图 5-21

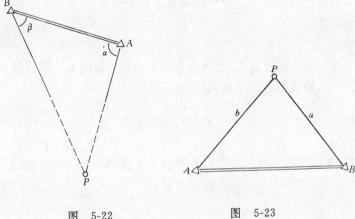

图 5-22　　　　图 5-23

# 第六章 地形图测绘与应用

## 第一节 地形图的基本知识

地面上的各种固定物体,例如房屋、道路、桥梁等称为地物。地表面的高低起伏形态,例如山岭、斜坡、洼地等称为地貌。地物和地貌又总称为地形。

地形图的测绘是按照"先控制后细部"的原则进行的。根据测图目的及测区的具体情况建立平面及高程控制网,然后根据控制点进行地物和地貌测绘。将地面上各种地物的平面位置按一定比例尺,用规定的符号和线条缩绘在图纸上,并注有代表性的高程点,这种图称为平面图。如果既表示出各种地物,又用等高线表示出地貌,这种图称为等高线地形图。

由于城镇规划和市政建设的需要,我国经济较为发达的城市和集镇一般均已测绘大比例尺地形图,称为规划用图。而我国土地和房产的规划、经营、管理起步较晚,并受到经济技术条件的限制,因此地籍图和房产图的测绘在进程上落后于地形图的测绘。一个城镇在刚开展地籍调查与房产调查时,原有规划用地形图是必须利用的资料。某些不能独立进行地籍控制测量和地籍图测绘的地区,可以利用基本反映现状的地形图,补充一些实地勘丈的界址点和其他地籍要素,编绘而成地籍图。房产图的测绘也有类似的情况。

地形图、地籍图和房产图测绘的基本技术措施是相同的,但在测绘的内容和细节上是有区别的。本章先介绍地形图测绘的基本知识,以后几章再分别介绍地籍图测绘与房产图测绘。

### 一、地形图的比例尺

(一)比例尺的表示方法

图上一段直线长度与地面上相应线段的实际水平长度之比,称为图的比例尺。比例尺有下列两种表示方法:

1. 数字比例尺

数字比例尺可表示为分子为1、分母为整数的分数。设图上一段直线长度为 $d$,相应实地的水平长度为 $D$,则该图的数字比例尺为

$$\frac{d}{D} = \frac{1}{\frac{D}{d}} = \frac{1}{M} \tag{6-1-1}$$

式中 $M$ 为数字比例尺分母。此分数值越大($M$ 值越小),则比例尺越大。数字比例尺一般写成 1:500、1:1000、1:2000 等形式。

2. 图示比例尺

最常见的图示比例尺为直线比例尺,图 6-1 所示为 1:500 的直线比例尺。取 2cm 长度

为基本单位,从直线比例尺上直接可读得基本单位的1/10,可估读到1/100。

图示比例尺印刷于图纸的下方,便于用分规(两脚规)直接在图上量取直线段的水平距离,并且可以部分抵消在图上量长度时图纸伸缩的影响。

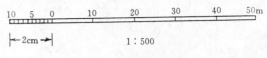

图6-1 直线比例尺

(二)地形图按比例尺分类

通常把1:500、1:1000、1:2000、1:5000比例尺的地形图称为大比例尺图,把1:1万、1:2.5万、1:5万、1:10万比例尺的地形图称为中比例尺图,把1:20万、1:50万、1:100万比例尺的地形图称为小比例尺图。

中比例尺地形图系国家的基本图,由国家测绘部门负责测绘,目前均用航空摄影测量方法成图。小比例尺地形图一般由中比例尺图缩小编绘而成。

大比例尺地形图为城市和工程建设所需要。比例尺为1:500～1:1000的地形图一般用平板仪、经纬仪或电子速测仪等测绘;比例尺为1:2000和1:5000的地形图一般用更大比例尺的图缩制。大面积的大比例尺图测绘也可以用航空摄影测量方法成图。

(三)图的比例尺选用

在城乡建设的规划、设计和施工、土地的开发利用和管理以及房产的经营管理中,要用到各种大比例尺的地形图、地籍图和房产图。其用途和比例尺的选用如表6-1所示。

图 的 比 例 尺 选 用　　　　　　表6-1

| 比例尺 图类及用途 | 地 形 图 | 地 籍 图 | 房 产 图 |
|---|---|---|---|
| 1:10000 | 城市总体规划 | | |
| 1:5000 | 厂址选择 | | |
| 1:2000 | 城市详细规划、工程项目设计 | 农村地籍图 | |
| 1:1000 | 工程施工设计、竣工图 | 城镇地籍图 | 房产分幅图 |
| 1:500 | 建筑设计 | 大、中城市地籍图 | 房产分丘图 |
| 1:200 | 建筑设计 | | 房产分层分户图 |
| 1:100 | | | 房产分层分户图 |

图6-2为1:1000比例尺地形图样图,图中所示为城市平坦地区的地物分布情况。图6-3为1:2000比例尺地形图样图,图中所示为城市丘陵地区,图中除了地物以外,还用等高线表示了高低起伏的地貌。

(四)比例尺精度

人们用肉眼能分辨的图上最小距离为0.1mm,因此一般在图上量度或者实地测图描绘时,就只能达到图上0.1mm的正确性。我们把相当于图上0.1mm的实地水平距离称为比例尺精度。显然,比例尺越大,其比例尺精度也越高。不同比例尺图的比例尺精度见表6-2所示。

比例尺精度的概念,对测图和用图有重要的意义。例如以1:1000的比例尺测图时,实

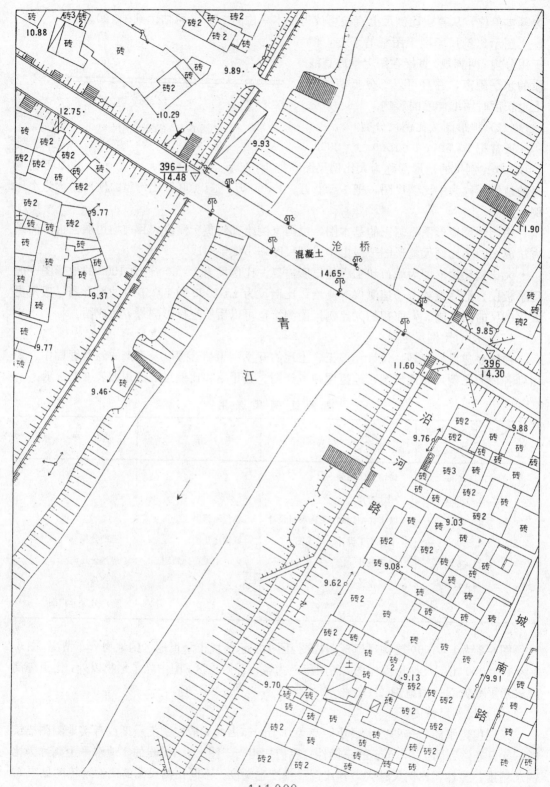

1:1000

图 6-2 城市地形图

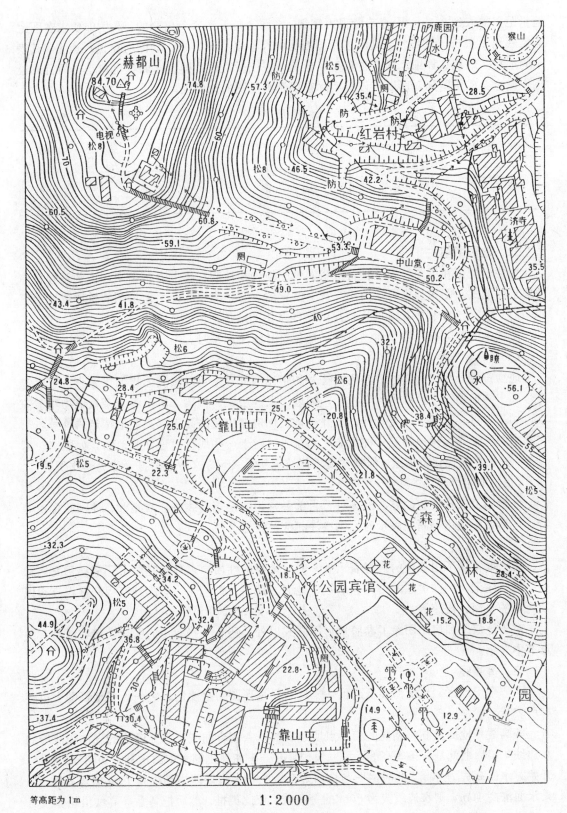

等高距为1m　　　　1:2000

图 6-3　城市地形图

地量距只需取到 0.1m，因为若量得再精细，在图上是无法表示出来的。又例如要求在图上能反映地面上 5cm 的细节，则所选用图的比例尺不应小于 1：500。图的比例尺愈大，其表示的地物、地貌愈详细，精度也愈高，但是一幅图所能包含的地面面积也愈小，而且测绘工作量也会成倍增加，所以应该按实际需要选择测图的比例尺。

比 例 尺 精 度　　　　　　　表 6-2

| 比 例 尺 | 1：500 | 1：1000 | 1：2000 | 1：5000 | 1：10000 |
|---|---|---|---|---|---|
| 比例尺精度（m） | 0.05 | 0.1 | 0.2 | 0.5 | 1.0 |

## 二、地形图图式

为便于测图和用图，用各种符号将实地的地物和地貌在图上表示出来，这些符号总称为地形图图式。图式是由国家测绘局统一制定的，它是测绘和使用地形图的重要依据。图 6-4 所示为 1：500 和 1：1000 比例尺的一些常用的地形图图式。

图式中的符号有三类：地物符号、地貌符号和注记符号。

（一）地物符号

地物符号分为比例符号、非比例符号和半比例符号。可以按测图比例尺缩小，用规定符号画出的地物符号，称为比例符号，如地面上的房屋、桥梁、旱田等。某些地物轮廓较小，如三角点、水准点、电线杆、水井等，按比例缩小无法画出，只能用特定的符号表示它的中心位置，这种地物符号称为非比例符号。对于一些线状而延伸的地物，如围墙、篱笆等，其长度能按比例缩绘，但其宽度不能按比例尺表示，这种地物符号称为半比例符号。

（二）地貌符号

地形图上表示地貌的方法有多种，目前最常用的是等高线法。对峭壁、冲沟、梯田等特殊地形，不便用等高线表示时，则绘注相应的符号。

（三）注记

有些地物除了用相应的符号表示外，对于地物的性质、名称等在图上还需要用文字和数字加以注记，例如房屋的结构和层数、地名、路名、单位名、等高线高程和散点高程以及河流的水深、流速等。

对于地籍图和房产图除了参照地形图图式以外，还有一些专用的图式，将在以后有关章节中介绍。

## 三、等高线

在非平坦地区，地面的高低起伏——地貌是地形图的重要信息之一，在地籍图上也要有所表示。

等高线是地面上高程相同的相邻点所连成的一条闭合曲线。水面静止的湖泊和池塘的水边线，实际上就是一条等高线。可以设想：有一座在静止湖水中的山岛，如图 6-5 所示，开始时水面高程为 70m，此时水面与地面的交线——水边线即为高程为 70m 的等高线。如果水面涨高 10m，则水边线成为 80m 的等高线，依此类推。然后把各条等高线沿铅垂线方向投影到水平面 $H$ 上，再按一定的比例尺缩小，就成为一张等高线地形图。

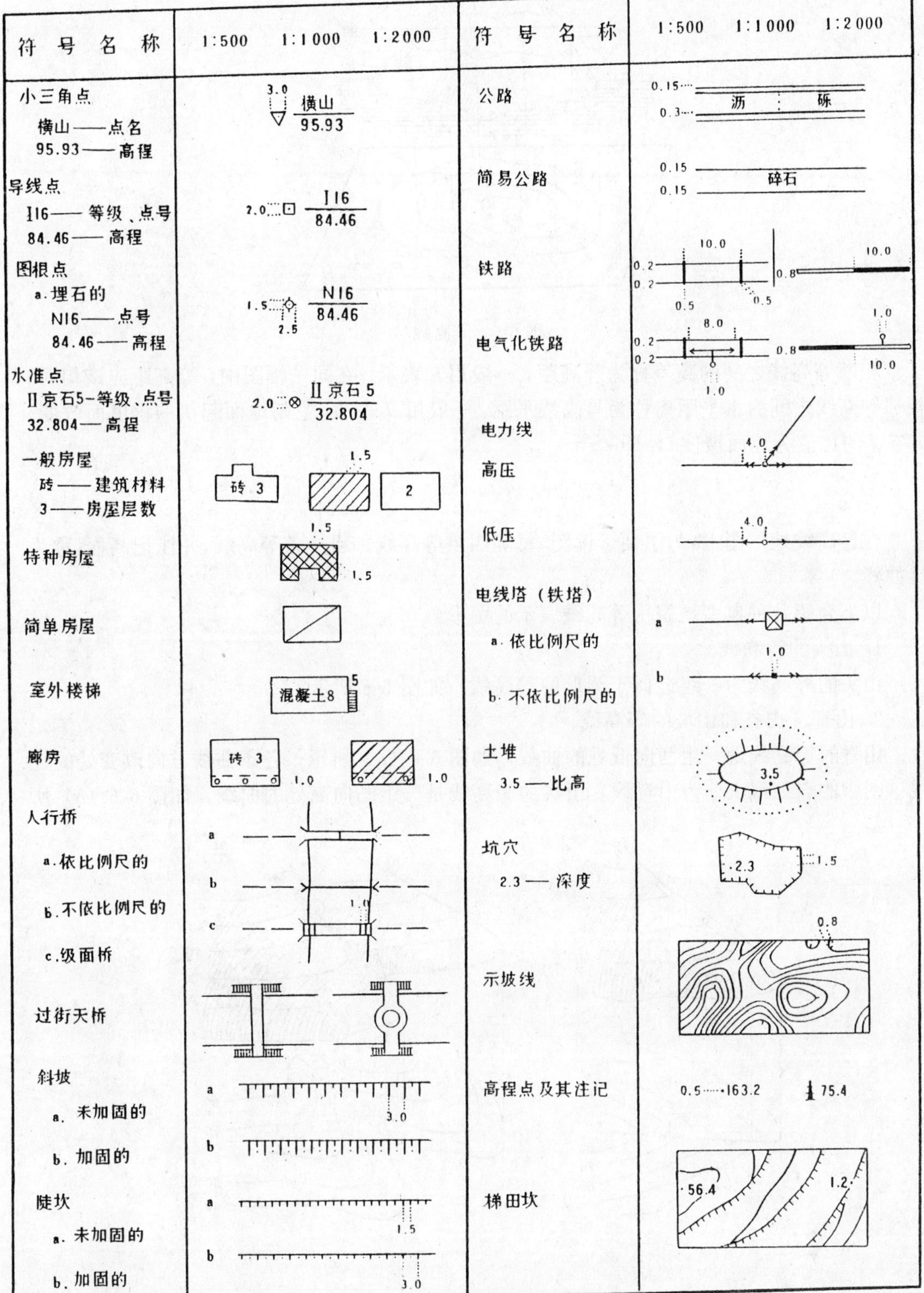

| 符 号 名 称 | 1:500　1:1000　1:2000 | 符 号 名 称 | 1:500　1:1000　1:2000 |
|---|---|---|---|
| 小三角点<br>横山——点名<br>95.93——高程 | 3.0 ▽ 横山 / 95.93 | 公路 | 0.15 ─── 沥　砾 ─── 0.3 |
| 导线点<br>I16——等级、点号<br>84.46——高程 | 2.0 □ I16 / 84.46 | 简易公路 | 0.15 ─── 碎石 ─── 0.15 |
| 图根点<br>a.埋石的<br>N16——点号<br>84.46——高程 | 1.5 ◇ N16 / 84.46<br>2.5 | 铁路 | 10.0　　　10.0<br>0.2　　　0.8<br>0.2<br>0.5　　0.5 |
| 水准点<br>II京石5-等级、点号<br>32.804——高程 | 2.0 ⊗ II京石5 / 32.804 | 电气化铁路 | 8.0　　　1.0<br>0.2　　　0.8<br>0.2　　10.0<br>1.0 |
| 一般房屋<br>砖——建筑材料<br>3——房屋层数 | 1.5<br>砖 3　　▨　　2 | 电力线<br>高压 | 4.0 |
| 特种房屋 | ▩ 1.5 | 低压 | 4.0 |
| 简单房屋 | ▱ | 电线塔（铁塔）<br>a.依比例尺的<br>b.不依比例尺的 | a ═╳═<br>1.0<br>b ─■─ |
| 室外楼梯 | 混凝土8 ▤5 | 土堆<br>3.5——比高 | 3.5 |
| 廊房 | 砖 3　▨ 1.0 | 坑穴<br>2.3——深度 | -2.3　1.5 |
| 人行桥<br>a.依比例尺的<br>b.不依比例尺的<br>c.级面桥 | a<br>b<br>c | 示坡线 | 0.8 |
| 过街天桥 | | 高程点及其注记 | 0.5 •163.2　♠75.4 |
| 斜坡<br>a.未加固的<br>b.加固的 | a<br>b　3.0 | 梯田坎 | •56.4　1.2 |
| 陡坎<br>a.未加固的<br>b.加固的 | a<br>b　1.5<br>3.0 | | |

图 6-4　地形图图式

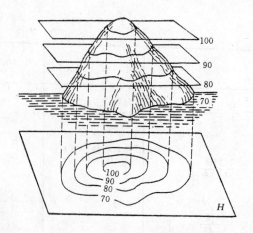

图 6-5 等高线

相邻等高线之间的高差称为等高距,一般用 $h$ 表示。在同一幅图中,等高距应该相同。相邻等高线之间的水平距离称为等高线平距,一般用 $d$ 表示,它随地面起伏的程度而改变。$h$ 与 $d$ 的比值为地面坡度 $i$,即

$$i = \frac{h}{d} \tag{6-1-2}$$

在等高线地形图上,为了便于读图,每隔四条等高线加粗一条等高线,并注记高程,称为计曲线。

以下介绍几种典型地貌用等高线表示的图形:

1. 山头的等高线

山头的等高线为一组近似于圆形的等高线,如图 6-5 所示。

2. 山脊、山谷和山坡的等高线

山脊的等高线是一组凸向低处的曲线,如图 6-6(a)所示,各条曲线方向改变处的连线(图中的点划线 $R$)为山脊线。山谷的等高线是一组凸向高处的曲线,如图 6-6(b)所

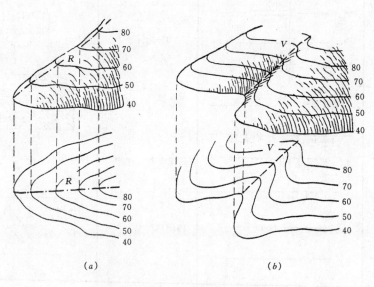

(a)       (b)

图 6-6 山脊、山谷和山坡的等高线

示,各条曲线方向改变处的连线(图中的虚线 $V$)为山谷线。山脊和山谷的两侧为山坡,山坡近似于一个倾斜平面,因此山坡的等高线近似于一组平行线。

### 3. 鞍部的等高线

在两个相邻山头之间往往存在一个鞍部地形,典型的鞍部是在相对的两个山脊和两个山谷的会聚处(图 6-7 中的 $S$),它的相对两侧是两组山脊和山谷的等高线。

### 四、地形图的分幅与编号

为了便于管理和使用地形图,需要将大面积的各种比例尺的地形图进行统一的分幅和编号。地形图的分幅分为两类,一类是按经纬线分幅的梯形分幅法,另一类是按坐标格网分幅的矩形分幅法。前者用于中小比例尺的国家基本图的分幅,后者用于城市大比例尺图的分幅。现介绍矩形分幅法。

大比例尺地形图通常采用以坐标格网

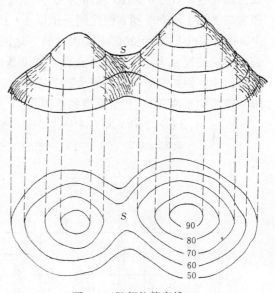

图 6-7 鞍部的等高线

线为图框的矩形分幅,图幅的大小为 50cm×50cm、50cm×40cm 或 40cm×40cm,每幅图中以 10cm×10cm 为基本方格。一般规定,对 1:5000 比例尺的图幅采用纵、横各 40cm,即实地为 2km×2km=4km² 的面积;对 1:2000、1:1000 和 1:500 比例尺的图幅采用纵、横各 50cm 的图幅,即实地分别为 1km²、0.25km² 和 0.0625km² 的面积。以上均为正方形分幅,也可采用纵距 40cm、横距 50cm 的分幅,总称为矩形分幅。

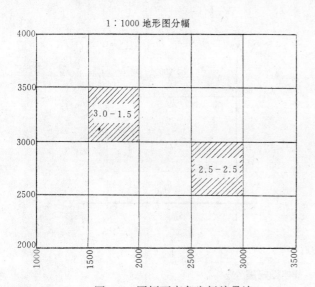

图 6-8 图幅西南角坐标编号法

地形图按矩形分幅时的编号方法常用的有两种:

(1) 图幅西南角坐标编号法

以每幅图的图幅西南角坐标值 $x$、$y$ 的公里数作为该图幅的编号,如图 6-8 所示为 1:1000 比例尺的地形图分,按图幅西南角坐标编号法分幅,其中画阴影线的两幅图的编号分别为 3.0—1.5、2.5—2.5。这种方法的编号和测区的坐标值联系在一起,便于按坐标查找。

(2) 基本图幅编号法

将坐标原点置于城市中心,$X$、$Y$ 坐标轴将城市分成 Ⅰ、Ⅱ、Ⅲ、Ⅳ 4 个象限,如图 6-9 ($a$) 所示。以城市地

形图最大比例尺 1:500 图幅为基本图幅,图幅大小为 50cm×40cm,实地范围为东西 250m、南北 200m。按坐标的绝对值 $x=0\sim200$m 编号为 1,200~400m 编号为 2……;$y=$

0~250m 编号为1，250~500m 编号为2……；依此类推。$x$、$y$ 编号中间以斜杠（/）分隔，成为图幅号。如图6-9（b）所示为1：500比例尺图幅在第一象限中的编号。每4幅1：500图构成1幅1：1000图，因此同一地区1：1000图幅的编号如图6-9（c）所示。每16幅1：500图构成1幅1：2000图，因此同一地区1：2000图幅的编号如图6-9（d）所示。这种编号方法的优点为：一看编号就可以知道是什么比例尺的图，其图幅的坐标值范围也容易计算出来。例如有一幅图编号为：Ⅱ39-40/53-54，知道为一幅1：1000的图，位于第二象限（城市的东南区），其坐标值的范围为：

$x: -200\text{m} \times (39-1) \sim -200\text{m} \times 40 = -7600 \sim -8000\text{m}$

$y: 250\text{m} \times (53-1) \sim 250\text{m} \times 54 = 13000 \sim 13500\text{m}$

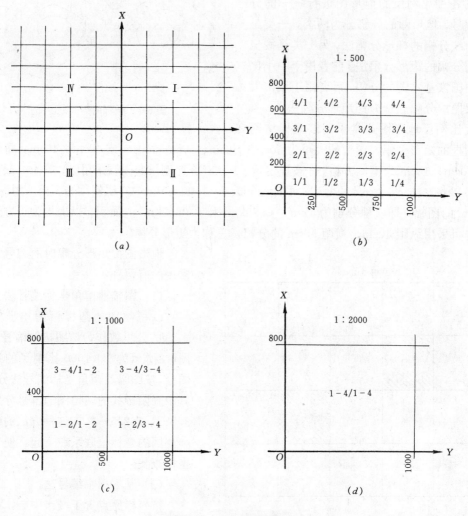

图6-9 基本图幅编号法

属于大比例尺的地籍图和房产图的分幅一般也参照地形图的分幅方法。

## 第二节 测图前准备工作

### 一、图根控制点的布设

图根控制点是直接供测图使用的平面和高程控制点，是在城市各等级控制点下加密的控制点。图根控制点一般用图根导线和交会定点等方法进行加密布设。图根控制的测量和计算方法已在第五章中介绍。图根控制点的密度应根据测图比例尺和地形条件而定，平坦开阔地区的图根控制点密度不宜小于表6-3的规定。

平坦开阔地区图根点的密度    表6-3

| 测 图 比 例 尺 | 每幅图的图根点数 | 每 km² 图根点数 |
| --- | --- | --- |
| 1：5000 | 20 | 5 |
| 1：2000 | 15 | 15 |
| 1：1000 | 12 | 50 |
| 1：500 | 9 | 150 |

### 二、图纸的准备

（一）图纸选用

地形图测绘一般选用聚酯薄膜（涤纶薄膜），一面打毛，其厚度约为 0.07mm～0.1mm，经过热定型处理，其伸缩率小于 0.2‰。聚酯薄膜图纸坚韧耐湿，沾污后可洗，便于野外作业，在图纸上着墨后，可直接复晒蓝图。但聚酯薄膜易燃，有折痕后不能消失，在测图、使用、保管时要注意。

（二）绘制坐标格网

为了能准确地把图根控制点展绘在图纸上，首先要精确地绘制直角坐标方格网，每个方格为 10 cm×10cm。我们可以到测绘仪器和用品商店购买印制好坐标方格的图纸，也可以用下述方法绘制：

1. 对角线法

如图6-10所示，沿图纸的四个角，用一支约1m长的金属直线尺绘出两条对角线交于 $O$ 点，从 $O$ 点在对角线上量取 $OA$、$OB$、$OC$、$OD$ 四段相等的长度得出 $A$、$B$、$C$、$D$ 四点，并作连线，即得矩形 $ABCD$。从 $A$、$B$ 两点起沿 $AD$ 和 $BC$ 向右每隔 10cm 截取一点；再从 $A$、$D$ 两点起沿 $AB$、$DC$ 向上每隔 10cm 截取一点。而后连接相应的各点即得到由 10cm×10cm 的正方形组成的坐标格网。

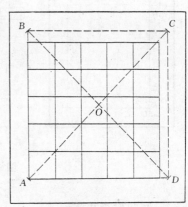

图6-10 对角线法绘制方格网

## 2. 坐标格网尺法

坐标格网尺是一支金属的直尺，如图 6-11 所示。尺上有六个方孔，每隔 10cm 为一孔，起始孔是直线，中间刻一细指标线表示零点，其他各孔的斜边是以零点为圆心、分别以 10、20……50cm 为半径的圆弧，尺端的圆弧的半径为 50cm×50cm 正方形的对角线长度（70.711cm）。

用坐标格网尺绘制坐标格网的方法如下：

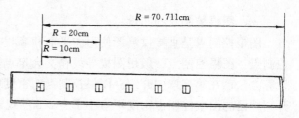

图 6-11 坐标格网尺

先将尺子放在图纸的下边缘（图 6-12a），沿直尺边画一直线作为图廓边。并在直线左侧适当位置取一点 $O$，将尺子指标零线和 $O$ 点重合，并使尺上各孔的斜边中心通过该直线。用铅笔沿各孔的斜边画弧线与直线相交，尺子右端第 5 条弧线与直线相交点即为 $p$ 点。将尺竖放在图 6-12(b) 的位置并将尺子指标线和 $p$ 点重合，用铅笔沿各孔的斜边画 5 条弧线。然后把尺子放到图 6-12(c) 的位置，尺子指标线再对准 $O$ 点，在尺子末端斜边上画弧线，与尺子在图 6-12(b) 处所画的最后一条弧线相交得 $m$ 点，连接 $pm$ 即得图框右边线。再以同法可得图框左边线 $on$。然后将尺放在图 6-12(e) 的位置，检验 $mn$ 的长度应等于 50cm，并沿尺上各孔的斜边分别画出 10、20、30、40cm 的弧线，再画出直线 $mn$。最后连接图上相对各点，就得到 50cm×50cm 的坐标格网（图 6-12f）。

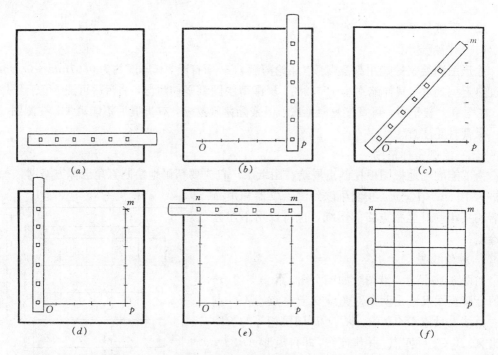

图 6-12 坐标格网尺的使用

## 3. 格网的检查和注记

在绘好坐标格网以后，应进行检查：将直尺边沿方格的对角线方向放置，各方格的角点应在一条直线上,偏离不应大于 0.2mm;再检查各个方格的对角线长度应为 14.14cm,允许误差为±0.2mm;图廓对角线长度与理论长度之差允许为±0.3mm。超过允许值时应将方格网进行修改或重绘。

坐标格网线的旁边要注记坐标值,每幅图的格网线的坐标是按照图的分幅来确定的。

(三) 展绘控制点

在展绘控制点时,首先要确定控制点所在的方格。如图 6-13 所示,控制点 $A$ 的坐标为: $x_A=764.30$m,$y_A=566.15$m,因此确定其位置应在 $klmn$ 方格内。从 $k$ 和 $n$ 点向上用比例尺量 64.30m,得出 $a$、$b$ 两点,再从 $k$ 和 $l$ 点向右量 66.15m,得出 $c$、$d$ 两点,连接 $ab$ 和 $cd$,其交点即为控制点 $A$ 在图上的位置。用同样方法将其它各控制点展绘在图纸上。最后用比例尺在图纸上量取相邻控制点之间的距离和已知的距离相比较,作为展绘控制点的检核,其最大误差在图纸上不应超过±0.3mm,否则控制点应重新展绘。

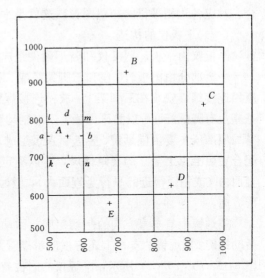

图 6-13 控制点的展绘

当控制点的平面位置展绘在图纸上以后,还应该注上点号和高程,这样就完成了测图前的准备工作。

## 第三节 地形图测绘

### 一、平板仪测图概述

平板仪测图是测绘大比例尺地形图的常用方法。平板仪是在野外直接测绘地形图的一种仪器,可以同时测定地面点的平面位置和高程,在平板仪测量中,水平角用图解法测定,用仪器测定的距离最后也用图解法在图板上标定,因此,用平板仪测图称为图解测绘。

如图 6-14 所示,设在地面上有 $A$、$B$、$C$ 三点,在 $B$ 点上水平地安置一块平板,板上固定一张图纸,在纸上画出表示地面点 $B$ 的 $b$ 点,使 $b$ 点和 $B$ 点在同一条铅垂线上(平板对中)。设想通过 $BA$、$BC$ 作两个铅垂面,与图板的交线为 $bm$、$bn$(称方向线),即 $BA$、$BC$

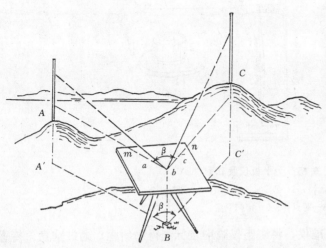

图 6-14 平板仪测量的原理

方向在图板上的水平投影。方向线 $bm$ 和 $bn$ 的夹角即为 $ABC$ 的水平角。如果再测得 $BA$ 和 $BC$ 的水平距离，并按一定的比例尺从 $b$ 点起截取 $BA$ 和 $BC$ 的水平距离，在图上得到 $a$、$c$ 两点，则图上的 $a$、$b$、$c$ 三点组成的图形与实地 $A$、$B$、$C$ 三点组成的图形为某一顶点相重合、对应各边相平行的相似图形。这就是平板仪测量测定地物点平面位置的原理。

（一）平板仪的构造

平板仪由平板、照准仪和若干附件组成，如图 6-15 所示。

平板部分由图板、基座和三脚架组成。图板一般为 60cm×60cm×3cm 的木质平板。基座用连接螺旋安装在三脚架上。放松连接螺旋，平板和基座可在三脚架头上作小范围移动。基座上有脚螺旋，可以整平图板，还有制动和微动螺旋，可以控制图板在水平方向的转动。

照准仪主要由望远镜、竖盘和直尺组成。望远镜和竖盘相当于经纬仪的视距测量部分，配合在照准点上竖立的视距标尺，可以测定距离和高差。直尺和望远镜的视准轴在同一竖直面内（或相距很近的平行竖直面内），望远镜瞄准目标后，直尺在平板上的方向即代表瞄准方向。

望远镜上有垂直方向的制动螺旋、微动螺旋、物镜和目镜的对光螺旋以及竖盘水准管微动螺旋。望远镜的支柱上还有横向水准管及支柱的微倾螺旋，用以置平望远镜的横轴。如图 6-15 (b)(c)(d) 所示，平板仪的附件有：对点器——使平板上的点和相应的地面点安置在同一铅垂线上；定向罗盘——用于平板仪的近似定向；圆水准器——用以定平图板。

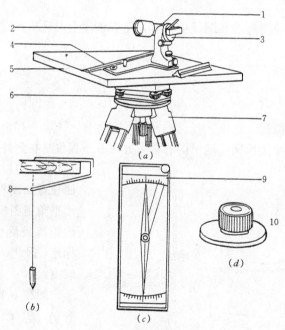

图 6-15 大平板仪及其附件

1—照准仪；2—望远镜；3—竖盘；4—直尺；5—图板；6—基座；
7—三脚架；8—对点器；9—定向罗盘；10—圆水准器

新型的平板仪配有红外测距照准仪，将测距仪瞄准目标测得的斜距，通过垂直角传感器，自动换算为水平距离及高差，在读数窗口中显示。其测程可达 500m，精度为 ± (5mm +5ppm)。图 6-16 所示为日本生产的 RED mini 红外测距照准仪。

## （二）小平板仪的构造

小平板仪是平板仪的简化，主要部件是小平板、照准器、三脚架和对点器，如图 6-17 所示。

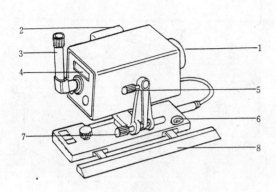

图 6-16 红外测距照准仪

1—望远镜物镜及红外光发射接收镜；2—垂直角传感器；3—折角目镜；4—读数显示窗；5—竖直制动螺旋；6—圆水准；7—竖直微动螺旋；8—直尺

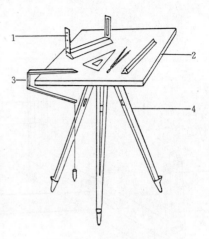

图 6-17 小平板仪

1—照准器；2—图板；3—对点器；4—三脚架

小平板仪的平板没有基座，而是直接与三脚架头上的半球状连接器（图 6-18）相连接。连接器有半球形的凹窝，窝的中间有一圆孔。窝内嵌入同样半径的金属半球，半球的上部有连接螺旋，可以与图板相连接，半球的下部穿过窝中间的圆孔，有倾斜制动螺旋及水平制动螺旋。放松倾斜制动螺旋，可以使图板向各个方向倾斜，导致水平，然后将此螺旋拧紧。放松水平制动螺旋，可以使图板在水平方向转动，进行定向，然后将此螺旋拧紧。

照准器如图 6-19 所示，由直尺、觇孔板和分划板组成。利用觇孔和分划板上的细丝可以照准目标，并用直尺在图板上作方向线。为了置平图板，在直尺上附有水准器。照准器不用于测定距离和高差，因此必须配以皮尺量距或与经纬仪合用（利用经纬仪上的视距装置）进行测图。

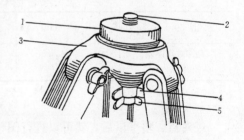

图 6-18 小平板脚架上的连接器

1—半球连接器；2—连接螺旋；3—三脚架头；4—倾斜制动螺旋；5—水平制动螺旋

## （三）平板仪的安置

在一个测站上，平板仪的安置包括对点、整平和定向三项工作：

### 1. 对点

对点就是使图板上的 $a$ 点和地面上相应的 $A$ 点位于同一铅垂线上，如图 6-20 所示。其方法是先将对点器的尖端对准图板上的 $a$ 点，然后移动三脚架使垂球尖对准地面点 $A$。对点的允许误差与比例尺大小有关，一般规定为 $0.05mm \times M$（$M$ 为比例尺分母），其数值列于表 6-4。

2. 整平

对点以后，利用照准仪的水准管使图板位于水平位置，整平方法同经纬仪整平。对于小平板，则放松倾斜制动螺旋，导致平板水平，然后制紧倾斜制动螺旋。

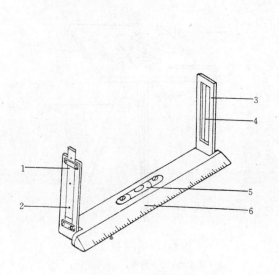

图 6-19　小平板的照准器
1—觇孔板；2—觇孔；3—分划板；
4—细丝；5—水准管；6—直尺

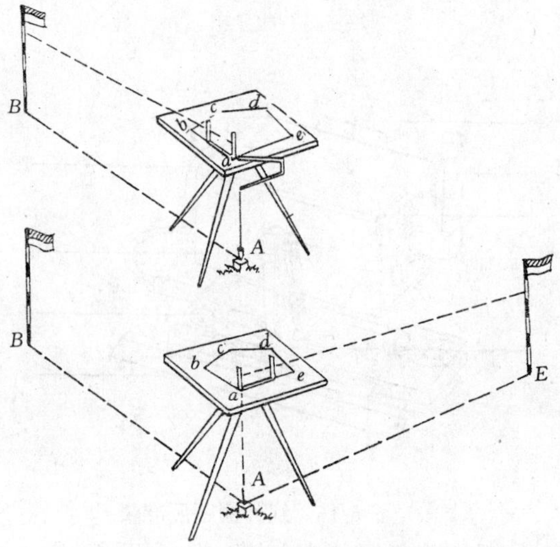

图 6-20　平板仪的对点和定向

平板仪对点的允许误差　　　　　　　　　　　表 6-4

| 比　例　尺 | 1：500 | 1：1000 | 1：2000 | 1：5000 |
|---|---|---|---|---|
| 允许对点误差（cm） | 2.5 | 5 | 10 | 25 |

3. 定向

经对点、整平以后，就可以进行图板定向。如图 6-20 所示，将照准仪的直尺边缘紧靠在图上已知直线 ab 上，转动图板，使照准仪（器）瞄准地面目标 B，然后旋紧水平制动螺旋，固定图板，使图上控制点之间的方向与地上控制点之间的方向完全一致，这样就完成了图板的定向工作。图板定向的正确与否对测图的精度影响很大，必须细心地操作。为了防止定向发生错误，必须用另一控制点方向进行定向的检查，如图 6-20 中以 AB 方向定向、以 AE 方向检查。

由于在定向时需要转动图板，从而影响对点，因此在实际工作中，对点之前必须先目估使平板大致定向。移动三脚架进行对点时，尽量保持平板大致定向。这样到定向时，只需要将平板转动一个很小的角度，减小对点误差，不致使其超过允许的范围。

（四）地物点平面位置测定方法

1. 极坐标法

用极坐标法测定地物点时，如图 6-21 所示，平板经过对点、整平、定向后，将照准仪的直尺靠于图上的测站点 a，瞄准屋角 1，按直尺边画出方向线。同时用测距仪器或卷尺量

出控制点 $A$ 至地物点 1 的水平距离，按测图比例尺在方向线上从 $a$ 点量取这段距离，在图纸上得到地物点 1 的位置。按照同样的方法测绘其他房角点 2、3 等。

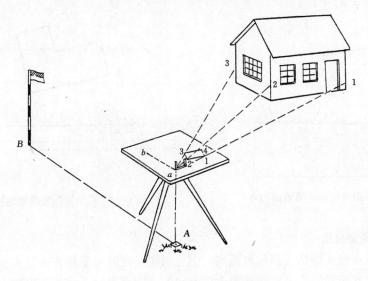

图 6-21　极坐标法测绘地物点

**2. 方向交会法**

当地物点离测站较远，或丈量工具只有卷尺，遇河流、水田等不便直接量距时，可以用方向交会法来测定。如图 6-22 所示，要测绘河对岸的特征点 1、2、3 等，自 $A$、$B$ 两控制点至对岸量距不便，可先将平板仪安置在 $A$ 点，用照准仪的直尺紧靠 $a$ 点，向 1、2、3 等目标分别画方向线。然后将平板仪移置于 $B$ 点，按照同样的方法再对 1、2、3 等目标画方向线。相应方向线的交点，即为 1、2、3 点在图上的位置。

**3. 距离交会法**

从两个控制点或已测绘好的地物点测量至某一地物点的距离，然后在图上根据两段按比例尺缩小后的距离的交点绘出地物点，这种方法称为距离交会法。如图 6-23 所示，图中 1、2 为已经测绘好的

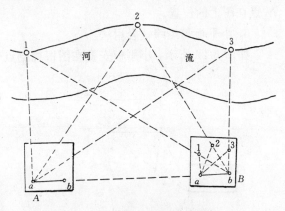

图 6-22　方向交会法测绘地物点

地物点，$M$、$N$ 为待测定的点位，量出水平距离 $1N$、$2N$、$1M$、$2M$，按测图比例尺化为图上长度。用分规以 1、2 为圆心，以 $1N$、$2N$ 为半径交出 $N$ 点，以 $1M$、$2M$ 为半径交出 $M$ 点，即在图上得到 $M$、$N$ 两点。

**4. 直角坐标法**

如图 6-24 所示，设 $A$、$B$ 为图根导线点，地物点 1、2、3 靠近该导线边，以 $AB$ 方向为 $X$ 轴，找出地物点在 $AB$ 线上的垂足，用卷尺量 $x_1$ 及其垂直方向的支距 $y_1$，即可定出地物点 1。同法可以定出 2、3 点。直角坐标法适用于地物靠近控制点的连线，支距 $y$ 较短的

情况。垂直方向可以用简单工具，如直角棱镜、方向架等定出。

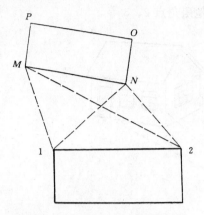

图 6-23 距离交会法测绘地物点

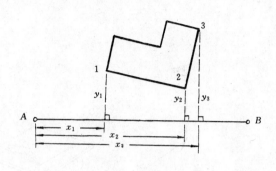

图 6-24 直角坐标法测绘地物点

**5. 方向距离交会法**

有些地物点不能从测站直接量取距离，但可通视，此时可采用方向距离交会法。方向线仍从测站点出发来描绘，距离则从图上已测定的地物点出发至该待测地物点来量取，距离按比例尺缩小后，从已测定地物点与方向线相交，即得待测定的地物点，这种方法称为方向距离交会法。如图 6-25 所示，1、2 为已测定的地物点，$M$、$N$ 为待测定的地物点。从测站点 $a$ 照准 $M$、$N$，画出方向线。从 1 点到 $M$、$N$ 点，分别量取水平距离 $1M$、$1N$，按比例尺得到图上长度，从图上 1 点量取该长度，与方向线分别相交于 $m$、$n$ 点，得出 $M$ 与 $N$ 点在图上的位置。

**6. 小平板与经纬仪合用法**

如图 6-26 所示，小平板安置在图根控制点 $A$ 上，其图上点位为 $a$，经纬仪安置在它旁

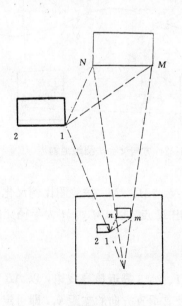

图 6-25 方向距离交会法测绘地物点

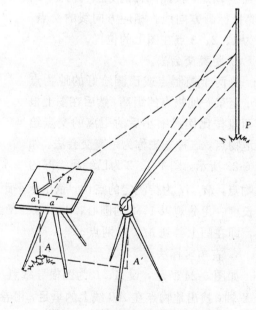

图 6-26 小平板与经纬仪合用法

边约 2m 处的 $A'$ 点,然后测定经纬仪在图上的位置 $a'$。当测定地物点 $P$ 时,在 $P$ 点立标尺,在小平板上用照准器瞄准 $P$,画方向线。用经纬仪以视距法测定 $A'P$ 的水平距离,按比例尺化为图上距离 $a'p$,从 $a'$ 点出发与方向线相交,得到 $P$ 点在图上的位置 $p$。由此可见,此法也是方向距离交会法的运用。

由于视距测量的误差随距离的增大而增大,因此在用视距法测定水平距离时,其长度有一定限制。大比例尺测图时,测定地物点的允许最大视距如表 6-5 所示。如果用红外测距照准仪或经纬仪上加装测距仪,则长度不受此限。

**测定地物点的最大视距** 表 6-5

| 比 例 尺 | 视 距 最 大 长 度 (m) |
|---|---|
| 1:500 | 40 |
| 1:1000 | 80 |
| 1:2000 | 150 |

（五）高程点的测定

在平坦地区的地物平面图上主要是表示出地物平面位置的相互关系,但地面各处仍有一定的高差,因此还需要在平面图上加测某些高程注记点（简称高程点）。

1. 高程点的选择

（1）在每块耕地、草地和广场上,应测定代表性的高程点,高程点的间距一般为图上 5～10cm；

（2）在主要道路中心线上每隔图上 10cm 应测定高程点,在路的交叉口、转折处、坡度变化处、桥面上应测定高程点；

（3）范围较大的土堆、洼坑的顶部和底部应测定高程点；

（4）铁路路轨的顶部、土堤、防洪墙的顶部应测定高程点。

2. 高程点的测定方法

根据图根控制点的高程,用水准测量或视距测量的方法测定高程点的高程。

用水准测量方法时,安置一次水准仪可以测定若干个高程点,因此可以采用"仪器视线高程减前视读数"的方法。如图 6-27 所示,$A$ 为已知高程的图根控制点,从水准仪后视 $A$ 点的水准尺,读数为 $a$,则仪器视线高程为：

$$H_i = H_A + a$$

1、2 点为待测高程点,从水准仪前视 1、2 点的水准尺,读数为 $b_1$、$b_2$,则 1、2 点的高程为：

$$H_1 = H_i - b_1$$
$$H_2 = H_i - b_2$$

在地形起伏地区,主要用视距测量或光电测距三角高程测量方法测定高程点,用以勾绘等高线。这时测定的高程点一般为山脊线、山谷线上的点和山顶、鞍部等地形特征点。

**二、经纬仪测图**

经纬仪测图法是按极坐标法定位的解析测图法。利用经纬仪的水平度盘、竖盘和视距装置（或安装在经纬仪上的测距仪）,读取测定点位的必要数据,然后可以用各种作图方法进行绘图。

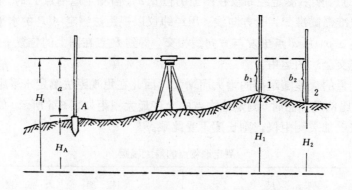

图 6-27 用水准仪测定高程点

如图 6-28 所示,在图根控制点 $A$ 上安置经纬仪,量取仪器高 $i$。瞄准另一图根控制点 $B$,使水平度盘读数为 $0°00'00''$(或为 $AB$ 边坐标方位角的数值),制动水平度盘。转动照准部,依次瞄准地物点 1、2、3……上竖立的标尺或棱镜,测定地物点方向与已知边($AB$)之间的水平角 $\beta_i$。同时,用视距读数或测距仪测定测站至地物点的水平距离 $S_i$ 及高差 $h_i$(近距离也可以用卷尺量取)。根据已知边的坐标方位角及测站点的坐标和高程,可以算出地物点的坐标 $x_i$、$y_i$ 和高程 $H_i$。有了这些点位的解析数据以后,就可以选择一种合适的方法绘图。经纬仪测图法需要把观测数据记录下来,根据数据进行绘图,所以又称测记法。

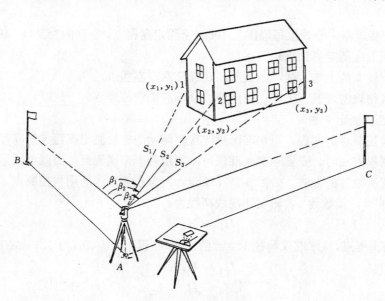

图 6-28 经纬仪测图

经纬仪测图最常用的绘图方法为:在经纬仪测图时,将小平板放在经纬仪旁边,作为一张野外的绘图桌。图根控制点事先展绘在图纸上;地物点相对于已知边的水平角 $\beta_i$ 与水平距离 $S_i$ 测定以后,随即用量角器和比例尺,按极坐标法标定点位;将有关点位用线条连接,即可在图上绘出地物。这种测绘方法,可以和平板仪测图一样,在现场完成地物的测绘，便于和实地的地物相对照，易于发现测图中可能发生的错误和遗漏。

### 三、等高线的内插与勾绘

在地形图上为了能详尽地表示地貌的变化情况，又不使等高线过密而影响地形图的清晰，等高线必须按规定的间隔进行勾绘，称为基本等高距。对于不同的比例尺和不同的地形，基本等高距的规定见表 6-6。

地形图的基本等高距　　　　　　　　　表 6-6

| 比　例　尺 | 丘　陵　(m) | 山　地　(m) |
|---|---|---|
| 1∶500 | 0.5 | 0.5 |
| 1∶1000 | 0.5 | 1 |
| 1∶2000 | 1.0 | 2 |
| 1∶5000 | 2.0 | 5 |

对于不能用等高线表示的地形，例如悬崖、峭壁、土坎、土堆、冲沟等，应按地形图图式所规定的符号表示。

由于等高线所代表的地面高程为整米数（少数为 0.5m），而测定的地面点高程一般不为整数，因此在这些地面点之间必须用内插法确定高程为整米数的点，这些点就是等高线通过的位置。内插法是建立在两个地形立尺点之间地面坡度不变的基础上的，因此在图上两地形点的连线上，按高差与平距成比例的关系可以求得两点间各条等高线通过的位置。如图 6-29 所示，$A$、$B$ 为地面上两个立尺点，两点间地面为同一坡度，测定两点的高程分别为 62.6m 和 66.2m，$A$、$B$ 的图上位置为 $a$、$b$，可以用内插法求得 $ab$ 连线上 63m、64m、65m、66m 四条等高线通过的点位。

按相似三角形原理，得
$$A1'∶AB' = 11'∶BB'$$
即
$$A1' = \frac{AB' \cdot 11'}{BB'}$$

上式中 $AB'$ 即 $A$、$B$ 两点在图上的平距 $ab$，设量得 $ab=25$mm，$BB'$ 为 $A$、$B$ 两点的高差 $h$，$h=3.6$m，而 $11'$ 为 63m 等高线与 $A$ 点的高差 $h'$，$h'=0.4$m，因此
$$a1' = 25 \times \frac{0.4}{3.6} = 2.8\text{mm}$$

在图上自 $a$ 向 $b$ 量 2.8mm 而定出 $1'$，即 63m 等高线通过的位置。同理可得 64m、65m、66m 等高线通过 $ab$ 线上的位置。

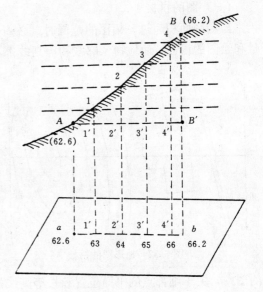

图 6-29　等高线的内插

按照上述原理可用图解法勾绘等高线：在一张透明纸上绘一组等间隔的平行线，并在线端注以数字，如图 6-30 所示。使用时在图上移动透明纸，使 $a$、$b$ 两点分别位于线条的 2.6

和 6.2 处，$ab$ 线与各平行线相交的点，即为 $a$、$b$ 之间各整米等高线通过之处，用铅笔尖刺于图纸上。

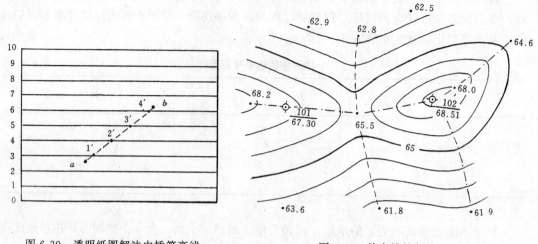

图 6-30　透明纸图解法内插等高线

图 6-31　等高线的勾绘

图 6-31 是根据地形点的高程，用内插法求得整米高程点，然后用光滑曲线连接等高点，勾绘而成的局部等高线地形图。

勾绘等高线一般应在测图现场进行，至少应将计曲线勾绘好，以控制等高线走向，以便与实地相对照。

### 四、图的拼接、检查和整饰

（一）图的拼接

当测区面积超过一幅图的范围时，必须采用分幅测图。在相邻图幅的接边处，由于测量和绘图的误差，使地物轮廓线和等高线都不会完全吻合。如图 6-32 所示，Ⅰ、Ⅱ 两幅图

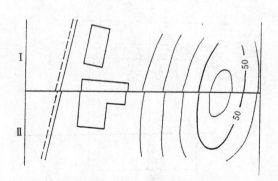

图 6-32　地形图的拼接

上、下拼接处道路、房屋和等高线都有偏差，因此有必要进行修正。

为了图的拼接，规定测图时每图幅的四周图边应测出图框外 1cm，使相邻图幅有一条重叠带，便于拼接检查。对于半透明的聚酯薄膜图纸，只需将相邻图幅的边缘重叠、坐标格网对齐，就可检查接边处的地物和等高线的符合情况。

图的拼接误差不应大于规定的细部点平面、高程中误差的 $2\sqrt{2}$ 倍。在大比例尺测图中，关于细部点的平面位置和按等高线插求高程的中误差如表 6-7 和表 6-8 所规定。

因此，对于建筑地区地物的接边允许偏差为 $0.5 \times 2\sqrt{2} = 1.4$mm，而丘陵地区接边时等高线的允许偏差为 $0.5h \times 2\sqrt{2} = 1.4h$，即为等距的 1.4 倍。小于上述限差时可以平均配赋（即在两幅图上各改正一半），改正时应保持地物、地貌相互位置和走向的正确性。拼接误差超限时，应到实地检查后再改正。

地物点点位中误差    表6-7

| 地 区 分 类 | 点位中误差（图上 mm） |
|---|---|
| 建筑区、平地及丘陵地 | 0.5 |
| 山地及旧街坊内部 | 0.75 |

等高线插求点的高程中误差    表6-8

| 地 形 分 类 | 平 地 | 丘 陵 地 | 山 地 | 高 山 地 |
|---|---|---|---|---|
| 高程中误差（等高距） | 1/3 | 1/2 | 2/3 | 1 |

（二）图的检查

地形图的检查包括图面检查、野外巡视和设站检查：

1. 图面检查

检查图面上一切线条、符号、注记是否合理，有无遗漏等。检查中发现的问题要作出记号，经实地检查后修改。

2. 野外巡视

到测区现场将图面内容与实地的地物、地貌进行全面核对，相邻地物点的间距、地物的长宽可以用卷尺实量检查。野外巡视中发现的问题，应当场在图上进行修正或补充。

3. 设站检查

在上述检查的基础上，对每一幅图还要进行部分图面内容的设站检查，即把测图仪器重新安置在图根控制点上，对一些主要地物进行重测。如果发现点位误差超限，应按正确的观测结果修正。

（三）图的整饰

地形图经过上述拼接、检查和修正后，最后进行清绘和整饰，使图面清晰、美观，才能作为地形原图保存。

地形图的整饰次序是：先图框内、后图框外，先注记、后符号，先地物、后地貌。等高线通过注记和地物处应断开。图上的注记、地物、符号、等高线等应按规定的地形图图式进行描绘和书写。图框外按图式要求至少应写出：图名、图号、比例尺、坐标系统、高程系统、施测单位、测绘人员和测绘日期。如系地方独立坐标系，还应画出真北方向。

## 第四节 航空摄影测量成图

摄影机安装在飞机上对地面进行摄影，以获得地面像片，进行地图的制图，称为航空摄影测量。航空摄影测量是全国范围内中、小比例尺地形图成图的主要方法。由于航空摄影测量仪器和技术的改进，航空摄影测量目前已能用于城市大比例尺地形图和地籍图的成图。以下介绍航空摄影测量的基本概念。

**一、航空摄影与航摄像片**

航空摄影是在飞机上安装航摄仪，对地面进行垂直摄影，获得航摄像片。航摄像片是航空摄影测量的基础资料,其质量的好坏将直接影响成图的精度。

航摄比例尺通常按成图比例尺、成图方法和地形特点来选择,一般可将航摄像片放大 4～6 倍来制成地形图。航摄区域的范围由使用单位提出,由民航局专业人员架驶航摄飞机在摄影区内按一条条航线进行摄影。航空摄影的示意图如图 6-33 所示,图中 $H$ 为航高(飞行高度),$S$ 为摄影中心,$f$ 为摄影机焦距,$P$ 为像片,$l$ 为像片边长,$B$ 为摄影基线。

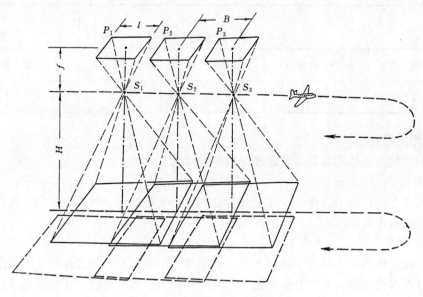

图 6-33 航空摄影

航空摄影时,对飞机的飞行质量有以下要求:

(1) 在相邻像片上应有一部分为地面的共同影像(像片重叠度)。航行方向的重叠度要求达到 60% 左右,旁向重叠度要求达到 30% 左右。

(2) 航摄像片的倾斜角(通过航摄仪镜头中心的铅垂线与镜头主光轴的夹角)应小于 2°。

对航摄像片的要求为:底片上地物、地貌、框标的影像清晰,反差及黑度正常;底片上不应有云影、划痕等;底片压平误差在 0.01mm 以内。

航摄像片与地形图都能反映地面情况,其主要区别为投影方法不同:地形图是地面的垂直投影,图上有统一的比例尺;航摄像片是地面的中心投影(图 6-34)。显然只有当地面平坦,像片也水平时,像片才会有统一的比例尺。若像片水平,地面有高低起伏或地物有高低时,中心投影和垂直投影就有明显的差别。例如图 6-34 中的烟囱 $AB$,在地形图上只是一个圆点,而在像片上烟囱却成为一段直线 $\overline{ab}$,这是因为烟囱与地面的高差 $\Delta h$ 引起像点的位移。烟囱顶部 $a$ 与垂直投影相比较而产生的位移,称为投影误差 $\delta_h$。

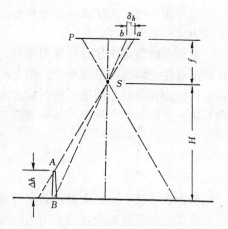

图 6-34 地物的投影误差

## 二、航空摄影控制测量

航空摄影测量也遵循测量工作的原则："从整体到局部"，"先控制后细部"。航测外业所需的控制点，不但要在实地测定它的坐标和高程，而且控制点的数量和在像片上的位置应合乎内业工作的需要。因此，在已有大地控制测量成果和航摄资料的基础上，按航测内业的需要，在野外补测（加密）一定数量的控制点是必要的。它的任务是测定航测内业所需的像片控制点。其目的是把航摄资料与大地测量成果联系起来，使内业的像片测量具有与地面测量相同的控制基础。事实上，航测内业所需的控制点不必全部到野外去布设，可通过少量的野外控制点用内业仪器及一定计算方法加密。这样就满足了航测成图所要求的每张像片有一定数量和一定位置的平面和高程控制点。

航测外业控制测量的方法是，先在像片上确定控制点的范围，选刺出目标明显并能在实地施测的点位，然后到野外作业。外业控制测量确定点的平面位置的主要方法为：导线法、经纬仪交会法及极坐标法；测定高程主要用水准测量、三角高程测量和经纬仪水平视线测高法。

## 三、航摄像片调绘

航摄像片全面反映所摄地面的真实情况。根据航摄像片的成像规律和特征，并到实地作对照，可识别像片上各种影像所反映的地物、地貌。根据用图的要求，进行适当的综合取舍，按地形图图式规定的符号将地物、地貌元素描绘在相应的影像上，并作各种注记，而后进行室内整饰。这些工作，统称为像片的判读与调绘。

像片调绘主要为内业测图提供可靠的资料，是航测成图过程的一项重要工作。调绘时，如果判读、描绘不正确，综合取舍不恰当，调查及量测、注记有错误，这将在内业测图中无法完全纠正，直接影响成图质量。

调绘的方法一般是沿着事先计划好的调绘路线进行，边走、边判读、边绘制。野外先用铅笔在像片上描绘，然后在室内着色整饰。像片调绘的结果应该是内容符合要求，且清晰易读。

## 四、航空摄影测量成图方法

航空摄影测量成图有像片图测图法和立体测图法。因为测绘地形可归结为测定点的平面位置和高程，所以航摄成图方法的不同就是按测定平面位置和高程所用方法不同而区分的。

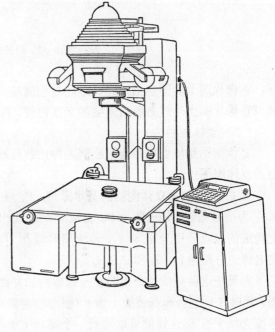

图 6-35 纠正仪

（一）像片图测图法

像片图测图是将地物的平面位置依据像片上的影像用内业方法完成，高程用地形测量方法测定。它综合了航测和地形测量两种方法，故也称综合法。

像片图是由平坦地区的水平像片镶嵌而成。由于航摄像片存在着因摄影时像片倾斜所引起的倾斜误差,故航摄像片必须经过纠正处理才能作为像片图使用。像片纠正所用的仪器为纠正仪(图 6-35),它能使摄影时倾斜的像片纠正为规定比例尺的水平像片。纠正的原理是航空摄影的反转过程。如图 6-36 所示,纠正仪投影器的姿态完全可以恢复到航摄仪在空中摄影时的姿态,在摄影像片后用光源照明,使像片上的影像投影于承影面上,恢复平坦地面上地物的原状。另外又可通过投影器的升降,进行缩放,改变承影面上图形的比例尺。然后在承影板上放置感光像纸,把纠正后的影像晒印在像纸上,获得纠正后的像片图。

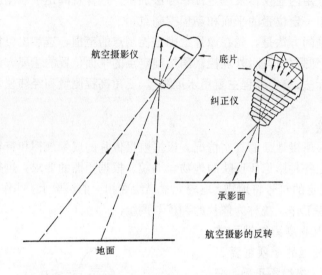

图 6-36 纠正仪的原理

在像片图上测图包括地物调绘和地貌测绘。当平坦地面的投影差不超过一定的限差时,就可在像片图上用线条画出地物的平面位置,再补测一些地面点的高程,制成像片平面图。

(二) 立体测图法

立体测图是航空摄影测量绘制各种比例尺地形图的主要方法,所使用的仪器为各种类型的立体测图仪。

图 6-37 所示为立体测图的基本原理。$P_1$、$P_2$ 为航空摄影两张相邻的像片(称为像对),$S_1S_2$ 为摄影基线,其长度为 $B$。由地面点 $A$ 发出的两条光线 $AS_1a_1$ 和 $AS_2a_2$ 在像片 $P_1$、$P_2$ 上构成的像点分别为 $a_1$ 和 $a_2$,称为同名像点。同样,地面点 $C$、$D$ 在像片 $P_1$、$P_2$ 上构成的同名像点分别为 $c_1$、$c_2$ 和 $d_1$、$d_2$。

如果把这两张像片分别装在投影器内,并把这两个投影器安置到航空摄影时的空间姿态,此时仅是把摄影基线缩小为 $b$(图中假定摄影中心 $S_1$ 向 $S_2$ 靠拢,移动时保持所有光线与原光线平行),这样就可以得到一个缩小了的与实地地形 $M$ 完全相似的立体模型 $M'$。设模型比例尺的分母为 $m$,则

$$\frac{1}{m} = \frac{b}{B}$$

只要改变两投影器间的长度 $b$(称为投影基线),就可以改变模型的大小,使之符合一

定的比例尺。

利用投影仪在室内建立与实地相似的立体模型，按控制点确定模型的大小与方位。通过仪器对该模型的直接量测，得到模型上各点的平面位置和高程，从而将中心投影的像片转化为垂直投影的地形图。这就是立体测图的基本原理。

图 6-38 所示为瑞士 Wild 厂生产的 AC1 精密立体测图仪。

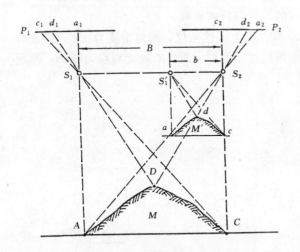
图 6-37　立体测图的基本原理

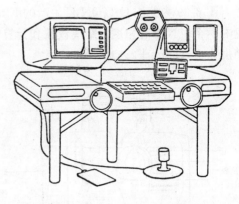
图 6-38　AC1 精密立体测图仪

**五、航测成图方法新进展**

常规的航摄像片为黑白片摄影，影像分辨力较低，且不能全天候工作。目前在航空摄影中已应用彩色摄影、红外摄影、雷达摄影及光谱摄影等新技术。红外线对云雾和工业尘烟有较大的透射能力；雷达摄影不受气候条件的影响，日夜均能工作，这就为摆脱天气的影响，进行全天候摄影创造了条件；彩色摄影能加强像片的表达能力，在像片上表达出丰富的色调，可判释出更多的地形、地质及其他方面的资料；光谱摄影能反映出用一般摄影方法难于发现的内容，适合于航摄像片的综合利用。

在把航摄像片直接变为地形图的全自动测图仪器中，近年来发展较快的是解析测图仪。它是精密立体坐标仪与电子计算机相结合的仪器，连上自动绘图桌后可以进行自动绘图。

# 第五节　电子速测仪测图

在第二章第二节中已经介绍了电子经纬仪，它和光学经纬仪相比，主要的不同点在于度盘读数系统的自动测微显示和数据的自动处理。电子经纬仪与光电测距仪、微处理器相结合，成为电子速测仪。电子速测仪在一个测站上能同时测得水平方向值（水平角）、垂直角及距离（斜距、平距和高差），并能自动计算出待定点的坐标和高程，即能完成一个测站上的全部测量工作，故又称为电子全站仪。

电子速测仪是一种高效、快速的三维测量仪器，适用于精度要求较高的大比例尺地形图、地籍图和房产图的测绘以及工程测量工作。电子速测仪不但能对观测数据自动记录、计算、显示结果，还能通过记录器与电子计算机相连接，建立数字地面模型（DTM），由绘图仪自动绘制地形图。电子速测仪是测量仪器发展的方向，但就目前来说，价格昂贵是其唯一的缺点。

电子速测仪分为综合整体型和积木组合型两类。

## 一、综合整体型电子速测仪

综合整体型电子速测仪的结构形式，是将电子测角、红外测距、微处理器综合成一个整体，同时测量望远镜筒还兼作光电测距仪的发射与接收镜筒。

图 6-39 为德国 OPTON 厂生产的 Elta3 整体型电子速测仪。测角精度为±2″，盘左和盘右两个位置都有角度、距离读数和计算结果的显示窗口。距离的最大测程为 5km，测距精度为±（3mm+2×$10^{-6}$S）。

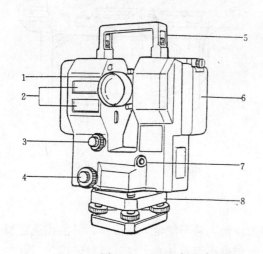

图 6-39 Elta3 电子速测仪
1—望远镜、红外光发射接收镜；2—显示窗；3—垂直制、微动螺旋；4—水平制、微动螺旋；5—手柄；6—电池盒；7—光学对中器；8—基座及脚螺旋

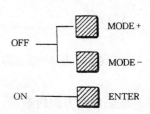

图 6-40 Elta3 电子速测仪的操作按钮

Elta3 电子速测仪在盘左位置时的右边支架下部，有三个操作按钮，如图 6-40 所示。按 ENTER 钮则开机，同时按 MODE＋和 MODE－钮为关机。两个 MODE 钮可调用 24 个模式的应用程序，按 MODE＋钮则进入下一个模式程序，按 MODE－则退回到上一个模式程序，按住不放则可连续变换模式。

Elta3 电子速测仪的模式程序功能列于表 6-9。在用 MODE 按钮变换模式的过程中，屏幕同时显示程序号及程序名称。例如调用第 6 个程序时，屏幕显示"6  AZ 0000"，此模式的功能为瞄准第一个目标后按 ENTER 钮，显示水平方向读数为 0°00′00″。

Elta3 电子速测仪配用 Rec-500 电子数据记录器，可在野外自动记录测量数据，并可用于计算和数据编辑，还可与 RS232-V24 接口，将数据从 Rec-500 传输到电子计算机中。

图 6-41 为用 Elta3 电子速测仪作细部点三维坐标测定的示意图。仪器置于已知点 $O$，瞄准另一已知点 $T$ 作为定向，量取仪器高 $i$，瞄准细部点 $P$。观测值为 $A$（水平角）、$V$（天顶角 $V=90°-\alpha$）及 $D$（斜距），仪器自动计算并显示细部点的三维坐标 $x$、$g$、$z$（高程）。

Elta3 程序模式功能 表 6-9

| 序 号 | 程 序 名 称 | 作 业 功 能 |
|---|---|---|
| 1 | COMPENS. | 纵轴倾斜补偿的开关 |
| 2 | LEVEL. | 补偿器支架置平及确定中心点 |
| 3 | IND. F.－R. | 盘左、盘右测量确定指标差改正 |
| 4 | COLL. F.－R. | 盘左、盘右测量确定视准差改正 |
| 5 | TH | 跟踪测量时垂直角和水平方向观测 |
| 6 | AZ 0000 | 水平度盘重新安置（归零） |
| 7 | AZ HOLD | 水平度盘定向 |
| 8 | AZ REV. | 水平度盘反方向读出 |
| 9 | TH+D | 斜距、水平方向及垂直角测量 |
| 10 | INP. YXZ | 测站坐标 $y$、$x$、$z$ 输入 |
| 11 | RED | 水平距离、水平方向和高差测量 |
| 12 | ECCENTR. | 输入目标偏心值 |
| 13 | COORD. | 测点坐标（$y$, $x$, $z$）计算 |
| 14 | DIST. P.－L. | 计算点到线的距离或竖直面内坐标 |
| 15 | OBJ. HT. | 遥测目标高度 |
| 16 | SET. OUT | 按方向、距离测设点位 |
| 17 | CONNECT. | 测算两目标间（水平、倾斜、垂直）距离 |
| 18 | TEMP./PR. | 输入温度和大气压 |
| 19 | SC./PRIS. | 输入比例系数和棱镜常数或加常数 |
| 20 | MODE D | 选择测距仪作业模式 |
| 21 | JUST. D | 检验测距仪 |
| 22 | UNI A/V | 选择测角单位和垂直参考系统 |
| 23 | UNITS D | 选择距离测量单位和主要操作位置 |
| 24 | ILLUM. | 显示器照明的开和关 |

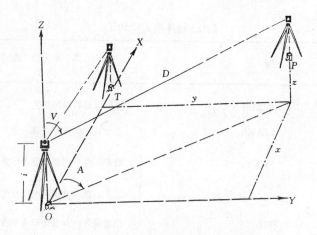

图 6-41 用速测仪测定细部点坐标

### 二、积木组合型电子速测仪

图 6-42 为瑞士 Wild 厂生产的组合式电子速测系统。以 T2000 电子经纬仪为核心单元，配以测距单元（DI1000、DI4、DI5 等）和外业数据收集器（GRE3、GRE4 等）。在收集器中可以插入 BASIC 程序模片，内有现成的几种典型程序，例如测站验算、极坐标法位置计算、放样数据计算等，也可以按自己需要用 BASIC 语言编写新的程序进行数据处理。利用 RS232 等接口，可以使 GRE3 等与计算机相联结，将所贮存的外业数据送入计算机，从而使电子速测仪与电子计算机及其打印、绘图等外围设备联成一个自动化测绘系统。

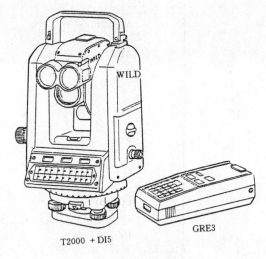

图 6-42 Wild 电子速测系统

## 第六节 计算机辅助成图

随着电子计算机技术的飞速发展，特别是计算机辅助设计——CAD（computer aided design）技术的发展，改变了图的测绘的传统观念和技术，使得图解地图发展为数字地图，手工绘图发展为计算机辅助成图。

计算机辅助成地形图、地籍图和房产图是土地信息系统的一个部分。应用计算机进行绘图数据的输入、编辑、修改、管理和输出，不仅提高了成图的速度、质量和应用的灵活性，而且也是实现测绘、地籍与房产管理现代化的一个重要手段。

### 一、机助成图系统的硬件配置

机助成图对硬件（仪器设备）的要求较高，需要配置一些高精度、高性能的自动绘图设备。根据我国的国情，可用高性能微机为主机，再配备必要的外围设备，组成图形工作站。这些设备的名称和要求为：

1. 主机

主机可采用386型或486型微机,内存在4M以上,一般应配备200M以上的硬盘。为提高图形处理速度,主机应配有协处理器。

2. 显示器

屏幕显示系统是计算机的重要组成部分。显示系统有显示卡与显示监视器两部分。字符屏幕可采用EGA显示卡,图形显示分辨率为640×350。如果是单屏方式,则应采用分辨率为640×480的VGA显示卡。高分辨率图形屏幕在双屏方式下用于高精度图形显示,其分辨率为1280×1024。

3. 数字化仪

数字化仪用于原有图件的数字化,也可用于菜单操作。一般应采用图面尺寸为A1、16按键的数字化仪。除图面尺寸以外,数字化的精度也是一个重要指标,应采用尽可能高的精度。

4. 绘图仪

绘图仪用于图的绘制,是机助成图系统中的主要部件。它能把计算机中编辑的图形信息绘制成各种图。常用的绘图仪分为滚筒式和平台式两类。滚筒式绘图机将绘图纸卷覆盖在滚筒上,当步进电动机通过传动机构带动滚筒转动时,就带动图纸来回移动,形成$X$方向运动;$Y$方向的运动是由笔架的移动来完成。依靠这两种运动就可以绘制图形。平台式绘图机有导轨和横梁,横梁沿导轨作$X$方向(纵向)运动,笔架在横梁上作$Y$方向(横向)运动,这样就可以绘制图形。

绘图机的主要技术指标有:绘图速度、绘图精度和绘图功能。绘图速度(包括加速度与最高速度)越快,工作效率越高。绘图精度是指绘制点位和线条的实际位置与理论位置的误差率,主要决定于步距。步距为绘图笔的最小移动量(在0.1~0.01mm之间),步距越小,绘制的图形越精细,误差率也越小。绘图功能包括:绘制图幅大小的能力、曲线拟合的能力和装笔数量等。对于房地产图的绘制,应选择至少能画60cm×60cm图幅、步距在0.05mm以下、绘图桌面为平台式的绘图机为宜。

5. 打印机

打印机是计算机的最基本的输出设备,用于打印各种文件与表格。

6. 扫描仪

扫描仪用于图件的扫描输入,可选择配置。

7. 磁带机

磁带机是容量较大的后备存贮设备,用于大批量数据备份的存放。

**二、图形信息管理系统**

机助成图的基本过程是:首先将成图信息输入计算机,由计算机自动或通过"人机对话"进行编辑、修改、绘制图形、注记符号和文字、消除图幅间的拼接误差、进行面积量算;然后把处理好的图形存贮起来,建立图形数据库;最后绘图输出。图形信息管理系统能自动处理上述图形信息的输入、处理、编辑、存贮、输出等。可以利用Auto CAD绘图软件或SICAD绘图软件,设计并建立绘图软件系统,该系统应具有以下基本功能:

1. 图形元素产生功能

一幅图是由许多图形元素组成的。图形元素包括点、直线段、曲线段、符号、注记等。系统应具有图素的产生及对这些图素的操作功能,例如图素的选用、删除、拷贝、变换等。

2. 图库管理功能

系统应提供以逻辑方式对图形进行管理的功能，解决多幅图之间的地理位置关系、查询和图幅拼接。

3. 符号库管理功能

系统应具有对符号进行定义、入库、调用等功能，例如对非比例符号、半比例符号、土地分类符号的处理、矢量汉字的处理等。

4. 菜单管理功能

系统应具有对完成不同任务的菜单进行管理的功能，例如菜单的定义、调用等。

5. 图形的输入、输出功能

6. 面处理功能

面处理功能包括面符号定义、面积量算、阴影填充等。

7. 各种计算功能

计算功能包括求大地点坐标、两点间距、直角化、直线化、曲线拟合等计算。

### 三、图形信息的采集和输入

图形信息包括所有与成图有关的各种资料，如测量控制点资料、解析点坐标、有关的地形图、地籍图、房产图等。图形信息的常用采集和输入方式有以下几种：

1. 测量仪器数据采集输入

应用全站型仪器或其他测量仪器在野外对成图信息直接进行采集，采集的数据载体为各种袖珍计算机：PC-1500、PC-E500、HX-20，各种记录器如 GRE3、GRE4 等。采集的数据可通过接口电缆直接送入计算机中。

2. 人机对话键盘输入

测量成果也可以通过图形管理系统，以人机对话方式由键盘输入。

3. 数字化仪输入

应用数字化仪对收集的已有图形资料进行数字化，也是成图数据采集的一个重要途径，一般用于旧图的更新、图解法及部分解析法地籍图制图。

4. 扫描仪输入

如果已经完成了地形原图或地籍原图的清绘，可以利用扫描仪进行图形输入，由程序把扫描获得的栅格数据转换成矢量数据，再进行编辑处理。

5. 航测仪器联机输入

利用大比例尺航摄像片，在航测仪器上建立地形模型，通过接口直接把航测仪器上量测所得的数据输入计算机。

6. 磁盘磁带输入

已存入磁盘、磁带中的图形信息也是成图信息的一个来源。

### 四、图形信息的分层存放

对图形信息进行分类，存放在不同的"层'上，这样会给图形信息的处理带来很大的方便，一方面在图形信息输入时，按层次进行可以使操作简单；在图形显示时，也可以只显示必要的层次，从而加快图形的处理速度。另一方面，通过关闭某些不需要的层次，可以突出某些图形要素，得到各种专题图。此外还有利于图的缩放。总之，图形分类按层存放好象把图按内容分别绘制在许多透明纸上一样，某些内容在某种图上不要，就可以把绘有该内容的透明纸抽掉，而把需要的若干张透明纸重叠在一起。

目前地籍图的图形信息的层次存放已有统一的标准。把图形信息分为10个信息层，各层存放的内容如下：0层为基本资料，1层为控制点，2层为界线（行政界线和权属界线），3层为房屋及其他建筑物，4层为道路，5层为水系（河、湖、沟渠），6层为植被，7层为公共设施，8层为用户定义，9层为土地利用现状。

### 五、符号注记

图面上的符号与注记在传统制图中是一项很繁重的工作。用计算机成图就不需要逐个绘制，而只需先把各种符号造好，建立符号库，存放于计算机中。使用时按位置用指令调用某种符号，使其出现于图上，快速简便。

地形图符号分为：比例符号、非比例符号及半比例符号。对这些符号的处理如下：

**1. 比例符号的绘制**

比例符号主要是一些较大地物的轮廓线，依比例缩小后，图形保持与地面实物相似，如房屋、道路、桥梁、河流等。这些符号一般是由图形元素的点、直线段、曲线段等组合而成，因而可以通过图形系统的图素生成和处理功能来绘制。

**2. 非比例符号的绘制**

非比例符号主要是指一些独立的、面积较小但具有重要意义或不可忽略的地物，例如测量控制点、高压电线杆等。非比例符号的特点是仅表示该地物中心点的位置，而不代表其大小。对这些符号的处理，可先按图式标准造好，存放于符号库中，在绘图时按其位置调用，绘制于图上。

**3. 半比例符号的绘制**

半比例符号在图上代表一些线状地物，如围墙、篱笆、铁路等。这些符号的特点是在长度上依比例，在宽度上不依比例。在处理这些符号时，可对每一个线状地物符号编制一个子程序，需要时调用这些子程序，只需输入该线状地物转折处的特征点，即可由批处理绘出该线状地物。

**4. 符号的面填充**

地面的植被、土地分类等在图上一般以符号的面填充来表示，即用一些非比例符号，以一定分布间距绘制在图上某一范围内，这一过程由绘图系统的面填充功能来完成。

**5. 说明注记**

图上的说明注记有数字注记、字母注记和汉字注记。数字和字母注记一般为程序中所固有，注记比较方便。对于汉字注记，应先建立矢量汉字库，根据汉字特征码进行注记。

### 六、面积量算和统计

机助成图在计算机中建立了图形数据库，这就为面积量算提供了条件。利用图数相互转换的功能，可以得到图形边界特征点的坐标，然后用解析公式计算出面积。也可以直接利用绘图系统的面积量算功能。把各个地块的面积量算结果存贮起来，便可进行土地面积的分类统计。

### 七、图的绘制

存贮在计算机中的地形图、地籍图或房产图的成图信息，根据需要随时可以用任何比例尺、任何层次通过绘图仪组合输出，绘制成各种图件。例如在聚酯薄膜上绘制标准分幅的地形图、地籍图、房产图和各种大小规格的宗地图、房屋分丘图等。也可以绘制各种专题图，例如街坊图、道路交通图、土地定级估价图等。

### 八、非图形数据库的建立

利用数据库管理系统（如FOXBASE等）建立非图形信息数据库、如控制点数据库，界址点数据库、土地权属和利用情况等数据库。数据库管理系统具有存贮、更新、检索查询、统计分析、输出等功能。同时还可以根据需要实现图形数据库与非图形数据库的数据交换，实现图数统一管理，这也是实现测绘、地籍和房产管理现代化的基础。

## 第七节 地形图应用

地形图是资源勘察、土地利用、城乡规划、工程设计、矿藏采掘、河道整治、房地产管理等工作的重要资料。这些工作需要从地形图上获取地物、地貌、水系、交通、通讯、土地面积等多方面的信息，作为规划、设计和管理的依据。

在地形图上可以确定点位（点的平面直角坐标 $x$、$y$、点与点之间的距离和直线间夹角；可以确定直线的方位，进行实地定向；可以确定点的高程和两点间高差；可以在图上勾绘出集水线和分水线，标志出洪水线、淹没线；可以从图上计算出面积和体积，从而能确定用地亩数、施工土石方量、蓄水量、矿产量等；可以从图上了解到各种地物、地类等的分布情况，计算耕地、居民地、工矿用地的面积，获得房屋的数量、质量、层次等资料。利用地形图作底图可以编绘出一系列专题地图，例如地质图、水文图、土地利用规划图、厂矿建筑总平面图、地籍图、房产图、城市交通图等。

对于房地产测绘，地形图应用有如下一些基本内容：

### 一、点位的坐标量测

在大比例尺地形图上绘有纵、横坐标方格网（或在方格的交点处绘一十字线）。如图6-43所示，要从图上求 $A$ 点的坐标时，可用三角板推出通过 $A$ 点的坐标格网的平行线 $mn$、$pq$，再用比例尺量出 $mA$ 和 $pA$ 的长度，则 $A$ 点的坐标：

$$\left.\begin{array}{l} x_A = x_0 + mA \\ y_A = y_0 + pA \end{array}\right\} \quad (6\text{-}7\text{-}1)$$

式中 $x_0$、$y_0$ 为 $A$ 点所在方格西南角点的坐标（图中 $x_0=500$m，$y_0=1200$m）

如果为了检核量测的结果，并考虑图纸伸缩的影响，则还需要量出 $mn$ 和 $pq$ 的长度，若不等于坐标格网的理论长度 $l_0$（10cm），则 $A$ 点的坐标应按下式计算：

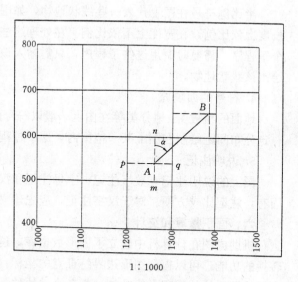

图 6-43 点位的坐标量测

$$\left.\begin{array}{l} x_A = x_0 + \dfrac{l_0}{mn} \cdot mA = x_0 + k_x \cdot mA \\ y_A = y_0 + \dfrac{l_0}{pq} pA = y_0 + k_y \cdot pA \end{array}\right\} \quad (6\text{-}7\text{-}2)$$

式中 $k_x$、$k_y$ 为图纸在该方格中沿 $X$ 轴方向和 $Y$ 轴方向的伸缩改正系数。

## 二、两点间水平距离量测

如果需要确定图纸上 $A$、$B$ 两点间的水平距离时，可以根据已求得的 $A$、$B$ 两点的坐标值 $x_A$、$y_A$ 和 $x_B$、$y_B$，按下式计算：

$$S_{AB} = \sqrt{(x_B - x_A)^2 + (y_B - y_A)^2} \tag{6-7-3}$$

如果 $A$、$B$ 两点的坐标按公式（6-7-2）计算而得，则这样算得的水平距离，也不受图纸伸缩的影响。当量测距离的精度要求不高时，可以用比例尺直接在图上量取。

## 三、直线的坐标方位角量测

如果要求得直线 $AB$ 的坐标方位角，先用公式（6-7-2）求得 $A$、$B$ 两点的坐标，再用坐标反算的公式计算 $AB$ 边的坐标方位角：

$$\alpha_{AB} = \text{tg}^{-1}\left(\frac{y_B - y_A}{x_B - x_A}\right) \tag{6-7-4}$$

若量测坐标方位角的精度要求不高时，可以通过 $A$ 点作平行于坐标纵轴的直线，然后用量角器直接在图上量取 $AB$ 边的坐标方位角 $\alpha_{AB}$。

## 四、根据地形图改编成地籍图和房产图

地形图是客观地反映地面既有的地物与地貌，着重于描述地物、地貌的几何状态，用以解决建设中的设计、施工、管理等问题。

地籍测量和房产测量不同于地形测量。地籍测量是调查和测定土地及其附着物的权属、位置、质量、数量和利用现状等的工作。因此，地籍图不但要有土地及其附属物的几何状态的描述，而且还应有根据有关法规确定土地权属界线（界址点和界址线）和土地利用、分类等信息。房产测量所测绘的房产图上，除了有地形图上作为主要地物的房屋建筑平面位置及其种类、层数以外，还应有房地产的权属界线、房屋的结构、用途等更为丰富的房产信息。

地形图不但具有地籍图和房产图所需要的地块和地物平面位置的基础信息，而且往往由于建设的需要而先行测绘完成。因此，在开展地籍测绘和房产测绘时，原有的地形图常可利用作为基础图，通过履行法定部门（土地管理局和房产管理局）的地籍调查和房产调查、确定权属界线、分类、定级等具有法律功能的手续，并利用测绘手段增补有关几何信息以后，就可以成为地籍图和房产图。利用地形图成为地籍图和房产图的成图方法之一。

作为地形图改编为地籍图和房产图的举例，以下用图 6-44～图 6-46 来比较和说明。

图 6-44 为一幅地形图的局部内容：在环市路的北面，依靠着山坡有一所小学和两个其他单位。图上表示出的有主要地物（道路、围墙、房屋等）的平面位置、房屋的种类和层数。地面的高程在平坦地区用高程数字注记，在起伏地区用等高线表示。山坡上有一片树林。

图 6-45 为同一地区的地籍图，图上除了地物以外，还表示出这几块土地的权属界址点、线和地块的分类编号、门牌号等信息。

图 6-46 为同一地区的房产图，图上除了房屋、土地的界址点、线以外，还补充了房屋的结构、层数、用途等信息。

有关地籍图和房产图的详细内容和测绘方法将在第九章中阐述。

在机助成图中，利用旧图用数字化仪进行成图信息的采集，编制新的地形图、地籍图或房产图，目前已成为地形图应用的一个方面。这样不仅充分利用原有地形资料，降低了

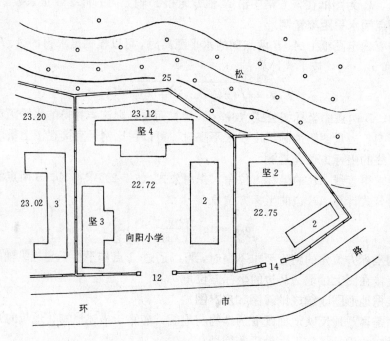

图 6-44

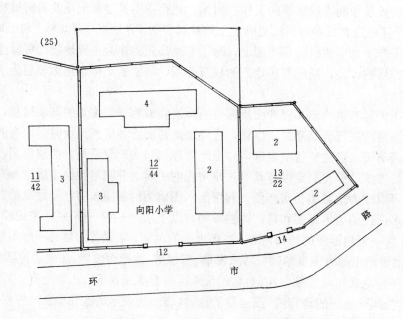

图 6-45

成图的成本，而且也加快了成图的进度。

地形图应用中还有一个重要内容是土地面积的图上量算，这方面内容将在第七章中介绍。

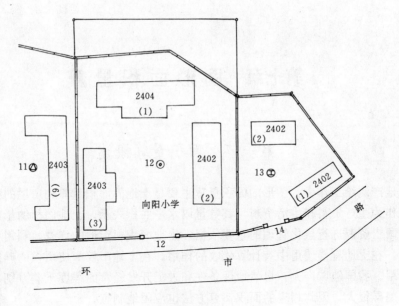

图 6-46

## 思考题与练习题

1. 何谓比例尺精度？如何选用地形图、地籍图和房产图的比例尺？
2. 何谓地形图图式？地形图图式分哪几类？
3. 几种典型地貌用等高线表示时有什么特点？
4. 何谓图幅？大比例尺地形图分幅有哪几种方法？
5. 测图前有哪些准备工作？
6. 在图纸上用坐标格网尺法或对角线法画 40cm×50cm 的坐标方格网，设为 1:1000 比例尺的图，按图 6-47 所示注上格网的坐标值。将第五章练习题 6 所计算的闭合导线点 $J1$、$J2$、$J3$、$J4$、$J5$ 按其坐标值展绘于图上，按规定的展点精度要求进行检查。（该作业完成后，图纸应保留，待在第七章中进行图解法与解析法面积测定练习时用。）
7. 平板仪测图有哪几种测定地物点的方法？
8. 经纬仪测图和平板仪测图有何区别？
9. 试述电子速测仪测图的优点。
10. 航摄像片和平面图有何主要区别？试述航测成图的大概过程。
11. 在房地产测绘中如何应用地形图？

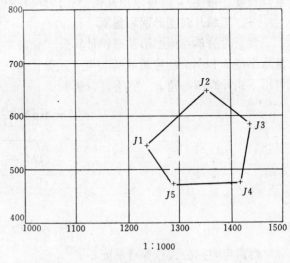

图 6-47

143

# 第七章 图形面积量算

## 第一节 面积量算概述

在房地产测绘工作中,图形的面积量算主要是土地的面积量算和房屋的面积量算。

土地作为生产资料和生活资料,其数量以水平面积表示。土地面积的量算和统计是各级政府对国土资源进行量化管理的重要依据。土地面积在土地的详查、利用和规划中有统计的作用,在土地有偿使用中有计算税收的作用,在土地产权和使用权的确定与转让中有估价的作用。我国地域广大,自然地理条件和人工开发经营的程度千差万别,土地利用的经济效果差异很大,因此相应的面积量算方法也应因地制宜。

在房产测量中也包括用地面积的量算与房屋建筑面积的量算。其中用地面积量算和地籍测量中宗地面积量算相同,房屋建筑面积则随建筑物的复杂程度而有各种量算方法。

在本章中介绍图形面积量算的基本方法和土地面积量算、统计及其精度要求,在第九章"房地产地籍测绘"中将介绍房屋建筑面积量算方法及其精度要求。

## 第二节 几何图形面积量算

几何图形是一种有规则的平面图形,如矩形、三角形、梯形、菱形、圆形、扇形、弓形、椭圆形、正多边形、任意多边形等。只要从实地或图上量测其中某一个或几个几何元素(长度、角度),就可以用几何公式计算该图形的面积。

### 一、简单几何图形面积量算

常见的简单几何图形及面积计算公式见表7-1。在这些图形中,扇形面积的计算,除了量取半径 $R$ 以外,还应量取圆心角 $\beta$ 或弧长 $l$;弓形面积计算时,量取弦长 $D$ 及矢高 $h$ 后,可用下式计算圆心角 $\beta$、半径 $R$ 及弧长 $l$。

$$\beta = 4\mathrm{tg}^{-1} \frac{2h}{D} \tag{7-2-1}$$

$$R = \frac{\sqrt{h^2 + \left(\frac{D}{2}\right)^2}}{2\sin\frac{\beta}{4}} \tag{7-2-2}$$

$$l = R \cdot \beta \cdot \frac{\pi}{180°} \tag{7-2-3}$$

然后用表列公式计算弓形面积。

实际需要量测面积的几何图形往往不是表中所列举的简单图形,这时可以将复杂图形分割成若干简单图形进行量算。

简单几何图形的面积计算  表 7-1

| 几 何 图 形 | 量 取 几 何 元 素 | 面积（P）计算公式 |
|---|---|---|
| 矩形 | 长度 $a$<br>宽度 $b$ | $P = a \cdot b$ |
| 三角形 | 底长 $b$<br>高 $h$ | $P = \dfrac{1}{2} b \cdot h$ |
| 三角形 | 三边长度<br>$a$、$b$、$c$ | $s = \dfrac{1}{2}(a+b+c)$<br>$P = \sqrt{s(s-a)(s-b)(s-c)}$ |
| 梯形 | 上底长 $a$<br>下底长 $b$<br>高 $h$ | $P = \dfrac{1}{2}(a+b) \cdot h$ |
| 圆形 | 半径 $R$ | $P = \pi \cdot R^2$ |
| 扇形 | 半径 $R$<br>圆心角 $\beta$<br>弧长 $l$ | $P = \dfrac{\beta}{360°} \pi \cdot R^2$<br>$P = \dfrac{1}{2} l \cdot R$ |
| 弓形 | 弦长 $D$<br>矢高 $h$<br>半径 $R$<br>弧长 $l$<br>圆心角 $\beta$ | $P = \dfrac{R}{2}\left(l - D\cos\dfrac{\beta}{2}\right)$ |
| 椭圆形 | 长半轴 $a$<br>短半轴 $b$ | $P = \pi \cdot a \cdot b$ |

图 7-1 所示为测量长度计算地块和房屋面积的例子。

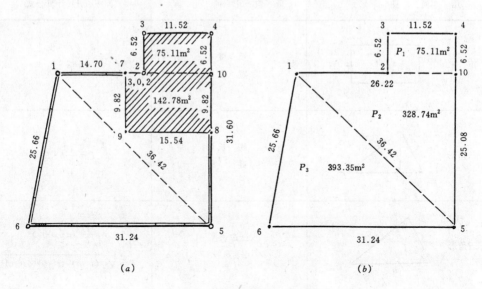

图 7-1 测量长度计算面积

图 7-1 中（a）为地块示意图，1~6 为边界点，阴影线部分为地块内的房屋建筑。丈量地块边长和房屋外墙长度，并丈量对角线 1-5，量得长度以米为单位注明于图上。将图形划分为一个矩形和两个三角形，以计算地块面积，如图 7-1 中（b）所示。

按矩形量长、宽计算面积公式：
$$P_1 = 11.52 \times 6.52 = 75.11 \text{m}^2$$

按三角形量三边计算面积公式：
$$a_2 = 26.22, \quad b_2 = 25.08, \quad c_2 = 36.42, \quad s_2 = 43.86$$
$$P_2 = \sqrt{s_2(s_2 - a_2)(s_2 - b_2)(s_2 - c_2)} = 328.79 \text{m}^2$$
$$a_3 = 36.42, \quad b_3 = 31.24, \quad c_3 = 25.66, \quad s_3 = 46.66$$
$$P_3 = \sqrt{s_3(s_3 - a_3)(s_3 - b_3)(s_3 - c_3)} = 393.35 \text{m}^2$$

由此得到地块面积：
$$P = P_1 + P_2 + P_3 = 797.25 \text{m}^2$$

房屋分为两块矩形计算，其面积为：
$$P = 11.52 \times 6.52 + 14.54 \times 9.82 = 217.89 \text{m}^2$$

## 二、坐标解析法几何图形面积量算

坐标解析法是按多边形各顶点的坐标计算其面积的方法。获得多边形顶点的坐标有各种不同的方法，例如在地籍测量中，全解析法是在野外根据图根控制点测定界址点的坐标；在进行图解法地籍测量时，是从地形图上量取界址点的坐标。

（一）坐标解析法面积计算公式

在图 7-2 中，1、2、3、4 为多边形的顶点。多边形的每一边和坐标轴、坐标投影线（图中虚线），组成一个个梯形。

多边形的面积 $P$ 是这些梯形面积的和与差：

$$P = \frac{1}{2}[(x_1 + x_2)(y_2 - y_1) + (x_2 + x_3)(y_3 - y_2) \\ - (x_3 + x_4)(y_3 - y_4) - (x_4 + x_1)(y_4 - y_1)]$$

上式经过整理以后，得到

$$P = \frac{1}{2}[x_1(y_2 - y_4) + x_2(y_3 - y_1) + x_3(y_4 - y_2) \\ + x_4(y_1 - y_3)] \tag{7-2-4}$$

对于任意的 $n$ 边形，可以写出下列通用公式：

$$P = \frac{1}{2}\sum_{i=1}^{n} x_i(y_{i+1} - y_{i-1}) \tag{7-2-5}$$

$$P = \frac{1}{2}\sum_{i=1}^{n} y_i(x_{i+1} - x_{i-1}) \tag{7-2-6}$$

$$P = \frac{1}{2}\sum_{i=1}^{n} (x_i + x_{i+1})(y_{i+1} - y_i) \tag{7-2-7}$$

$$P = \frac{1}{2}\sum_{i=1}^{n} (x_i y_{i+1} - x_{i+1} y_i) \tag{7-2-8}$$

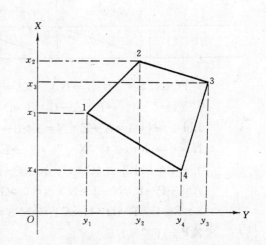

图 7-2 按多边形顶点坐标计算面积

以上四种通用公式中（7-2-5）、（7-2-6）式适合于手工计算，（7-2-7）、（7-2-8）式适合于计算机编程序。计算时从输入第一点坐标开始，按顺时针方向，依次输入各点坐标值，直至最后一点。公式中的循环参数 $i = 1 \sim n$，当用到 $i = 1$ 或 $i = n$ 时，会用到 $x_0$、$y_0$ 和 $x_{n+1}$、$y_{n+1}$，这些坐标值按下式计算：

$$\left.\begin{array}{l} x_0 = x_n, \ x_{n+1} = x_1 \\ y_0 = y_n, \ y_{n+1} = y_1 \end{array}\right\} \tag{7-2-9}$$

（二）坐标解析法面积计算方法

坐标解析法计算图形面积的算例如图 7-3 所示。各点坐标列于表 7-2，按（7-2-5）式计算图形面积，为此列出 $(y_{i+1} - y_{i-1})$，与 $x_i$ 相乘后累加，最后除以 2，得到图形面积 $P = 1341.23\text{m}^2$。

（7-2-7）、（7-2-8）式的每次累加运算，只用到多边形相邻两顶点的坐标 $(x_i, y_i)$、$(x_{i+1}, y_{i+1})$，因此便于用科学式计算器编制程序，进行运算。

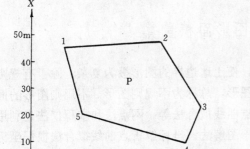

图 7-3 多边形面积计算

例如用 CASIO fx-4000p 计算器，按（7-2-7）式编制程序。按 MODE、2 键，在 0～9 个程序区的任一区中置入下列解析法面积计算程序：

多边形面积计算 表 7-2

| 顶点号 | 坐标 (m) | | 横坐标差 (m) | 面积 (m²) |
|---|---|---|---|---|
| | $x_i$ | $y_i$ | $y_{i+1}-y_{i-1}$ | $\frac{1}{2}x_i(y_{i+1}-y_{i-1})$ |
| 1 | 44.75 | 13.00 | 30.14 | 674.3825 |
| 2 | 47.80 | 50.18 | 52.50 | 1254.7500 |
| 3 | 22.80 | 65.50 | 10.02 | 114.2280 |
| 4 | 10.00 | 60.20 | −45.46 | −227.3000 |
| 5 | 20.12 | 20.04 | −47.20 | −474.8320 |
| Σ | | | 0 | 1341.2285 |

"POINTS=" : ? →N : "X1=" : ? →A :
"Y1=" : ? →B : A→C : B→D : 0→P :
Lbl 1 : N=1⇒A→E : N=1⇒B→F :
N=1 ⇒Goto 2 : "X=" : ? →E : "Y=" :
? →F : Lbl 2 : (C+E)×(F−D)÷2 :
Ans+P→P : N−1→N : N=0⇒Goto
3 : E→C : F→D : Goto 1 : Lbl 3 : P
▲P÷1000×1.5

计算时按 MODE、1、Prg 键，再按程序所在的区号键及 EXE 键，屏幕出现提示："POINTS=?"时输入多边形的点数 $n$；屏幕显示"X1=?"时输入 $x_1$，显示"Y1=?"时输入 $y_1$；屏幕再次显示"X=?"、"Y=?"时依次输入 $x_2$、$y_2$、$x_3$、$y_3$，直至 $x_n$、$y_n$；当最后一点坐标输入后，屏幕即显示已算好的以平方米为单位的面积值；再按 EXE 键后，显示以亩为单位的面积值。

在房地产测量中，对于大量的土地面积或房屋面积的坐标解析法计算，还可以在袖珍机或微机上编制程序，进行更快速的运算。解析法面积计算的袖珍机程序见附录三。

## 第三节 不规则图形面积量算

由于自然力和人类生产、社会活动的结果，使土地边界的图形极为复杂。除了有规则的几何图形以外，还有各种由任意曲线组成的图形，总称为不规则图形。不规则图形的面积量算方法有：网点法、求积仪法、坐标解析点曲线拟合法等。网点法和求积仪法是利用地形图、地籍图或房产图来量算图形面积，属于图解法。坐标解析点曲线拟合法根据坐标值的来源，如果坐标是实测的，则属于实测法；如果坐标是从图上用数字化仪量得的，则属于图解法。

### 一、网点法

网点法是用赛璐珞、聚酯薄膜等透明模片上绘制的小方格、均匀分布的小点或平行线，在图上量算面积。

（一）格网法

用刻绘有边长为1或2mm的正方形格网的透明模片蒙在待测图形上（图7-4a），数方格的格数，将不满一格的格数凑成整格数计数（一般将不满一格的格数除以2），得到图形所占的总格数。再乘以每格所代表的面积，即得到图形面积。

（二）格点法

用刻有1或2mm等距排列成正方形的小点，并辅以正方形格网的透明模片，蒙在待测图形上（图7-4b），数图形范围内的点数 $a$，再数与图形轮廓线重合或接触的点数 $b$。设每点所代表的面积为 $s$，则图形的面积为：

$$P = \left(a + \frac{b}{2}\right) \cdot s \tag{7-3-1}$$

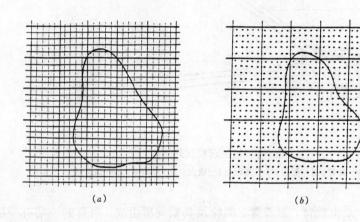

图 7-4　格网法和格点法测定图形面积

（三）平行线法

用刻有间距 $h=1mm$（或2mm）的平行线的透明模片蒙在待测图形上（图7-5），则图形被平行线分割成若干个等高的梯形，用分规和比例尺量取各梯形中腰线（图中的虚线）的长度，将其累加后乘以梯形的高，即得到图形的面积：

$$P = (ab + cd + ef + \cdots) \cdot h \tag{7-3-2}$$

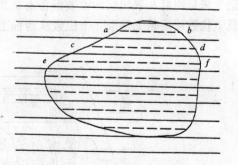

图 7-5　平行线法测定图形面积

二、求积仪法

求积仪为一种机械装置的仪器，用来测定图纸上不规则图形的面积，比网格法精度高，使用方便。近年来将求积仪在机械装置的基础上增加电子脉冲计数设备，成为电子求积仪，或称数字求积仪（digital planimeter），使测定面积的精度更高、使用更方便。

以下分别介绍机械求积仪和电子求积仪：

（一）定极式机械求积仪及其测定面积的方法

定极式机械求积仪（以下简称机械求积仪）是一种完全机械装置并利用积分原理在图纸上测定面积的仪器，结构简单、售价低廉，目前仍不失为一种可以普及使用的工具。

1. 定极式机械求积仪的构造与使用

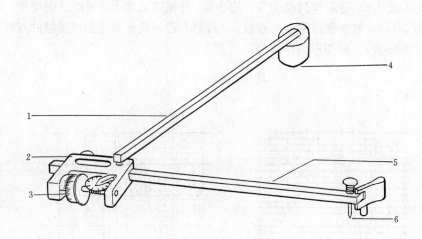

图 7-6  机械求积仪的结构
1—极臂；2—框架；3—测轮；4—极点；5—描迹臂；6—描迹针

求积仪（图 7-6）是由极臂、描迹臂、测轮及其框架所组成。极臂的一端有一根垂直的轴，用时插入测轮框架的轴套中；另一端有一重锤，其中心有一小针尖，称为极点，可以刺入图板，使求积仪的极点固定在图板上。描迹臂的一端有描迹针，使用时用它沿着待测图形的轮廓绕行一周。描迹针移动时，测轮也在图纸上随之滚转，其滚转的周长与图形面积的大小成正比。测轮上有 100 等分的刻度（图 7-7），为了能读取十分之一格的数值，在测轮旁边装有读数游标。当测轮在图纸上滚转一周以上时，还有记数盘把测轮滚转的周数记下来。因此，求积仪的读数设备上总共可读出四位数：千位数从记数盘上读取、百位数及十位数从测轮上读取，个位数从游标上读取。如图 7-7 中求积仪读数为 5414。

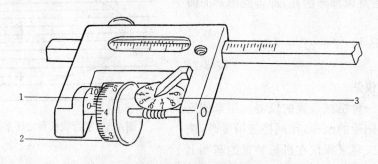

图 7-7  机械求积仪的读数设备
1—游标；2—测轮；3—记数盘

使用时把极点固定在图板上，把描迹针移到图形的轮廓线上某一点 $A$，作一记号，并在记数盘及测轮上读出起始读数 $n_1$；然后用手指拿着描迹针旁的手柄，使描迹针依顺时针方向绕图形轮廓线移动描迹，最后回到开始的 $A$ 点在计数盘及测轮上读出终了读数 $n_2$。两次读数之差 $(n_2-n_1)$，即为描迹针绕图形一周测轮转过的格数。将此格数乘以求积仪的分划值 $C$，便得到图形的实地面积：

$$P = C(n_2 - n_1) \tag{7-3-3}$$

求积仪的分划值与描迹臂的长度有关。某求积仪的盒内附有的分划值表如表 7-3 所示。

**求积仪分划值**　　　　　　　　　　表 7-3

| 图 的 比 例 尺 | 描 迹 臂 分 划 | 求 积 仪 分 划 值 | |
| --- | --- | --- | --- |
| | | 图 上 (mm²) | 地 面 (m²) |
| 1:500 | 160 | 8 | 2 |
| 1:1000 | 200 | 10 | 10 |
| 1:2000 | 100 | 5 | 20 |
| 1:5000 | 80 | 4 | 100 |

**2. 求积仪测定图形面积的原理**

用求积仪测定的图形面积是测轮转动弧长的函数。为了证明这一点，先分析描迹臂运动与测轮转动弧长之间的关系。

当描迹臂沿着测轮方向平行移动时，测轮只有转动而无滑动。转动的弧长等于 $dh$，如图 7-8 (a) 所示。

当描迹臂沿着自己的轴线方向移动时，测轮只有滑动而无转动，如图 7-8 (b) 所示，因此测轮的读数不变。

当测轮沿着 $LL'$ 方向、描迹臂仍为平行移动时，测轮的运动可以看成由转动和滑动两部分合成，如图 7-8 (c) 所示，测轮转动的弧长 $dh = ds \cdot \cos\beta$。

当描迹臂绕描迹臂和极臂的连接点 $a$ 旋转 $d\beta$ 角时，测轮转动的弧长 $L'L_1 = r \cdot d\beta$，$r$ 为连接点 $a$ 至测轮面的距离，如图 7-8 (d) 所示。

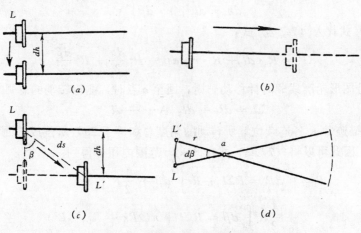

图 7-8　求积仪测轮转动的规律

设在测定某图形的面积时,将求积仪的极点安置在图形内的 $O$ 点上(图 7-9a),把描迹针尖放在图形轮廓线上任一点 $c$,此时求积仪的两臂处于 $Oac$ 位置。

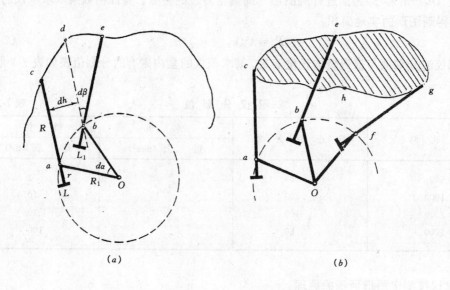

图 7-9 求积仪极点安置在图形内与图形外

当描迹针沿图形轮廓线向顺时针方向移动一微小段距离 $ce$,则此时求积仪两臂处于新的位置 $Obe$,测轮的位置也由 $L$ 移动到 $L_1$,求积仪两臂所扫过的面积为多边形 $Oacdeb$,它可以认为是由一个平行四边形 $acdb$ 和两个扇形 $Oab$、$bde$ 所组成。

设 $R$ 为描迹臂长度、$R_1$ 为极臂长度、$dh$ 为平行线 $ac$ 和 $bd$ 间的垂直距离、$d\alpha$ 和 $d\beta$ 为极臂和描迹臂的转动角度(以弧度为单位),则两臂所扫过的面积:

$$dP = R \cdot dh + R_1^2 \frac{d\alpha}{2} + R^2 \frac{d\beta}{2} \tag{7-3-4}$$

设描迹针从 $c$ 移动至 $e$ 时,测轮所转动的弧长为 $dl$,则

$$\left. \begin{array}{l} dl = dh - r \cdot d\beta \\ dh = dl + r \cdot d\beta \end{array} \right\} \tag{7-3-5}$$

将 (7-3-5) 式代入 (7-3-4) 式:

$$dP = R \cdot dl + R \cdot r \cdot d\beta + R_1^2 \frac{d\alpha}{2} + R^2 \frac{d\beta}{2} \tag{7-3-6}$$

当描迹针沿图形轮廓线顺时针移动一周,回至 $c$ 点时,测轮转动的总弧长为:

$$\Sigma l = dl_1 + dl_2 + \cdots + dl_n \tag{7-3-7}$$

极臂 $R_1$ 和描迹臂 $R$ 各连续位置所转动的角度总和等于 $2\pi$,所围成的面积之和即为图形的总面积 $P$。因此可以将 (7-3-6) 式在 $0 \sim 2\pi$ 范围内积分得到:

$$P = \int_0^{2\pi} dP = R\Sigma l + Rr \int_0^{2\pi} d\beta + \frac{1}{2} R^2 \int_0^{2\pi} d\alpha$$
$$+ \frac{1}{2} R^2 \int_0^{2\pi} d\beta = R\Sigma l + \pi(2Rr + R_1^2 + R^2) \tag{7-3-8}$$

由于 $(2Rr + R_1^2 + R^2)$ 为测轮面的延长线通过极点时(图 7-10),极点 $O$ 和描迹针尖 $c$

连线长度 $R_2$ 的平方，因此 $\pi(2Rr+R_1^2+R^2)$ 为以 $R_2$ 为半径的圆（称为基圆）的面积 $Q$，即

$$Q = \pi R_2^2 = \pi(2Rr + R_1^2 + R^2) \tag{7-3-9}$$

当 $R$、$R_1$ 和 $r$ 为定长时，$Q$ 为一常数，称为定极式求积仪的加常数。因此，当求积仪的极点放在图形内而测定的图形面积为：

$$P = R \cdot \Sigma l + Q \tag{7-3-10}$$

当将求积仪的极点放在待测图形之外而测定图形的面积时（见图 7-9b），描迹针绕图形轮廓线转一周后，$d\alpha$ 和 $d\beta$ 的总和都为零，因此根据 (7-3-8) 式积分而得到的图形面积为：

$$P = R \cdot \Sigma l \tag{7-3-11}$$

为了得到实用的面积计算公式，需要把测轮在求面积过程中所转动的弧长化为可以读出的测轮转动的分划数。设 $t$ 为测轮游标的最小读数（测轮一周的千分之一）所代表的测轮弧长，则

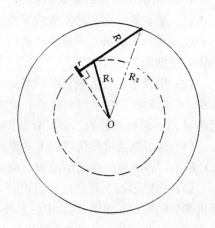

图 7-10 定极式求积仪的基圆

$$\Sigma l = t(n_2 - n_1) \tag{7-3-12}$$

因此 (7-3-10)、(7-3-11) 式可以写成

$$P = Rt(n_2 - n_1) + Q \tag{7-3-13}$$
$$P = Rt(n_2 - n_1) \tag{7-3-14}$$

令求积仪的分划值：

$$C = Rt$$

则极点放在待测图形内和图形外测定面积的实用计算公式为：

$$P = C(n_2 - n_1) + Q \tag{7-3-15}$$
$$P = C(n_2 - n_1) \tag{7-3-16}$$

由于基圆的面积相对于待测图形来说是相当大的，因此用求积仪测定图形面积时，一般都将极点放在图形之外。

3. 求积仪分划值的测定

求积仪的分划值是指游标的最小读数所代表的面积。在计算面积时，实际上是一个乘常数，因此必须精确测定。对于描迹臂长度可以改变的求积仪，每次重新安置其长度时，也应重新测定分划值。

测定求积仪分划值时，可在图纸上精确画一已知面积 $P$ 的几何图形（例如正方形、圆形），把求积仪极点放在图形之外，使描迹针沿图形轮廓绕行一周，得到测轮的起始和终了读数，则可以根据下式求得分划值：

$$C = \frac{P}{n_2 - n_1} \tag{7-3-17}$$

有些求积仪中附有检验杆，一端有小针，可固定于图板上，另一端有小孔，可以插入描迹针，而小针与小孔之间的长度是精确知道的，因此以小针为圆心，绕行一周的面积也是已知的。用检验杆测定分划值比较精确与方便。

地形图上的坐标方格网可以作为测定该地形图上的地块面积时确定求积仪分划值之用。例如对于 1:1000 的地形图，10cm×10cm 的一块格网的面积为 10000m²。据此测定分划值，用于测定图上地块的面积，可以抵消图纸伸缩的影响。

4. 求积仪使用时的注意事项

(1) 需要测定面积的图纸应平整、光洁。

(2) 求积仪的极点一般应放在图形外测定面积。对于较大面积的图形，可以分成若干小块，分别测定后再相加。

(3) 安置求积仪的极点时，应先使求积仪的两臂大致保持垂直位置，将描迹针放在图形中心，然后在图板上固定极点，如图 7-11 (a) 所示，将描迹针移至图形轮廓线上作好标记的 A 点，读起始读数。顺时针绕图形一周，读终了读数，如图 7-11 (b) 所示。

(4) 为了抵消求积仪结构上的误差，一般至少用求积仪的左、右位置，如图 7-11 (b)、(c) 所示，各测定一次图形面积，取其平均值。

(5) 在地形图上测定地块面积时，如果其大小超过格网整块的面积时，只需要测定其超出部分的面积，如图 7-12 中阴影线部分，再加上整块格网的已知面积即可。此外，为了抵消图纸伸缩的影响，对于非整格的面积，例如图 7-12 中的 A，可以再测定其余面积 B，面积 (A+B) 应等于方格的理论面积。按测定面积与理论面积的差数，可依面积大小为比例进行改正。这种测定地形图上面积的方法称为沙维奇法。

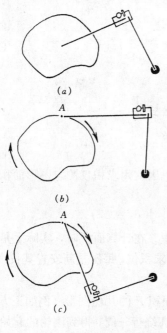

图 7-11 求积仪的安置

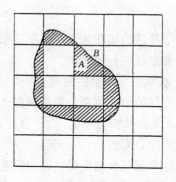

图 7-12 大地块的面积测定

(二) 动极式电子求积仪及其测定面积的方法

电子求积仪是求积仪发展的方向。图 7-13 所示为 KP-90N 型动极式电子求积仪（日本测机舍产品），在机械装置测轮、动极轴、跟踪臂（即描迹臂）等的基础上增加电子脉冲计数设备和微处理器，量测结果能自动显示。因此，其性能较机械求积仪优越，具有测量范围大、精度高、功能多、使用方便等优点。

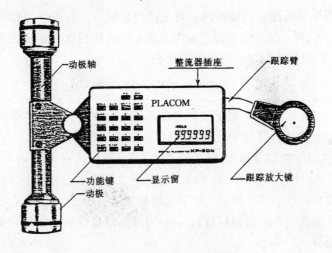

图 7-13 动极式电子求积仪

### 1. 动极式求积仪的机械原理

动极式求积仪测定面积的机械原理如图 7-14 所示，在动极轴两端有两个动极轮 $W_1$、$W_2$，动极轴与描迹臂的连接点为 $a$。求积仪放在图板上后，只能向动极轴的垂直方向滚动而不能向动极轴方向滑动，故 $a$ 点的运动轨迹是和动极轴相垂直的 $aa_1$ 直线。测轮面垂直于描迹臂，其转动、滑动和定极式求积仪是一样的。

测定面积时，描迹点（放大镜中心的一个红色小点，相当于描迹针的针尖）从 $b$ 点沿图形轮廓线方向移动一小段距离至 $d$，描迹臂两个位置所包含的面积 $abcda_1$ 为平行四边形 $abca_1$ 和扇形 $a_1cd$，描迹臂平行移动的距离为 $dh$，再转动一个角度 $d\beta$。设描迹臂长度为 $R$，连接点 $a$ 至测轮面的距离为 $r$，则 $abcda_1$ 这一小块面积为：

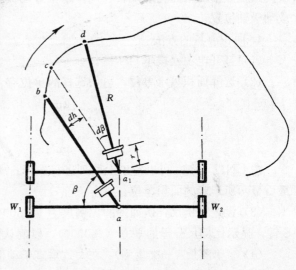

图 7-14 动极式求积仪的机械原理

$$dP = R \cdot dh + R^2 \frac{d\beta}{2} \tag{7-3-18}$$

测轮所转动的弧长为：

$$dl = dh + r \cdot d\beta \tag{7-3-19}$$

因此

$$dh = dl - r \cdot d\beta \tag{7-3-20}$$

$$dP = R \cdot dl - Rr \cdot d\beta + R^2 \frac{d\beta}{2} \tag{7-3-21}$$

当描迹点绕图形一周而求其面积时，对上式进行积分。由于描迹臂和动极轴的交角只能变化于 30°～150°之间，而动极轴是可以移动的，因此就相当于定极式求积仪极点在图形外的情况，即 $d\beta$ 的积分值为零，因此图形面积

$$P = \int dP = R\Sigma l \tag{7-3-22}$$

对于电子求积仪，式中 $\Sigma l$（测轮滚转的总弧长）的数值会由测轮带动电子脉冲计数设备而自动记录，并自动计算其面积后显示。

2. 电子求积仪的性能和分辨力

KP-90N 电子求积仪有下列性能：(1) 可以选择面积的显示单位；(2) 可以对某一图形重复几次测定，而自动显示其平均值（称为平均值测量）；(3) 可以对某几块图形分别测定后，自动显示其累加值（称为累加测量）；(4) 可以同时进行累加和平均值测量；(5) 可以进行面积单位的换算。

仪器的分辨力（相当于机械求积仪的图上分划值）为 $10mm^2$（$0.1cm^2$）。

3. 面积测定时的准备工作

将图纸固定在平整的图板上。安置求积仪时，使垂直于动极轴的中线通过图形中心，然后用描迹点沿图形的轮廓线转一周，以检查动极轮及测轮是否能平滑移动，必要时重新安放动极轴位置。

4. 面积测量的方法

(1) 打开电源：按下 ON 键。

(2) 选择面积显示单位，可供选择的单位有：

$km^2$;         acre
$m^2$;          $ft^2$
$cm^2$;         $in^2$

按 UNIT-1 键，可以对以上两列进行选择；按 UNIT-2 键，可以对以上三行进行选择，最后显示所选定的面积单位。

(3) 设定比例尺：例如图的比例尺为 1：500，则按 500，再按 SCALE 键，最后按 R-S 键，显示比例尺分母的平方（250000），以确认图的比例尺已安置好。

(4) 简单测量（一次量测）：在大致垂直于动极轴的图形轮廓线上选取一点作为量测起点，按 START 键，蜂鸣器发出音响，描迹点正确沿轮廓线按顺时针方向移动，直至回到起点。此时屏幕上显示为脉冲数（相当于测轮读数）。按 AVER 键，则显示图形面积值及其单位。

(5) 平均值测量：上述简单测量的最后一步，不按 AVER 键而按 MEMO 键，重新将描迹点对准 起点，按 START 键，绕图形一周，按 MEMO 键。如果同一图形要取 $n$ 次测量的平均，则这样重复 $n$ 次。结束时按 AVER 键，显示 $n$ 次测量的面积平均值。

(6) 累加测量：设对图形 $A$、$B$ 要进行面积测量和相加，则先对图形 $A$ 按简单测量方法进行操作，但最后一步不按 AVER 键而按 HOLD 键；然后移至图形 $B$ 的起点，再按 HOLD 键，绕图形 $B$ 一周后，按 AVER 键，显示 $A$、$B$ 面积的总和。

(7) 累加平均值测量：设要对 $A$、$B$ 两个面积累加，并取二次测量的平均值，则先在图形 $A$ 的起点，按 START 键，绕图形 $A$ 一周，按 HOLD 键；移至图形 $B$ 的起点，按 HOLD 键，绕图形 $B$ 一周，按 MEMO 键；再移至图形 $A$ 的起点，按 START 键，绕图形 $A$ 一周，按 HOLD 键；再移至图形 $B$ 的起点，按 HOLD 键，绕图形 $B$ 一周，按 MEMO 键；再按 AVER 键，显示 $A$、$B$ 两个图形二次测定取平均并已进行累加的面积值。

(8) 单位换算：面积测量结束，按 AVER 键显示面积（按事先指定的面积单位）。此时如果需要改变面积单位，可按 UNIT-1 和 UNIT-2 键，显示所需的面积单位，再按 AVER 键，显示重新指定单位的面积值。

### 三、坐标解析点曲线拟合法

土地或房屋的权属界线一般在转折处设置界址点，从实地或图上测定界址点的坐标，以坐标解析法计算图形的面积，可以达到较高的精度。可是这种方法只适用于由直线组成的几何图形。实际上土地或房屋的权属界线并非都是直线，可能部分是由曲线组成，甚至全部由曲线组成。由曲线组成的权属界线上，通常以一定的间隔布设界址点。这样，如果用前述坐标解析法求面积，就会产生以直线代替曲线的误差。曲线上界址点越少，误差越大。但是，实际上又不可能布设异常密集的界址点，以期得到更精确的面积值。此时可用曲线拟合法以提高面积计算的精度。

曲线拟合法是以一定的数学曲线去拟合实地界址点之间的任意曲线。而在数学曲线上可以用相应的曲线方程任意插点，计算出插点的坐标和由曲线所包围的图形的面积，所以曲线拟合法又称曲线插值法。曲线插值法有分段二次曲线法、三次多项式法、张力样条法等。不论用何种方法拟合曲线，在曲线上有实测坐标的界址点的位置选择十分重要，曲线上的界址点应选在拐点和分段极值点上，如图 7-15 所示。

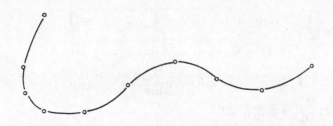

图 7-15 曲线上的界址点选择

如果曲线上实测界址点的位置选择是恰当的，则尽管用较简便的拟合方法，也可以获得较高的曲线拟合精度。以下介绍属于二次曲线的圆曲线拟合法面积计算。

如图 7-16 ($a$) 所示，设 $A$、$B$、$C$ 三个位于曲线上的界址点的坐标为 $(x_A, y_A)$、$(x_B, y_B)$、$(x_C, y_C)$，在三点之间拟合一条圆曲线。根据三点坐标计算圆曲线元素：圆周角 $\phi_A$、$\phi_C$，弦长 $D_A$、$D_C$ 及 $D$，圆曲线半径 $R$。由此可以算出 $AB$ 和 $BC$ 弦与弧之间的弓形面积 $\Delta P$，作为按多边形计算图形面积的修正。

为了绘制出拟合的圆曲线，需要在相邻两界址点之间的圆曲线上插入 $n$ 个点，计算这些点的坐标。为此要先算出圆心的坐标 $(x_0, y_0)$，如图 7-16 ($b$) 所示。

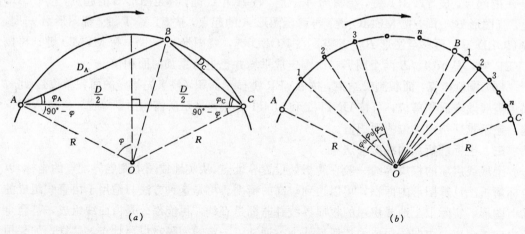

图 7-16 三点间的圆曲线计算

用下列公式计算圆周角 $\phi_A$、$\phi_C$ 及半圆心角 $\phi$：

$$\left.\begin{aligned}\phi_A &= \operatorname{tg}^{-1}\frac{y_C - y_A}{x_C - x_A} - \operatorname{tg}^{-1}\frac{y_B - y_A}{x_B - x_A} \\ \phi_C &= \operatorname{tg}^{-1}\frac{y_B - y_C}{x_B - x_C} - \operatorname{tg}^{-1}\frac{y_A - y_C}{x_A - x_C}\end{aligned}\right\} \quad (7\text{-}3\text{-}23)$$

$$\phi = \phi_A + \phi_C \quad (7\text{-}3\text{-}24)$$

用下列公式计算弦长 $D_A$、$D_C$、$D$ 及圆曲线半径 $R$：

$$\left.\begin{aligned}D_A &= \sqrt{(x_A - x_B)^2 + (y_A - y_B)^2} \\ D_C &= \sqrt{(x_B - x_C)^2 + (y_B - y_C)^2} \\ D &= \sqrt{(x_A - x_C)^2 + (y_A - y_C)^2}\end{aligned}\right\} \quad (7\text{-}3\text{-}25)$$

$$R = \frac{D}{2\sin\phi} \quad (7\text{-}3\text{-}26)$$

用下式计算弧长 $l$ 及弓形面积 $\Delta P$：

$$l = R \cdot \phi \cdot \frac{\pi}{90} \quad (7\text{-}3\text{-}27)$$

$$\Delta P = \frac{R}{2}(l - D\cos\phi) \quad (7\text{-}3\text{-}28)$$

在上式中，以 $\phi_C$ 代 $\phi$、$D_A$ 代 $D$，可算出 $AB$ 弦的弓形面积；以 $\phi_A$ 代 $\phi$、$D_C$ 代 $D$，可算得 $BC$ 弦的弓形面积。

根据 $A$、$C$ 点的坐标及角度 $(90°-\phi)$，用前方交会余切公式 (5-4-10)，计算圆心 $O$ 的坐标：

$$\left.\begin{aligned}x_0 &= \frac{(x_A + x_C)\operatorname{tg}\phi + y_A - y_C}{2\operatorname{tg}\phi} \\ y_0 &= \frac{(y_A + y_C)\operatorname{tg}\phi - x_A + x_C}{2\operatorname{tg}\phi}\end{aligned}\right\} \quad (7\text{-}3\text{-}29)$$

根据圆心 $O$ 及 $A$、$B$ 点的坐标,用坐标反算公式可计算 $OA$、$OB$ 的坐标方位角 $\alpha_{OA}$、$\alpha_{OB}$。根据每段曲线上的内插点数,可以求得两相邻内插点所对圆心角 $\varphi_0$ 及圆心 $O$ 至各内插点的坐标方位角 $\alpha_i$。根据圆半径 $R$ 及 $\alpha_i$,可计算各内插点的坐标。以 $AB$ 段圆弧上各内插点的计算为例:

$$\varphi_0 = \frac{2\phi_C}{n+1} \qquad (7\text{-}3\text{-}30)$$

$$\alpha_i = \alpha_{OA} + i \cdot \varphi_0 \qquad (7\text{-}3\text{-}31)$$

$$\left.\begin{array}{l} x_i = x_0 + R \cdot \cos\alpha_i \\ y_i = y_0 + R \cdot \sin\alpha_i \end{array}\right\} \qquad (7\text{-}3\text{-}32)$$

用坐标解析法面积计算公式及以上三点间圆曲线拟合公式,编制成"面积计算程序"(BASIC 语言,PC-1500 计算机),列于本书的附录三。该程序可以计算包括曲线段的不规则图形。

## 第四节 面积量算的改正

**一、图纸伸缩变形的改正**

不论有规则图形或是无规则图形,如果从图纸上量取数据来求面积,都有可能受到图纸伸缩变形的影响。因此还需要量取图廓线和坐标格网线的实际长度,与理论长度相比较而求得伸缩系数进行改正。图上量取长度和坐标的改正方法见第六章第七节。

**二、按控制面积改正**

地形图、地籍图或房产图的每一图幅都有一定的理论面积,大比例尺图的图幅面积可以根据坐标格网来计算。在一图幅内所有宗地和其他地块(公共用地、道路、河流等)面积之和应等于该图幅的理论面积。由于面积量算中的误差,使图幅中的各地块面积总和不等于理论值,产生面积闭合差。量算面积工作的质量可以用图幅面积闭合差的大小来衡量,并规定其限差,称为面积量测的一级控制。面积量测还可以有二级控制和三级控制。城镇地籍测量中面积的二级控制是以图幅的面积控制图幅内各街坊的面积,以街坊的面积控制街坊内各宗地的面积。农村地籍测量中一般采用三级控制,即以图幅的面积控制乡的面积,以乡的面积控制村的面积,以村的面积控制生产队的面积。

在同一级的面积量算中,$n$ 块面积的总和 $\Sigma P_i$ 不等于上一级的控制面积 $P_0$ 而产生闭合差 $\Delta P$ 和相对闭合差 $F$:

$$\Delta P = \sum_{i=1}^{n} P_i - P_0 \qquad (7\text{-}4\text{-}1)$$

$$F = \frac{\Delta P}{\sum_{i=1}^{n} P_i} \qquad (7\text{-}4\text{-}2)$$

面积量测的相对闭合差如果在限差以内,则可按比例改正各块量测的面积,称为面积平差。为此首先计算改正系数:

$$K = -\frac{\Delta P}{\sum_{i=1}^{n} P_i} \qquad (7\text{-}4\text{-}3)$$

按下式计算平差后的面积值：

$$\hat{P}_i = P_i(1+K) \tag{7-4-4}$$

平差后各块面积的总和应等于控制面积 $P_0$，作为计算的检核：

$$\sum_{i=1}^{n} \hat{P}_i = P_0 \tag{7-4-5}$$

面积闭合差的限差有各种相应的规定，例如《城镇地籍调查规程》规定：(1) 以图幅理论面积为一级控制，图幅内各街坊及其他地块面积之和与理论面积的相对闭合差应小于 1/400；(2) 用平差后各街坊面积控制街坊内各宗地及其他地块面积，其相对闭合差应小于 1/100。

## 第五节  面积量算的精度

面积量算的精度是房地产测量中的主要技术指标之一。根据面积量算方法的不同，面积量算精度的估算也有各种方法。一种是丈量界址边长以计算面积，一种是测定界址点坐标以计算面积（坐标解析法）。以上两种方法又各有实地测量和从图上量测（图解法）之分。另一种图解法是从图上用求积仪测定面积。当用图解法量算面积时，面积的精度除了与量测的方法有关以外，还与测图的比例尺和成图的精度有关。以下介绍几种面积量算的精度估算方法。

### 一、丈量边长量算面积的精度估算

以丈量边长的方法量算面积，其精度估算以典型图形进行讨论。

（一）矩形面积的精度估算

在第四章第五节二中，已导出矩形地块丈量长度 $a$ 和宽度 $b$，计算面积 $P$ 的误差估算公式（4-5-8 式）：

$$m_P = \sqrt{b^2 m_a^2 + a^2 m_b^2}$$

由于矩形的面积 $P = a \cdot b$，上式可改写为：

$$m_P = P \sqrt{\left(\frac{m_a}{a}\right)^2 + \left(\frac{m_b}{b}\right)^2} \tag{7-5-1}$$

设丈量各边长的相对误差相同，即

$$\frac{m_a}{a} = \frac{m_b}{b} = \frac{m_s}{s} \tag{7-5-2}$$

$$m_P = P \frac{m_s}{s} \sqrt{2} \tag{7-5-3}$$

面积的相对误差为：

$$\frac{m_P}{P} = \frac{m_s}{s} \sqrt{2} \tag{7-5-4}$$

如果矩形的四条边都进行丈量，则矩形面积量算的相对误差为：

$$\frac{m_P}{P} = \frac{m_s}{s} \tag{7-5-5}$$

可见矩形面积的相对精度等于边长丈量的相对精度。例如边长为 20m 左右的矩形地块，如果每边的丈量误差为±2cm，则面积量算的精度约为1/1000。

（二）三角形和多边形面积量算的精度估算

三角形按三边边长 $a$、$b$、$c$ 计算面积的公式为

$$s = \frac{1}{2}(a+b+c) \tag{7-5-6}$$

$$P = \sqrt{s(s-a)(s-b)(s-c)} \tag{7-5-7}$$

为讨论方便，设为等边三角形，每边边长为 $a$，则

$$P = \frac{\sqrt{3}}{4}a^2 \tag{7-5-8}$$

上式取对数微分：

$$\mathrm{d}\ln P = 2\mathrm{d}\ln a + \mathrm{d}\ln\left(\frac{\sqrt{3}}{4}\right)$$

$$\frac{\mathrm{d}P}{P} = 2\frac{\mathrm{d}a}{a}$$

化为中误差表达式，并顾及三边的独立丈量，则等边三角形的面积相对误差为：

$$\frac{m_P}{P} = \frac{2}{\sqrt{3}}\frac{m_a}{a} \tag{7-5-9}$$

$n$ 个等边三角形组成的多边形中，每个三角形至少有两条边为独立观测值，因此每个三角形的面积相对误差为：

$$\frac{2}{\sqrt{2}} \cdot \frac{m_a}{a}$$

由 $n$ 个三角形组成的多边形的面积相对误差为：

$$\frac{m_P}{P} = \sqrt{\frac{2}{n}}\frac{m_a}{a} \tag{7-5-10}$$

例如由三个同样大小的等边三角形组成的五边形，每边长为20m，丈量各三角形的边。设每边丈量误差为±2cm，则根据上式算得的面积相对误差为1/1200。

**二、坐标解析法量测面积的精度估算**

坐标解析法为房地产测量中量算面积的主要方法，是同类（实测法或图解法）面积测定方法中精度最高的一种，是与全解析法地籍测量、数字化房地产管理相适应的一种方法。

根据（7-2-8）式，得到：

$$2P = \sum_{i=1}^{n}(x_i y_{i+1} - x_{i+1} y_i)$$

$$= x_1 y_2 - x_2 y_1 + x_2 y_3 - x_3 y_2 + \cdots + x_n y_1 - x_1 y_n$$

对上式中的面积 $P$ 和坐标值 $x_i$、$y_i$ 取全微分：

$$2\mathrm{d}P = y_2 \mathrm{d}x_1 + x_1 \mathrm{d}y_2 - y_1 \mathrm{d}x_2 - x_2 \mathrm{d}y_1 + y_3 \mathrm{d}x_2 + x_2 \mathrm{d}y_3$$

$$- y_2 \mathrm{d}x_3 - x_3 \mathrm{d}y_2 + \cdots + y_1 \mathrm{d}x_n + x_n \mathrm{d}y_1 - y_n \mathrm{d}x_1 - x_1 \mathrm{d}y_n$$

$$= [(y_2 - y_n)\mathrm{d}x_1 + (y_3 - y_1)\mathrm{d}x_2 + \cdots + (y_1 - y_{n-1})\mathrm{d}x_n]$$

$$- [(x_2 - x_n)\mathrm{d}y_1 + (x_3 - x_1)\mathrm{d}y_2 + \cdots + (x_1 - x_{n-1})\mathrm{d}y_n]$$

设 $x_i$、$y_i$ 为独立变量，根据误差传播定律，得到：

$$4m_P^2 = \sum_{i=1}^{n}(y_{i+1} - y_{i-1})^2 m_{x_i}^2 + \sum_{i=1}^{n}(x_{i+1} - x_{i-1})^2 m_{y_i}^2 \quad (7\text{-}5\text{-}11)$$

设 $D_{i+1,i-1}$ 为第 $i$ 点左右相邻两点连线（间隔点连线）的长度（图 7-17），则

$$D_{i+1,i-1}^2 = (x_{i+1} - x_{i-1})^2 + (y_{i+1} - y_{i-1})^2 \quad (7\text{-}5\text{-}12)$$

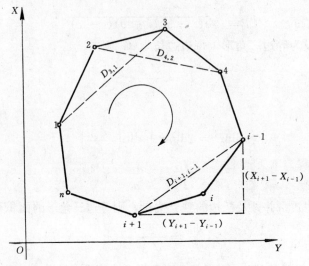

图 7-17 $n$ 边形间隔点的连线

设各点的坐标中误差都相等，即

$$m_{x_i} = m_{y_i} = m_c \quad (7\text{-}5\text{-}13)$$

将 (7-5-12)、(7-5-13) 式代入 (7-5-11) 式，得到坐标解析法量算面积时估算面积中误差的公式：

$$m_P = \frac{m_c}{2}\sqrt{\sum_{i=1}^{n} D_{i+1,i-1}^2} \quad (7\text{-}5\text{-}14)$$

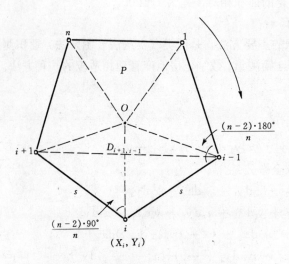

图 7-18 正多边形的边长和间隔点连线长度

由此可见，坐标解析法面积量算的精度，不但与界址点的坐标精度（点位误差）有关，而且与图形的大小和形状有关。当面积 $P$ 和坐标中误差 $m_c$ 为定值时，间隔点连线（$D_{i+1,i-1}$）越短，即界址点越密，面积量算的精度越高。

现以正多边形为例，分析坐标解析法的面积量算精度。设坐标的中误差 $m_c = \pm 0.035\text{m}$，面积 $P$ 为某一定值（设分别等于 10000m²、2500m²、900m²、400m²、100m²），边数 $n=4\sim25$ 边，计算其边长 $s$、面积中误差 $m_P$ 及面积相对误差 $m_P/P$ 列于表 7-4。参照图 7-18 的正多边形，采用的计算公式如下：

$$s = \sqrt{\frac{4}{n}\text{tg}\frac{180°}{n} \cdot P} \qquad (7\text{-}5\text{-}15)$$

$$D = 2s \cdot \sin\left[\left(1 - \frac{2}{n}\right) \cdot 90°\right] \qquad (7\text{-}5\text{-}16)$$

$$m_P = \frac{m_C}{2} \cdot D\sqrt{n} \qquad (7\text{-}5\text{-}17)$$

**正多边形用坐标解析法测定面积的精度** 表 7-4

$m_c = \pm 0.035\text{m}$

| 边数 $n$ | $P=10000\text{m}^2$ | | | $P=2500\text{m}^2$ | | | $P=900\text{m}^2$ | | | $P=400\text{m}^2$ | | | $P=100\text{m}^2$ | | |
|---|---|---|---|---|---|---|---|---|---|---|---|---|---|---|---|
| | $s$ (m) | $m_P$ (m²) | $m_P/P$ | $s$ (m) | $m_P$ (m²) | $m_P/P$ | $s$ (m) | $m_P$ (m²) | $m_P/P$ | $s$ (m) | $m_P$ (m²) | $m_P/P$ | $s$ (m) | $m_P$ (m²) | $m_P/P$ |
| 4 | 100.00 | 4.95 | 1/2020 | 50.00 | 2.47 | 1/1012 | 30.00 | 1.49 | 1/606 | 20.00 | 0.99 | 1/404 | 10.00 | 0.49 | 1/202 |
| 5 | 76.23 | 4.83 | 2070 | 38.12 | 2.41 | 1037 | 22.87 | 1.45 | 621 | 15.25 | 0.97 | 414 | 7.62 | 0.48 | 207 |
| 6 | 62.04 | 4.61 | 2169 | 31.02 | 2.30 | 1087 | 18.61 | 1.38 | 651 | 12.41 | 0.92 | 434 | 6.20 | 0.46 | 217 |
| 8 | 45.51 | 4.16 | 2404 | 22.75 | 2.08 | 1202 | 13.65 | 1.25 | 721 | 9.10 | 0.83 | 481 | 4.55 | 0.42 | 240 |
| 10 | 36.05 | 3.80 | 2632 | 18.03 | 1.90 | 1316 | 10.82 | 1.14 | 789 | 7.21 | 0.76 | 527 | 3.61 | 0.38 | 264 |
| 12 | 29.89 | 3.50 | 2857 | 14.94 | 1.75 | 1429 | 8.97 | 1.05 | 857 | 5.98 | 0.70 | 571 | 2.99 | 0.35 | 286 |
| 15 | 23.81 | 3.16 | 3165 | 11.90 | 1.58 | 1582 | 7.14 | 0.95 | 947 | 4.76 | 0.63 | 634 | 2.38 | 0.32 | 317 |
| 20 | 17.80 | 2.75 | 3636 | 8.90 | 1.38 | 1812 | 5.34 | 0.83 | 1084 | 3.56 | 0.55 | 727 | 1.78 | 0.28 | 363 |
| 25 | 14.22 | 2.47 | 4049 | 7.11 | 1.23 | 2033 | 4.27 | 0.74 | 1216 | 2.84 | 0.49 | 810 | 1.42 | 0.25 | 405 |

通过对表中所列数值的分析，可以归纳出以下几点：

(1) 当用坐标解析法量测面积，面积和界址点的点位误差为定值时，随着界址点数的增加，面积误差逐渐减小（精度提高），其中以正方形（点数最少）的面积测定精度为最低。因此对于简单的有规则图形，宜在长直线段上增设界址点。当用数字化仪从图上量取坐标以计算面积时，更应增加量测的点数。

(2) 随着面积的增大，量测面积的相对精度提高。因此对于面积较小的宗地，如要保持较高的面积量测相对精度，应提高界址点测定的精度。

(3) 大面积量测的相对精度高于小面积量测的相对精度，可以为大面积控制小面积提供理论依据。

(4) 典型图形（正多边形）量测面积的精度估算，可以给相类似的实地图形的精度分析作参考。

### 三、用求积仪量测面积的精度估算

求积仪量测图形面积的误差，除了与求积仪仪器误差和操作误差有关以外，还与测图比例尺和成图精度有关。对于成图精度，由于情况复杂难以具体分析；对于测图比例尺，则比例尺越大，图解精度越高。因此讨论求积仪量测图形面积的误差时，先不考虑成图的精度和测图比例尺的大小，仅估算求积仪量测图形面积本身的误差。其中包括求积仪最小读数的误差（机械求积仪的一个分划值、电子求积仪的一个脉冲计数）和操作求积仪时沿图形轮廓线描迹的误差。图上面积误差的计量单位一般采用 cm²，求算实地面积误差时还应乘以测图比例尺分母的平方。

求积仪最小读数误差引起的面积误差约为±0.1cm²，而描迹误差与图形面积 $P$ 的方根大致成正比。其量测面积精度估算的经验公式为：

$$m_P = 0.1 + 0.015\sqrt{P} \tag{7-5-18}$$

式中各项数值均以 cm² 为单位。

按照（7-5-18）式，用不同大小的图上面积代入，估算用求积仪测定面积的误差列于表 7-5。

**求积仪量测面积的误差**　　　　　　　　　　表 7-5

| 图 上 面 积 $P$ (cm²) | 量 测 面 积 误 差 $m_P$ (cm²) | 相 对 误 差 $m_P/P$ |
|---|---|---|
| 10 | 0.147 | 1/68 |
| 20 | 0.167 | 1/120 |
| 50 | 0.206 | 1/240 |
| 100 | 0.250 | 1/400 |
| 150 | 0.284 | 1/530 |
| 200 | 0.312 | 1/640 |
| 250 | 0.337 | 1/742 |
| 300 | 0.360 | 1/833 |
| 400 | 0.400 | 1/1000 |

由此可见，图上面积越小，量测图形面积的相对精度越低。因此，小于图上 10cm² 的图形面积不宜用求积仪测定。另外，大于图上 400cm² 的图形也会超出描迹臂能伸展的范围，不宜一次测定而可以分块量测。

如果考虑一般成图的误差，用求积仪测定图形面积的相对误差一般不会小于 1/500。

### 思考题与练习题

1. 在房地产测量中，哪些工作需要进行面积量算？
2. 面积量算有哪几种方法？哪种方法量算的精度最高？
3. 电子求积仪和机械求积仪有哪些相同和不同点？
4. 对第五章思考题与练习题的第 6 题所计算的闭合导线 J1-J2-J3-J4-J5，用坐标解析法计算该导线所围成的地块面积。
5. 对第六章思考题与练习题的第 6 题所展绘在图纸上的闭合导线 J1-J2-J3-J4-J5，用求积仪法量算该导线所围成的地块面积。
6. 房地产测量中的面积量算需要进行哪些改正？
7. 设坐标中误差 $m_c = \pm 0.025$m，试估算第 4 题用坐标解析法量算该地块面积的精度和相对精度。
8. 试估算第 5 题用求积仪法量算该地块面积的图上精度与实地精度。

# 第八章 地籍和房产调查

## 第一节 地籍调查的目的和内容

土地是人类进行社会生产和生活必不可少的物质条件。为了科学地管理好土地，必须进行地籍调查，以取得有关土地状况的各种信息资料。地籍调查是国家为取得基础地籍资料而进行的一项调查工作，同时也是土地管理的基础工作。它的基本任务是调查清楚每一宗地（土地权属的基本单元）的位置、界线、权属（所有权和使用权）、面积和用途等，并把调查结果编制成地籍簿册和地籍图，为土地登记发证、统计、土地定级估价、合理利用土地和依法管理土地提供原始资料和基本依据。

按照我国土地管理法规定，城镇土地的所有权属于国家，农村土地的所有权属于集体。国家又制定了所有权和使用权分离的原则，并实行城镇国有土地使用权出让、转让制度。

长期以来，我国实行土地无偿使用制度，大部分城镇没有建立土地档案，体制几经变化，土地使用权单位也发生变化。正是由于土地的无偿使用与土地管理制度不健全，在变化过程中没有对所属土地办理应办的法律手续，造成目前城镇土地的权属混乱，土地权属纠纷时有发生。对此，在作权属调查时，有明确界线的，经边界两边的使用单位（或使用人）共同确认的，可以在调查时肯定下来；凡有争议的，应通过上级单位，或通过民事、法律程序解决；对有争议不能解决的可作为未定界处理。地籍调查人员原则上不参与土地纠纷的处理。

地籍调查必须以权属调查为前提，并把权属界线的正确确定作为首要条件。地籍测量是地籍调查的手段，地籍调查的最终成果应达到"权属合法、界址清楚、面积准确"，以满足土地登记和发证的要求。

城镇地籍调查的内容，依据它的具体任务而定。为土地登记发证服务的地籍调查，调查内容为权源、权属界线、权属面积及其他一些必要的地籍要素和与地籍要素有关的地形要素。为土地定级估价服务的地籍调查，除调查上述内容外，还应调查土地的自然和经济等状况。城镇与郊区的结合部应考虑城镇建设发展的需要，在地籍调查中还应详细查清有关土地的地物和地貌情况，为建设用地管理提供基础资料和科学依据。以多用途为目的的现代地籍，对地籍资料的要求是多方面的。因此，地籍调查的内容也就相应地增加，主要包括土地自然和社会经济评价资料、土地权属状况、土地利用状况以及相应的图件等。

地籍调查分为初始地籍调查与变更地籍调查。凡首次为建立完整的地籍档案、测绘地籍图而进行的地籍调查称为初始地籍调查；地籍档案建立以后，因土地权属及土地本身状况发生变化而进行的调查称为变更地籍调查。

## 第二节 初始地籍调查的准备工作

（一）发布通告

地籍调查的第一步工作是发布通告，其目的是使被调查区域内的土地所有者和使用者知道地籍调查和地籍测量工作即将进行，在进行权属、界址调查时有关单位及个人应给予积极配合。通告内容为地籍调查的范围、时间、要求及具体条款、调查时土地使用者应出示的证件及需办的手续等。在发布通告的同时，还应以书信、公函形式告知调查范围内的土地使用者，要求这些单位和个人提出土地使用权的申报。

（二）建立组织机构

长期以来，我国对地籍管理不够重视，土地权属概念模糊，存在着不少土地权属纠纷。为了使地籍调查能顺利地进行，在开展地籍调查的市、县，有必要成立以主管市（县）长为首的地籍调查和土地登记领导小组。领导小组的成员主要由土地管理局、房产管理局、城建局、规划局、法院等部门的负责同志组成。领导小组负责总的协调工作并制定政策，研究处理地籍调查和土地登记中的重大问题，特别是调解和仲裁土地权属纠纷问题。在领导小组下，还应设立专门的地籍调查办公室，负责地籍调查的具体实施。

（三）制定实施计划

在进行地籍调查时，各地要结合本地的实际，制定周密的实施计划，包括地籍调查的范围、方法、经费、时间、仪器设备和人员组织等。

（四）确定调查范围

调查范围应考虑到城镇建设规划和发展速度，一般应以近期规划区作为调查范围，以适应地籍变更的需要。同时，应把调查区域边缘的宗地调查完整。

调查范围的确定可在 1∶2000～1∶10000 的地形图上标绘出来，如果有大比例尺航空摄影像片，也可在其上面划出调查范围。

（五）收集资料

地籍调查需要收集的主要资料有：

(1) 原有的地籍资料；

(2) 测量控制点资料，已有的大比例尺地形图，城市规划图件，航空摄影资料；

(3) 土地利用现状调查资料，非农业建设用地清查资料；

(4) 房屋普查及工业普查中有关土地的资料；

(5) 土地征用、划拨、出让、转让等档案资料；

(6) 土地登记申请表及其权属证明材料；

(7) 其他有关资料。

将这些资料尽量收集齐全，并进行分析整理。

（六）制定技术设计书

根据收集的资料和实地勘察的结果，制定地籍调查技术设计书，其主要内容包括：

(1) 调查地区的地理位置和用地特点；

(2) 地籍调查工作程序及组织实施方案；

(3) 地籍控制网点的布设和施测方法，以及坐标系统的选择；

(4) 地籍图的规格、比例尺和分幅方法的选定；
(5) 地籍细部测量方法的选用；
(6) 地籍调查成果的质量标准和精度要求。

地籍调查技术设计书是地籍调查实施的依据和技术标准。

(七) 地籍表册、测量仪器与工具的准备

地籍调查所形成的成果资料将作为永久性的地籍档案资料。权属调查的图、表、卡、册具有法律效力，因此必须按照《土地登记规则》、《城镇地籍调查规程》中所规定的表格格式进行印制，并应选择质地较好的纸张。常用的表册包括地籍调查表、测量记录表、测量计算表、汇总统计表等。若采用袖珍计算机进行计算时，各种计算结果均可由计算机打印装订成册。

地籍调查所需测量仪器和工具取决于所采用的地籍测量方法。若有新拍摄的大比例尺航摄像片或新测的大比例尺地形图，而且地籍测量任务又比较简单的，则可以使用较简单的仪器工具如普通经纬仪、皮尺或钢尺、卡规、比例尺等。在原来无地形图或图比较陈旧的情况下，或要采用精度较高的地籍测量方法（如解析法）时，则需使用高精度经纬仪、光电测距仪、乃至电子速测仪等设备。

(八) 人员培训

地籍调查具有政策性强、技术要求全面、野外工作强度大等特点。为了使地籍调查高质量、高速度地进行，在调查前，必须对地籍调查人员进行系统的培训。培训的内容包括：有关的地籍政策法规、技术规程、技术设计书、调查的方法、要求与操作要领等。人员培训是确保地籍调查质量的关键因素之一，因此必须高度重视。

在全面展开地籍调查之前，可进行小面积的调查试点。通过试点，发现问题，总结经验，并把试点与培训结合起来，从实践中培训调查人员，推动地籍调查工作的顺利进行。

## 第三节 初始地籍调查

地籍调查是对土地权属单位的土地权源及其权利所及的界线、位置、数量和用途等基本情况的调查。地籍调查的核心是权属调查。

权属调查是一项政策性很强的工作，在实地调查中绘制的宗地草图，填写的地籍调查表，不仅为地籍测量提供依据，而且是地籍档案的重要组成部分。

界址调查是权属调查的关键。界址调查时，界址两侧的土地使用者必须同时到场，共同指界。对土地界线认定无争议后，双方代表签字盖章，并在实地设立界址点标志。

**一、土地权属**

土地权属是指按《中华人民共和国土地管理法》规定的土地所有权和现在合法的土地使用权的归属。

(一) 土地所有权

土地所有权是指土地所有者对土地占有、使用、收益和处分的权利，是土地所有制在法律上的体现。我国实行土地社会主义公有制，即全民所有制和劳动群众集体所有制。全民所有制（国有）土地主要是依据国家制定的一系列法律、法令、条例、政策的规定，运用没收、征收、征用、收归国有等手段而形成的。国有土地包括以下几个部分：

(1) 国家划拨给国营企事业单位使用的土地；

(2) 城市市区的土地；

(3) 城镇建设已经征用的土地；

(4) 国家建设依法征用的土地；

(5) 国家拨给机关、企事业、军队农业生产和职工家属生活使用的土地；

(6) 经批准给乡（镇）、村使用的国有林地、荒地、草原、水面等；

(7) 国家建设征而未用，以及机关企事业单位、军队农副业生产基地停办后移交给乡、村使用的土地；

(8) 未经划拨的荒地、草原、林地、水面等土地。

集体所有制土地所有权的形成，经历了从土改后改变封建土地所有制为个体农民所有制，再经过合作化、公社化从个体农民所有制转变为合作集体所有制——社会主义劳动群众集体所有制的过程。根据《民法通则》和《土地管理法》中的规定，集体所有制土地属于：村农民集体所有、乡（镇）农民集体所有。村内有两个以上农业集体经济组织的，则分别属于各集体经济组织农民集体所有。我国集体所有制土地为农村和城市郊区的土地,但不包括法律规定属于国家所有的土地。

（二）土地使用权

土地使用权是依照法律对土地加以利用的权利。国家制定了所有权和使用权分离的原则：国有土地可以依法确定给全民所有制单位或集体所有制单位使用；国有土地和集体所有制土地可以依法给个人使用；集体所有的土地、全民所有制单位和集体所有制单位使用的国有土地，可以由集体或个人承包经营，从事农林牧副渔业生产。使用土地的单位和个人有保护、管理和合理使用土地的义务。使用国有土地须向县以上人民政府土地管理部门申请土地使用权证，经审查确权后，领取土地使用权证。这时，土地的使用权受到国家法律的保护，任何单位和个人不得侵犯。改变国有土地的使用性质，或者变更土地使用者（如土地转让、分割），都必须依法办理土地使用权的变更登记，更换土地使用权证，否则属非法行为，国家法律不予保护。

## 二、权属调查的单元

被权属界址线所封闭的地块称为一宗地（也称为一丘地）。宗地是权属调查的基本单元。一般情况下，一宗地内为一个权属单位。同一个土地使用者，使用不相连的若干地块，则每一地块分别划宗。一地块为几个权属单位共同使用，而其间又难以划清权属界线，这块地就划为一宗地，并称之为共用宗或混合宗。

宗地要按规定进行编号，调查前应进行预编宗地号，通过调查正式确定宗地号。宗地编号一般按行政区、街坊、宗地三级编号，对于较大城市可按行政区、街道、街坊、宗地四级编号。

《城镇地籍调查规程》规定，宗地在地籍图上统一按自左到右、自上而下的顺序进行编号，如图（8-1）所示。

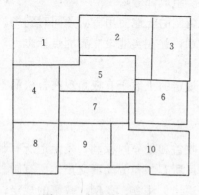

图 8-1 宗地编号顺序

## 三、权属调查的内容与要求

权属调查以宗地为独立单位进行。每一宗地应填写一份地籍调查表。对混合宗，在地籍调查表上能说明各自使用部分和分摊情况时可用一份表；当共有情况不能分清时，各使用者可分别各填一份表，说明各自使用部分的土地情况。

权属调查的内容主要包括：查明每宗地的单位名称或户主姓名、宗地位置及四至、权属界线、权属性质及权源、土地使用状况（包括用途、出租等情况）、土地启用时间、有无纠纷等。

权属调查是地籍调查的前提，具有法律效力，不得有半点差错，否则将涉及到以后地籍测量、面积量算、宗地图、地籍图、统计汇总等多项工作的改动，严重的甚至会引起新的土地纠纷。因此，地籍调查人员对此必须高度认真负责。

**四、权属调查的方法**

（一）准备工作

为使权属调查能顺利进行，在外业权属调查之前，必须做好以下两项工作：

1. 准备调查底图和调查表

调查前应根据已有的图件资料确定采用什么图作为调查底图。地籍调查区如已有地籍图或大比例尺地形图，可用这些图的复制图作为调查底图。对收集来的图件中某些有参考价值的权属界线内容可以转绘到底图上，以便外业调查时作参照。若调查区内没有现成的图件，则应根据实地勘察的结果，按街坊或小区绘制示意性的宗地关系位置草图（如图8-2），作为调查工作底图，以避免调查中出现重复和遗漏现象。

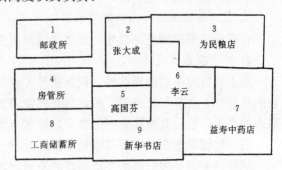

图 8-2  宗地关系位置图

准备好调查底图后，在其上按行政区或自然地块划分调查区，并在各街坊内，逐宗地预编宗地号。

外业调查表根据权属调查的内容而定。《城镇地籍调查规程》详细规定了调查表的内容和格式。调查表包括的基本内容有：单位名称、单位所在地、调查单元编号、土地坐落、土地用途、权源情况、有无土地纠纷等。在外业调查前必须按规定印制并准备好调查表。

2. 发放调查通知单

根据调查工作计划，分区分片公告通知或邮寄通知单给被调查单位或个人，通知其按时到现场指界。

（二）外业调查

外业调查的主要任务是在现场明确土地权属界线。具体工作包括现场指界、设置界标、填写地籍调查表、绘制宗地草图、签字认可等。

1. 现场指界

权属界线的确定应采用共同指界的原则，即界址线的认定必须由本宗地与相邻宗地指界人亲自到场共同指界。单位使用的土地，须由用地单位负责人（法人代表）持法人证明书到现场指界。法人代表不能出席指界时，可委托法人代表代理人代为指界，但其必须出具代理人身份证明和委托指界书。个人使用的土地，须由户主出席指界，并应出具身份证明和户口簿。指界人出具的身份证明和委托书必须附在地籍调查文件中，否则指界人的指界签章无效。在现场指界中，相邻双方同指一界，则为无争议界线；若双方所指界线不同，则为有争议地界。只有无争议界线才能确定为相邻宗地的正式界址线。

在现场指界时，如一方违约缺席，其宗地界线以另一方所指界线确定；如双方违约缺席，其宗地界线由调查员依现状界址及地方习惯确定。确界后将确界结果以书面形式送达违约缺席者，如有异议，必须在 15 日内提出重新划界申请，并负责重新划界的全部费用。逾期不申请则确界自动生效。

2. 设置界标

对于无争议的界址线可根据实际情况在其两端设置界址点标志。界址点为明显地物点（如墙角、房角等）时，可在其上进行喷涂或钉上金属标志，作为界址点标志；若界址点位于空旷地区或无明显地物时，可埋设界桩、石灰桩、界址钉等作为界标。

3. 填写地籍调查表和绘制宗地草图

在现场应根据调查结果如实地填写地籍调查表和绘制宗地草图。

4. 签字盖章认可

对于双方无争议的界址线，双方指界人应在地籍调查表上签字或盖章认可。对于有争议的界址线，在现场处理不了的，可在地籍调查表的说明栏中说明有争议界址线的情况及双方的意见，经双方指界人签字盖章，转送土地登记办公室，作为土地纠纷加以处理。

**五、地籍调查表的填写与宗地草图的绘制**

地籍调查表是每一宗地实地调查的原始记录，是地籍档案的法律依据，必须详实记录，认真填写。不论是初始地籍调查还是变更地籍调查，都应填写地籍调查表。

（一）地籍调查表填写示例

地籍调查表除封面以外，还包括宗地情况表（见表 8-1）、界址调查表（见表 8-2）、宗地草图表（见表 8-3）、调查勘丈记事及审核表（见表 8-4）。

宗 地 情 况 表　　　　　　　　表 8-1

初始

| 土地使用者 | 名　称 | 江都市红山幼儿园 | | | |
|---|---|---|---|---|---|
| | 性　质 | 全　民 | | | |
| 上级主管部门 | | 江都市教育局 | | | |
| 土地坐落 | | 江都市红山路 6 号 | | | |
| | 法人代表或户主 | | | 代　理　人 | |
| 姓　名 | 身份证号码 | 电话号码 | 姓　名 | 身份证号码 | 电话号码 |
| 郭基财 | 430820323 | 541774 | 李江 | 460712314 | 541776 |
| 土地权属性质 | | | 国有土地使用权 | | |
| 预编地籍号 | | | 地　籍　号 | | |
| 2—(3)—4 | | | 2—(3)—10 | | |
| 所在图幅号 | | | 10.00—20.00 | | |
| 宗地四至 | | | | | |
| 批准用途 | | 实际用途 | | 使用期限 | |
| 教育用地 | | 教育用地（44） | | | |
| 共有使用权情况 | | | | | |
| 说　　明 | | | | | |

## 界 址 调 查 表  表8-2

| 界址点号 | 界 址 标 示 ||||||||||| 备注 |
|---|---|---|---|---|---|---|---|---|---|---|---|
| | 界 标 种 类 |||| 界址间距(m) | 界址线类别 || | 界址线位置 ||| |
| | 钢钉 | 水泥桩 | 石灰桩 | 喷涂 | | 围墙 | 墙壁 | 内 | 中 | 外 | |
| 1 | ✓ | | | | 17.69 | ✓ | | | | ✓ | |
| 2 | ✓ | | | | 2.50 | ✓ | | | | ✓ | |
| 3 | ✓ | | | | 12.95 | ✓ | | | | ✓ | |
| 4 | ✓ | | | | 9.01 | ✓ | | | | ✓ | |
| 5 | ✓ | | | | 18.51 | ✓ | | | ✓ | | |
| 6 | ✓ | | | | 26.56 | ✓ | | | | ✓ | |
| 7 | ✓ | | | | 26.27 | ✓ | | | | ✓ | |
| 8 | ✓ | | | | 10.07 | | | | | | |
| 1 | | | | | | | | | | | |

界址调查员姓名　　　　　　　　　　李江、胡江

| 界址线 || 邻 宗 地 ||| 本 宗 地 || 日期 |
|---|---|---|---|---|---|---|---|
| 起点号 | 终点号 | 地籍号 | 指界人姓名 | 签章 | 指界人姓名 | 签章 | |
| 2 | 3 | 2—(3)—6 | 刘江 | 刘江 | 李江 | 李江 | 20/1 |
| 3 | 6 | 2—(3)—11 | 吕刚 | 吕刚 | 李江 | 李江 | 20/1 |
| 7 | 8 | 2—(3)—9 | 冯齐 | 冯齐 | 李江 | 李江 | 20/1 |
| 8 | 2 | 2—(3)—5 | 陈飞 | 陈飞 | 李江 | 李江 | 20/1 |
| | | | | | | | |
| | | | | | | | |
| | | | | | | | |
| | | | | | | | |
| | | | | | | | |
| | | | | | | | |
| | | | | | | | |

界址调查员姓名　　　　　　　　　　李红、吕兵、胡江

171

| 宗 地 草 图 表 | 表 8-3 |

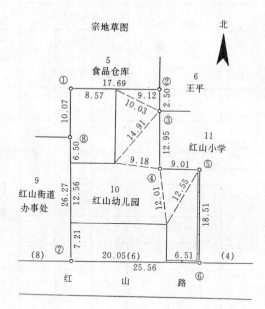

| 丈量者 | 李波、王洪红 | 丈量日期 | 1992.4.5 | 概略比例尺 | 1：500 |

注：（1）本宗地相邻界址点间距，总长注在界址线外，分段长注在界线内。
　　（2）邻宗地界址线与本宗地界址线交点在本宗应编号。
　　（3）9、10、11……为宗地号；(4)、(6)、(8)……为门牌号；①、②、③……为界址点号。

| 调查勘丈记事及审核表 | 表 8-4 |

**权属调查记事及调查员意见。**
　　经现场核实，申请书上有关栏目填写正确；相邻宗地指界人均按规定到现场指界，调查员对 8 个界址点均设置了钢钉志，实地丈量 8 条界址边长、建筑物边长及界址点的相关距离等。
　　经调查该宗地可进行细部测量。

调查员签名：李红、吕兵、胡江　日期1990年1月20日

**地籍勘丈记事**
　　勘丈前经检查 8 个界址点标志完好无损，使用经纬仪、钢尺，采用极坐标法测定界址点。
勘丈员签名：胡刚、周连　日期：1990 年 2 月 11 日

**地籍调查结果审核意见**
　　经审核，该宗地的权属证件齐全、有效合法、界址清楚、四至无纠纷，调查结果正确、地籍勘丈结果准确。
　　审核人签章：何方　日期：1990 年 4 月 6 日

（二）地籍调查表填写要求

（1）必须做到表与图上记载的各种数据相一致，编号与名称相一致，图表与实地调查相一致，做到不错不漏。填表和绘图应清晰、美观，使用的汉字应规范。填写应一律用黑墨水钢笔书写，对于大量常用的地名或专用名称可刻印章进行盖印。

(2) 填写各项内容均不得涂改，同一项内容划改不得超过两次，全表划改也不得超过两处。划改时应用黑墨水钢笔或红笔整齐划去，然后在其上面写上正确的内容。划改处应加盖划改人员的印章，以示负责。

(3) 每一宗地填写一份地籍调查表，有些项目在表中填写不下时，可加附页补充填写。但附页应加编号，并与主表一一对应。

(三) 宗地情况表的填写

1. 土地使用者名称和性质

土地使用者为单位时，名称应填写单位全称。土地使用单位应具有法人资格，若该单位无法人资格，则其土地使用权应确定给该单位的上一级主管部门。个人使用宗地，名称应填写户主姓名，房屋出租时应填写出租者姓名，承租人可在备注栏中说明。我国土地使用者性质按所有制的不同可分为全民、集体和个人三种。

2. 土地坐落及宗地四至

土地坐落是指本宗地所在的路、街、巷、弄、村的名称及门牌号码；宗地四至应填写四周相邻宗地的单位名称或个人姓名，以及针对本宗地而言的权属界址线的范围。

3. 法人代表、户主、代理人

法人代表或户主、代理人的姓名应采用户籍姓名，即身份证和户口簿上的姓名，不得使用别名、代名或假名。填写的身份证号码，在同一地区可从第7位开始。

4. 土地权属性质

土地权属性质即土地所有制性质，在我国分为国有土地（全民所有土地）和集体所有土地两种。

5. 地籍号及所在图幅号

地籍预编号可根据工作进展的先后次序编号，也可根据调查情况按照图上自左至右、自上而下的原则预先编号。地籍预编号是为满足地籍调查工作的需要而临时编立的号码，在调查结束后将被正式的地籍号所取代。地籍号即本宗地的最后编号，是由地籍调查人员根据地籍调查的结果统一编号，例如2—(3)—4表示第2街道、第3街坊、第4宗地。所在图幅号为本宗地所在图幅的图号，一宗地位于多幅图内时，应填写占地面积最大的那一幅图的图号。

6. 批准用途、实际用途与使用期限

批准用途可查阅申报材料或征地材料填写。实际用途可根据目前使用情况填写。使用期限按临时借用的年限、出让年限等填写，无法明确其年限的可不填写。

7. 共有使用权情况

指在混合宗里各土地使用者单独使用部分与共同使用部分的分摊份额等情况。例如有几个土地使用者（或几个单位）合用公房或私房而无法划分各自的占地面积，则可量算出整个房屋的占地面积和建筑面积，再分别量算出各土地使用者的建筑面积，按系数 $k$（$k=$ 总占地面积/总建筑面积）乘上各土地使用者的建筑面积进行分摊，求得各土地使用者使用土地的面积。

8. 说明

对一些其他具体问题，可在说明栏中进行说明。

(四) 界址调查表的填写

1. 界址标示

界址点号按宗地草图上的编号填写。界标种类根据界址点设置的实际情况，分别在相应的钢钉、水泥桩、石灰桩、喷涂栏内画"√"号。界址间距为相邻两界址点间的勘丈距离，以米为单位，记至厘米。界址线类别分别在相应的围墙、墙壁等栏内画"√"号。界址线位置是指界址线位于墙内、墙中还是墙外。墙体属于邻宗地为墙内，墙体为两宗共有为墙中，墙体属于本宗地为墙外，可根据调查的实际情况分别在相应栏内画"√"号。如果界址线为各自墙，则可在备注栏内加以说明。

2. 界址线签章

每条界址线占一行，根据宗地草图填写界址线两端的界址点号为起点号与终点号。对于每条界址线，本宗地与邻宗地的指界人均应签名盖章（无印章者可盖手指印），对于邻宗地应写明其宗地号。

（五）宗地草图的测绘

宗地草图是宗地档案的重要原始资料，是地籍调查表的重要组成部分，是宗地图制作和地籍原图测绘的主要依据，并与地籍原图的测绘互相检核。宗地草图对处理权属界线争议和变更地籍测量具有重要的作用。

1. 宗地草图的内容

宗地草图是描述宗地位置、界址点线和相邻宗地关系的实地记录，它包含下列主要内容：

（1）本宗地的完整图形；

（2）本宗地与邻宗地的宗地号；

（3）本宗地的界址边长，当分段丈量时，分段长度数据注记在宗地内部，而界址点间距注记在外侧；

（4）本宗地界址点与相关地物点的间距（用虚线表示）；

（5）邻宗地与邻宗地之间的界址分界线；

（6）概略比例尺、丈量日期、丈量者签名等。

2. 绘制宗地草图的要求

（1）应选用质地良好、适宜于长期保存的图纸绘制。为便于装订存档，大小规格为32开、16开或8开三种。宗地过大可分幅绘制，宗地过小可放大比例尺。

（2）宗地草图虽是目估绘制，但与实地图形应基本相似。线划应清晰（宜用2H～4H铅笔绘制），字迹应端正，字体应规范，数字注记字头应向北或向西书写（图的上方为大致正北方向）。注记过密处可以移位或放大表示。

（3）一切勘丈数据应在实地丈量，并当场记录，不得涂改或事后复制。对于实在无法直接丈量的界址边距离，可用解析法间接测定，不得凭空估计或从图上量取。

（六）调查勘丈记事及审核表的填写

在权属调查记事及调查员意见栏内应填写权属来源情况、用地是否合理、与相邻宗地有无争议、与城市建设规划有无矛盾，以及调查员通过调查后的意见。

在地籍勘丈记事栏内应填写实地勘丈情况，包括丈量工具、丈量方法、存在问题和解决方法、丈量结果等，另外也应注明界址点的保存情况。

在地籍调查结果审核意见栏内应写出审核人对各地籍调查表（包括宗地草图）的全面

审查意见和对权源、用地情况、勘丈方法、填表情况等的综合审核意见。

## 第四节 房地产调查的目的与内容

房地产测量是测定房屋和承载房屋的土地的自然状况与权属状况，为城镇的规划和建设、房地产的管理、开发、利用及征收房地产税费提供依据。房地产测量的主要成果为各种房地产平面图及有关数据和文档。房地产测量的图件和资料一经审核批准作为权证的附件，便具有法律效力。因此，对房地产测量必须有严格的要求。

房地产测量的内容主要包括：房地产调查、房地产控制测量、房地产平面图测绘、面积量算和房产变更测量等。而房地产调查是其先行工作，其他工作在房地产调查的基础上开展。

房地产调查分为房屋调查和房屋用地调查。其内容包括对每个权属单元的位置、权属界线、产权性质、数量和利用状况的调查，以及行政境界和地理名称的调查。

房地产调查应充分利用已有的地形图、地籍图、航摄像片及有关资料（包括产籍资料和房屋普查资料），按国家测绘局颁布的《房产测量规范》中"房屋调查表"（见表8-5）和"房屋用地调查表"（见表8-6）中规定项目，以权属单元为单位，逐项进行实地调查。

**房屋调查表**

图幅号： 丘号： 序号 表8-5

| 坐落 | 区（县） | | 街道（镇） | | 胡同（街巷） | | 号 | 电话 | | 邮政编码 | | |
|---|---|---|---|---|---|---|---|---|---|---|---|---|
| 产权人 | | | | 住址 | | | | | | | | |
| 使用人 | | | | 用途 | | | 产权性质 | | | 产别 | | |

| 房屋状况 | 幢号 | 权号 | 房号 | 总层数 | 所在层次 | 建筑结构 | 建成年份 | 占地面积(m²) | 间数 | 建筑面积 | | 墙体归属 | | | | 权源 |
|---|---|---|---|---|---|---|---|---|---|---|---|---|---|---|---|---|
| | | | | | | | | | | (m²) | 其中：分摊面积(m²) | 东 | 南 | 西 | 北 | |
| | | | | | | | | | | | | | | | | |
| | | | | | | | | | | | | | | | | |
| | | | | | | | | | | | | | | | | |
| | | | | | | | | | | | | | | | | |
| | | | | | | | | | | | | | | | | |

总占地面积（m²） 总建筑面积（m²） 总间数

| 房屋权界线示意图 | | 附记 | 调查意见 |
|---|---|---|---|
| | | | |

调查者： 年 月 日

**房 屋 用 地 调 查 表**

图幅号：　　　　　　　　　丘号：　　　　　　　序号：　　　　　　**表 8-6**

| 坐 落 | | 区（县） | | 街道（镇） | | 胡同（巷） | | 号 | | 电话 | | 邮政编码 | |
|---|---|---|---|---|---|---|---|---|---|---|---|---|---|
| 产权性质 | | | 产权人 | | | 土地等级 | | | 税费 | | | 用地范围示意图 | |
| 使用人 | | | 住址 | | | | | | 所有制性质 | | | | |
| 权源 | | | | | | | | | | | | | |
| 用地状况 | 四至 | | 东 | | 南 | | 西 | | 北 | | | | |
| | 界标 | | 东 | | 南 | | 西 | | 北 | | | | |
| | 用地分类面积（m²） | 合计 | 住宅 | 工业 | 公用设施 | 铁路 | 民航 | 航运 | 公交运输 | 道路 | 仓储 | 商业服务 | |
| | | | 旅游 | 金融保险 | 教育 | 医疗 | 科研 | 文化 | 新闻 | 娱乐 | 园林绿化 | 体育 | |
| | | | 办公 | 军事 | 涉外 | 宗教 | 监狱 | 农用 | 水域 | 空隙 | | 调查意见 | |
| | 用地面积（m²） | 合计 | 房屋占地 | | 院落 | | 分摊共用院落 | | 室外楼梯占地 | | | 备注 | |

调查者：　　　　　年　月　日

## 第五节　房 屋 调 查

### 一、房屋权属单元的划分与编号

房地产调查是以权属单元为单位进行的，而权属单元则按丘划分和编号。所谓"丘"是指用地界线封闭的地块，相当于地籍调查和地籍测量中的宗地。一个权属单元的地块称为独立丘，几个权属单元的地块称为组合丘。一般以一个单位、一个门牌号或一处院落划分为独立丘；而当权属单位混杂或权属单元面积过小时，可划分为组合丘。

丘号以图幅为单位，从左到右、自上而下分别用数字1、2、3……进行顺序编号。组合丘内各权属单元以丘号加支号来编号，丘号在前，支号在后，中间用短线连接，称为丘支号。当一丘地跨越图幅时，按主门牌号所在的图幅编立丘号；其在相邻图幅内的部分则不另编丘号，以主门牌所在图幅的丘号加括号表示。

房屋调查以丘为单位，对于丘内房屋应编立幢号。幢是指一座独立的、同一结构的、包括不同层次的房屋。同一结构、互相毗连的成片房屋，可按街道门牌号适当划分幢号。幢号以丘为单位，按房屋权属单元的次序，从大门口开始自左至右、从前到后用数字1、2、3

……顺序编号。幢号注记在房屋轮廓线内左下角，并加括号表示。

在他人权属土地上所建的房屋，即租用、借用集体土地或单位、个人承租国有土地上所建的房屋应加编房产权号，房产权号以房屋权属单元为单位，用大写英文字母 A、B、C……顺序编号。房产权号注记在幢号右边，和幢号并列。

## 二、房屋调查的内容

房屋调查的内容包括房屋的坐落、产权人、使用人、用途、产权性质、产别、建筑结构、建成年份、层数、建筑面积、占地面积、墙体归属、权源以及产权纠纷、他项权利等，详见房屋调查表（表8-5）。在表中还要画出房屋权界线示意图。

房屋的坐落是指房屋所在街道的名称和门牌号。房屋坐落在小的里弄、胡同或巷内时，应加注附近主要街道名称；缺门牌号时，应借用毗连房屋门牌号并加注东、南、西、北方位；单元式的成套住宅，应加注单元号、室号或户号。

房屋产权人是指房屋所有权人的姓名。私人所有的房屋，一般按照产权证上的姓名注明；产权是共有的，应注明全体共有人的姓名。单位所有的房屋，应注明单位的全称；两个以上单位共有的，应注明全体共有单位的名称。产权不清或无主的房屋，应注明产权不清或无主，并作简要说明。

房屋使用人是指实际使用房屋人的姓名。如产权人对房屋自住自用，则房屋使用人就是产权人本身；如房屋通过出租、代管、典当等合法途径把使用权转让给他人（非产权人），这时房屋使用人应是承租人、代管人和典权人，事实上他们是房屋的实际使用者。

房屋用途是指房屋的目前实际用途。原则上按使用单位的性质分为两级：一级分为住宅、工业交通仓储、商业服务、教育医疗科研、文化娱乐体育、办公、军事、其他 8 类；二级在一级的基础上再细分，共分为 30 类，具体内容详见表8-7。在房地产平面图上只表示一级分类。

**房屋用途及用地分类表**　　　　　　　　　表 8-7

| 一级分类 | | 二级分类 | | 一级分类 | | 二级分类 | | 一级分类 | | 二级分类 | |
|---|---|---|---|---|---|---|---|---|---|---|---|
| 编号 | 名称 | 编号 | 名称 | 编号 | 名称 | 编号 | 名称 | 编号 | 名称 | 编号 | 名称 |
| 1 | 住宅 | 11 | 住宅 | 3 | 商业服务 | 31 | 商业服务 | 6 | 办公 | 61 | 办公 |
|  |  | 12 | 成套住宅 |  |  | 32 | 旅游 |  |  |  |  |
|  |  | 13 | 集体宿舍 |  |  | 33 | 金融保险 | 7 | 军事 | 71 | 军事 |
| 2 | 工业交通仓储 | 21 | 工业 | 4 | 教育医疗科研 | 41 | 教育 | 8 | 其他 | 81 | 涉外 |
|  |  | 22 | 公用设施 |  |  | 42 | 医疗 |  |  | 82 | 宗教 |
|  |  | 23 | 铁路 |  |  | 43 | 科研 |  |  | 83 | 监狱 |
|  |  | 24 | 民航 | 5 | 文化娱乐体育 | 51 | 文化 |  |  | 84 | 农用 |
|  |  | 25 | 航远 |  |  | 52 | 新闻 |  |  | 85 | 水域 |
|  |  | 26 | 公交运输 |  |  | 53 | 娱乐 |  |  | 86 | 空隙 |
|  |  | 27 | 道路 |  |  | 54 | 园林绿化 |  |  |  |  |
|  |  | 28 | 仓储 |  |  | 55 | 体育 |  |  |  |  |

房屋产权性质是按照我国社会主义经济三种基本所有制的形式对房屋产权进行分类，分为全民所有（国有）、集体所有和私人所有（私有）三类。此外，我国还有一部分外侨房

产（外产）和中外合资房产，对此应按实际情况注明。

房屋产别是指根据房屋产权性质和管理形式不同而划分的类别。按两级分类，一级分为直管公产、单位自管公产、私产和其他产4类；二级是在一级分类的基础上再细分为11类，具体内容详见表8-8。在房地产平面图上只表示一级分类。

**房屋产别分类** 表8-8

| 一级分类 | | 二级分类 | | 一级分类 | | 二级分类 | | 一级分类 | | 二级分类 | |
|---|---|---|---|---|---|---|---|---|---|---|---|
| 编号 | 名称 | 编号 | 名称 | 编号 | 名称 | 编号 | 名称 | 编号 | 名称 | 编号 | 名称 |
| 1 | 直管公产 | 11 | 公产 | 2 | 单位自管公产 | 21 | 全民单位自管公产 | 3 | 私产 | 31 | 私产 |
|  |  | 12 | 代管产 |  |  | 22 | 集体单位自管公产 | 4 | 其他产 | 41 | 外产 |
|  |  | 13 | 托管产 |  |  | 23 | 军产 |  |  | 42 | 中外合资产 |
|  |  | 14 | 拨用产 |  |  |  |  |  |  | 43 | 其他产 |

房屋状况中的总层数是指室外地坪以上的层数，地下室、假层、附层（夹层）、阁楼（暗楼）、装饰性塔楼以及突出屋面的楼梯间、水箱间不计层数。所在层次是指本权属单元的房屋在该幢楼房中的第几层。

房屋建筑结构是指根据房屋的梁、柱、墙及各种构架等主要承重结构的建筑材料来划分的类别，具体分为钢结构、钢和钢筋混凝土结构、钢筋混凝土结构、混合结构、砖木结构、其他结构等6类，分别用编号1、2、3、4、5、6表示，如表8-9所示。一幢房屋有两种以上结构时，以面积大者为准。

**房屋结构分类表** 表8-9

| 编号 | 1 | 2 | 3 | 4 | 5 | 6 |
|---|---|---|---|---|---|---|
| 结构 | 钢结构 | 钢和钢筋混凝土结构 | 钢筋混凝土结构 | 混合结构 | 砖木结构 | 其他结构 |

房屋建成年份是指房屋实际竣工年份，一幢房屋有两种以上建成年份，应以建筑面积较大者为准。改建或扩建的房屋，应按改建或扩建的年份填写。

房屋占地面积、建筑面积和分摊面积测算参看第九章第九节。

房屋墙体归属是指房屋四周墙体所有权的归属，应分别注明自有墙、共有墙和借墙。

房屋权源是指房屋产权取得的方式，产权的来源主要包括新建、继承、交换、买卖、调拨、社会主义改造等方式。

在调查中对产权不清或有争议的，以及设有典当权、抵押权等他项权利的房屋，应查清产权纠纷的原因，他项权利的种类、范围和期限等，在房屋调查表的附记中作出记录。

房屋权界线是指房屋权属范围的界线，以产权人的指界与邻户认证来确定。对有争议的权界线，也应作出记录。房屋权界线示意图是以权属单元为单位而绘制的略图，主要反映房屋及其相关位置、权界线、共有共用房屋权界线，以及与邻户相连墙体的归属，并勘丈和注记房屋边长。对有争议的权界线也应在图上标出其部位。

## 第六节 房屋用地调查

### 一、房屋用地调查的内容

房屋用地调查的内容包括用地的坐落、产权人、产权性质、使用人、土地等级、税费、权源、用地单位所有制性质、用地情况（包括四至、界标、用地分类面积和用地纠纷等情况），以及绘制房屋用地范围示意图。房屋用地调查表详见表8-6。

用地的坐落和房屋调查相同。

用地的产权性质，按土地的所有权分为国有和集体所有两种。1982年新宪法公布以后，城市土地都属于国家所有，即城市土地国有化；只有在农村和城郊地区才有部分土地属集体所有，对于集体所有的土地还应注明土地所有单位的全称。用地等级是指经土地分等定级以后确定的土地级别。用地税费是指用地人每年向土地管理部门或税务机关缴纳的土地使用费和土地使用税。

用地人和用地单位所有制性质的调查要求同房屋调查。用地的权源是指取得土地使用权的时间和方式，如征用、划拨、价拨、出让等。

用地四至是指用地范围与四邻接壤情况，一般按东、南、西、北方向注明邻接丘号或街道名称。界标是指用地界线上的各种标志，包括界桩、界钉、喷涂等标志；界线是指用地界线上相邻的各种标志的连线，包括道路、河流等自然界线，房屋墙体、围墙、栅栏等围护物体的轮廓线，以及界碑、界桩等埋石标志的连线等。

用地面积量算见第九章第九节。

在调查中对用地范围不清或有争议的，以及设有他项权利的，应作出记录。

房屋用地范围示意图是以用地单元为单位绘制的略图，主要反映房屋用地位置、四至关系、用地界线、共用院落的界线，以及界标类别和归属，并勘丈和注记用地界线边长。用地范围界线，包括共用院落的界线，由产权人（用地人）指界与邻户认证来确定。用地范围有争议的，应标出争议部位，按未定界处理。

### 二、行政境界与地理名称调查

在房地产调查中除对房屋和房屋用地进行调查外，还要对行政境界与地理名称进行调查，并标绘在房地产平面图上。

行政境界调查应依照各级地方人民政府划定的行政境界位置，调查区、镇、县的行政区划范围。对于街道或乡的行政区划，可根据需要进行调查。

地理名称调查（地名调查）包括居民地、道路、河流、广场等自然名称、镇以上人民政府等各级行政机构名称、工矿、企事业等单位名称的调查。自然名称应根据各地人民政府地名管理机构公布的标准名，或公安机关编定的地名进行调查。凡在调查区域范围内的所有地名及重要的名胜古迹均应调查。使用单位的名称应调查实际使用该房屋及其用地的企事业单位的全称。行政名称与自然名称相同时，也应分别注记，自然名称在前，行政名称在后，并加括号表示。地名的总名与分名一般应全部调查，用不同的字级分别注记。同一地名被线状地物或图廓线分割，或者不能概括的大面积和延伸较长的地域、地物，应分几处注记。

通过实地调查所填写的"房屋调查表"和"房屋用地调查表"的内容，可以作为建立房地产卡片、统计房地产各项数据和信息的基础资料。房地产调查是房地产平面图测绘的前提和依据，两者结合起来可以全面掌握房地产的现状，为房地产的经营和管理打下基础。

## 思考题与练习题

1. 为什么要进行地籍调查？地籍调查包括哪些内容？
2. 在进行地籍调查时应做好哪些准备工作？
3. 地籍调查的核心是什么？权属调查的基本单元是什么？权属调查包括哪些内容？
4. 简述权属调查的程序和方法。
5. 为什么要填写地籍调查表？地籍调查表包括哪几部分内容？填写时有何要求？
6. 宗地草图包括哪些内容？绘制宗地草图有哪些要求？
7. 简述房地产调查的种类和内容。
8. 房地产调查的基本单元是什么？它是怎样划分和编号的？
9. 房屋调查包括哪些内容？
10. 房屋用地调查包括哪些内容？
11. 怎样调查行政境界和地理名称？

# 第九章 房地产地籍测绘

## 第一节 房地产地籍控制测量

房地产地籍测量必须遵循"先控制后细部"的原则进行，因此无论采用何种方法进行细部测量时，都必须先进行房地产地籍控制测量。控制网设计的质量和观测精度，将会直接影响细部测量，可见房地产地籍控制测量至关重要。

控制测量分为平面控制和高程控制。房产图和地籍图均为平面图，一般不要求高程测量。只有多用途地籍测量为兼顾城市规划、土地利用规划等多方面的需要，才进行高程测量。在高程测量之前必须进行高程控制测量，高程控制测量为城市二、三、四等水准测量或三、四等三角高程测量，其有关内容可参看第五章第一节二。

房地产地籍平面控制网采用的坐标系统应尽可能与国家或城市的坐标系统相统一，因此当测区附近有国家或城市控制点时应与其进行联测。房地产地籍平面控制网的布设等级和形式，可根据测区的大小和地形情况而定，有条件的应尽量利用已有的国家或城市平面控制网加密建立。这样一方面可以与国家或城市坐标系相统一，另一方面可以节省大量的人力、物力和财力。基本平面控制网（二、三、四等和一、二级）的建立，可参照《城市测量规范》中平面控制网的规定，对于图根控制，因房地产地籍测量为提高细部测量的精度而有其特殊的规定，有关内容和技术要求可参阅第五章第一节。

## 第二节 界址点测定

地形细部测量（地形测量）只在于测绘地形图，而地籍细部测量则更广泛，它包括以下四个方面的内容：

(1) 测定界址点位置；
(2) 测绘和制作地籍图；
(3) 制作宗地图；
(4) 量算宗地面积。

地籍细部测量是在地籍调查和地籍控制测量的基础上进行的。地籍细部测量的成果，经审核和依法登记后，便具有法律效力。因此，地籍细部测量不仅技术复杂，而且政策性很强，工作中的任何疏忽都将给土地管理工作带来很大的影响，甚至会导致土地纠纷，所以必须采取严肃认真的态度对待地籍细部测量中的每一项工作。

准确测定界址点的位置是制作地籍图、宗地图和量算土地面积等工作的前提和基础，因此界址点测定在地籍细部测量中至关重要。《城镇地籍调查规程》对界址点测定的精度要求及适用范围的规定，如表9-1所示。

**界址点精度指标及适用范围**　　　　　　　　　　　　　　表 9-1

| 类别 | 界址点对邻近图根点点位误差 (cm) | | 界址点间距允许误差 (cm) | 界址点与邻近地物点关系距离允许误差 (cm) | 适用范围 |
|---|---|---|---|---|---|
| | 中误差 | 允许误差 | | | |
| 一 | ±5 | ±10 | ±10 | ±10 | 城镇街坊外围界址点及街坊内明显的界址点 |
| 二 | ±7.5 | ±15 | ±15 | ±15 | 城镇街坊内部隐蔽的界址点及村庄内部界址点 |

注：界址点对邻近图根点点位误差系指用解析法勘丈界址点应满足的精度要求；界址点间距允许误差及界址点与邻近地物点关系距离允许误差系指各种方法勘丈界址点应满足的精度要求。

界址点测定的方法主要有解析法和勘丈法。界址点测定时，可根据界址点的精度要求、技术条件和仪器设备等情况，选择适当的方法。

**一、解析法测定界址点位置**

解析法测定界址点位置是利用实地观测数据（角度和距离），按公式计算界址点的坐标。解析法是最精确的界址点测定方法，具体包括极坐标法、角度交会法、距离交会法、直角坐标法和截距法等。

1. 极坐标法

极坐标法是解析法测定界址点的主要方法，凡是与图根控制点通视的界址点都可以用极坐标法测定。它是用经纬仪测角、测距仪测距或用钢尺量距，利用图根点至界址点的坐标方位角和水平距离计算界址点的坐标。

如图 9-1 所示，将经纬仪安置在图根点 $A$ 上，后视另一图根点 $B$，将水平度盘读数拨至 $AB$ 线的坐标方位角值（如表 9-2 中的 237°30′18″），然后依次瞄准各界址点（$J_i$），读得该方向的坐标方位角值 $\alpha_i$；用测距仪或钢尺量得测站至各界址点的水平距离 $s_i$。根据已知点 $A$ 的坐标以及测得

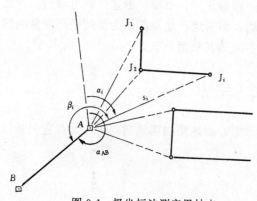

图 9-1 极坐标法测定界址点

的坐标方位角值 $\alpha_i$ 和水平距离 $s_i$，即可按下式计算各界址点 $J_i$ 的坐标：

$$\left.\begin{array}{l} x_i = x_A + s_i \cdot \cos\alpha_i \\ y_i = y_A + s_i \cdot \sin\alpha_i \end{array}\right\} \tag{9-2-1}$$

极坐标法测定界址点的观测记录及计算表格如表 9-2 所示。

2. 角度交会法（前方交会法）

在两个通视的图根控制点上设站，用经纬仪观测至某界址点的水平角，用前方交会公式（见第五章第四节一）可算出该界址点的坐标，它适用于不便于量距或距离较远的界址点的测定。

### 界址点观测记录及计算        表 9-2

日期 91 年 6 月 25 日　仪器编号 4　观测者 程效军　记录者 顾孝烈

| 测站点号 | 目标点号 | 坐标方位角 (° ′ ″) | 边长 s (m) | 坐标 x (m) | 坐标 y (m) | 备注 |
|---|---|---|---|---|---|---|
| A | B | 237°30′18″ |  | 4356.44 | 3724.36 |  |
|  | $J_1$ | 37°31′54″ | 38.129 | 4386.67 | 3747.58 |  |
|  | $J_2$ | 51°18′30″ | 21.364 | 4369.79 | 3741.03 |  |
|  | $J_3$ | 76°33′00″ | 40.875 | 4365.94 | 3764.11 |  |

**3. 距离交会法（测边交会法）**

当界址点较为隐蔽，与图根点不通视，但能与其他两个已测定位置的界址点或地物点通视，因而可以量取至已知点的两段距离（边长），就可以用测边交会的公式（见第五章第四节二）计算该界址点的坐标。

**4. 直角坐标法（支距法）**

量取界址点 $J$ 至某一已知边 $AB$ 的垂距 $v$ 和垂足至 $A$ 点的距离 $u$（图 9-2），则可用直角坐标法计算界址点的坐标。

先按下式计算直线 $AB$ 的长度 $D$、坐标方位角的正弦 $s$ 和余弦 $c$：

$$D = \sqrt{(x_B - x_A)^2 + (y_B - y_A)^2} \tag{9-2-2}$$

$$\left. \begin{array}{l} s = \dfrac{y_B - y_A}{D} \\ c = \dfrac{x_B - x_A}{D} \end{array} \right\} \tag{9-2-3}$$

然后计算 $J$ 点的坐标：

$$\left. \begin{array}{l} x = x_A + u \cdot c + v \cdot s \\ y = y_A + u \cdot s - v \cdot c \end{array} \right\} \tag{9-2-4}$$

**5. 截距法（插点法）**

位于同一条直线上的多个界址点，在已测定其中两点（如图 9-3 中的 $J_A$、$J_B$）位置的情况下，可以用直线插点法，通过量取距离 $s_1$、$s_2$……以求得 $J_1$、$J_2$……的坐标。其计算公式如下：

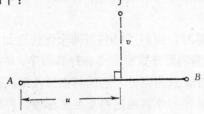

图 9-2　直角坐标法测定界址点

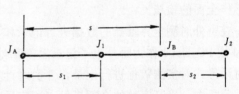

图 9-3　截距法测定界址点

$$s = \sqrt{(x_B - x_A)^2 + (y_B - y_A)^2} \qquad (9\text{-}2\text{-}5)$$

$$\left. \begin{array}{l} x_1 = x_A + \dfrac{s_1}{s}(x_B - x_A) \\ y_1 = y_A + \dfrac{s_1}{s}(y_B - y_A) \end{array} \right\} \qquad (9\text{-}2\text{-}6)$$

$$\left. \begin{array}{l} x_2 = x_A + \dfrac{s + s_2}{s}(x_B - x_A) \\ y_2 = y_A + \dfrac{s + s_2}{s}(y_B - y_A) \end{array} \right\} \qquad (9\text{-}2\text{-}7)$$

解析法测定界址点还有许多其他方法，都是根据几何、三角原理，通过测定角度和距离，根据已知点坐标用解析公式计算待定点的坐标。

采用解析法测定界址点时，角度观测的方法及要求为：用精度不低于 $DJ_6$ 级的经纬仪，采用方向观测法半个测回施测（对于 $DJ_6$ 经纬仪，当视距大于150m时，宜测一个测回）。在用极坐标法观测过程中，当待测定的界址点多于6个时，应经常检核后视方向来检查仪器是否有移动。距离测量的方法和要求为：用测距仪测距时，两次读数较差不得超过1cm，同时应特别注意棱镜中心与界址点的偏差。由于棱镜有一定的厚度，设它的中心位置在 $O$ 点处（如图9-4），而墙角（不论是阴角还是阳角）的确切位置在 $J$ 点，$OJ$ 通常有几厘米之差，测距时必须注意这一点。通常需要在仪器显示的距离值上加一改正值 $\varepsilon$，$\varepsilon$ 由持镜人员量取并告知记录者。用钢尺量距时，当距离小于一尺段可一次读数，但要防止粗差；而当距离超过一尺段则应丈量两次，其较差应小于允许值（1cm）。

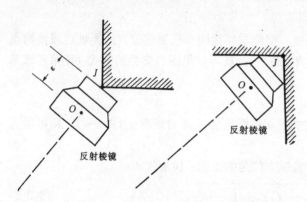

图 9-4 棱镜中心与墙角的位置差

地籍测量的成果经土地登记这一法律手续后，将具有法律效力，因此必须加强检查，以杜绝测量工作中的错误。测定界址点大多只具有必要的观测值，而很少有多余的观测值，因此必须进行一定的多余观测作为检核。如用极坐标测定界址点坐标时，搬站后，重复前站所测1~2个点，以同一点坐标差不大于14cm作为检核。同样用钢尺丈量界址点之间的距离与按两点独立测定坐标反算的距离相比较，其差值应不大于允许值，作为对该两点独立测定坐标的检核。权属调查时勘丈的相邻界址点间距，都可以用来对解析法测定界址点的坐标作全面的检核。

在野外对测定界址点的数据进行记录和实时计算时，我们可以利用袖珍计算机如 PC-1500 或 PC-E500 作为野外电子记录手簿和处理器，编制野外数据采集和计算程序，采用人机对话形式对实测数据进行记录，并实时计算出各界址点的坐标，连同其点号及编码存储在袖珍机中。当某宗地的全部界址点测完后，可令其输出该宗地的界址点坐标值、界址边长和宗地面积，表9-3为某宗地的成果表。需要时也可通过数据通讯，把袖珍机上采集和计算的界址点成果传输到微机中,用于计算机自动绘制地籍图,实现地籍测量的自动化。

**某宗地界址点成果表**　　　　　　　　　　　表 9-3

| 序　号 | 界址点号 | $x$ (m) | $y$ (m) | 间距 (m) |
|---|---|---|---|---|
| 1 | C24 | 4353.992 | 2740.070 | |
| | | | | 12.515 |
| 2 | C23 | 4348.867 | 2751.488 | |
| | | | | 5.425 |
| 3 | C19 | 4343.877 | 2749.357 | |
| | | | | 1.104 |
| 4 | C18 | 4344.337 | 2748.353 | |
| | | | | 9.300 |
| 5 | C17 | 4335.887 | 2744.467 | |
| | | | | 10.269 |
| 6 | C16 | 4340.275 | 2735.182 | |
| | | | | 9.195 |
| 7 | C811 | 4348.655 | 2738.968 | |
| | | | | 1.180 |
| 8 | C810 | 4349.138 | 2737.891 | |
| | | | | 5.320 |
| 1 | C24 | | | |

宗地面积 $P=162.70\text{m}^2$

## 二、栓距法测定界址点位置

栓距法是用量取界址点与邻近地物点或其他界址点之间的距离来确定界址点的位置,实质上也属于距离交会法、截距法、直角坐标法等一类用量取点与点之间的距离,然后根据已知点的位置按几何关系来确定待定点位置的方法。不过此时的已知点不全是图根控制点和用解析法测定的具有精确坐标(解析坐标)的点位,而是包含了只能从图上量取坐标(图解坐标)的点位。例如用部分解析法进行地籍细部测量时,街坊内部大部分的界址点和地物点没有解析坐标;用图解法时,所有已知点都从图上量取坐标。此时用栓距法所确定的点位也只有图解坐标。因此,栓距法测定界址点位置不如解析法的精度高。

但是栓距法所确定的界址点的位置相对于丈量栓距的邻近地物点或其他界址点而言,却具有相当高的相对精度,因为栓距是实量的,一般都能达到厘米级的精度。因此,《城镇地籍调查规程》规定,要量取界址点与邻近地物点的距离,并规定误差不得超过 10~15cm(见表 9-1)。

宗地草图测绘时勘丈的界址边长度、界址点与地物点的距离(这些都记载在宗地草图上),也是栓距法测定界址点位置的重要依据与检核资料。

栓距法所使用的工具和操作方法都比较简单易行,但工作量较大,精度不如解析法,在测定界址点时应少用。

## 第三节　地籍图测绘

地籍图是一种专题地图,它首先要反映地籍要素以及与权属界线有密切关系的地物,其次是在图面荷载允许的条件下适当反映其他与土地管理和利用有关的内容。地籍图是明确宗地与宗地之间的关系、宏观管理土地的重要工具,同时它也是地籍档案的重要组成部分。

地籍图测绘的方法和界址点测定的方法紧密相关,大致可分为:利用原有地形图按地籍勘丈数据编绘地籍图、用平板仪直接测绘地籍图以及用解析法或部分解析法实测地籍图。

一、地籍图的内容

（一）地籍要素

地籍要素包括：各级行政界线、宗地界址点和界址线、地籍号、土地的坐落、面积、用途和等级、土地所有者或使用者等。

1. 行政界线（境界）

各级行政界线有：国界；省、自治区、直辖市界；县、自治县、旗、县级市及城市内区界；乡、镇、国营农、林、牧场界、村及城市内街道界。这些境界在地籍图上表示方法如图9-5所示。

2. 界址点和界址线

宗地的界址点和界址线是宗地权属范围的重要标志，在地籍图上必须准确详尽地反映，因此它是地籍图上量最大、内容最主要的部分。在地籍图上，界址点用直径为0.8mm的小圆圈表示，界址线用宽0.3mm的线段表示。图上短于1mm的界址线两端界址点可以省画其中一个，但界址线的位置仍应正确表示，如图9-6中右下方所示省画第7点。

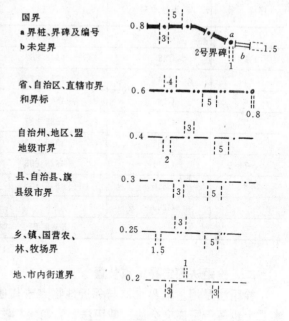

图9-5 地籍图上的境界

3. 地籍号

地籍号由街道号、街坊号及宗地号组成。街道号、街坊号注记在图幅内有关街道、街坊的适中部位；宗地号注记在宗地内，宗地的一部分在本幅图内时也须注记宗地号。

4. 土地分类号

土地分类号指明土地的用途。在每宗地的宗地号下面，按照《城镇地籍调查规程》中城镇土地分类编号（见表9-4）进行注记。例如工业用地编号为21、住宅用地编号为50、商业服务业用地编号为11。

街道、街坊、宗地、土地分类号的注记字体见图9-7。

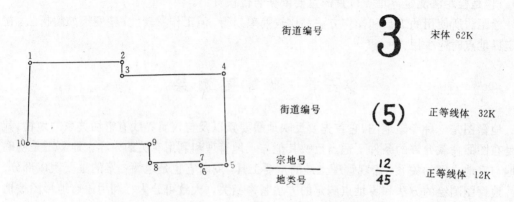

图9-6 两宗地的界址点线及省略表示　　图9-7 街道、街坊、宗地、土地分类号注记字体

城镇土地分类表  表9-4

| 一级分类 | | 二级分类 | | 一级分类 | | 二级分类 | | 一级分类 | | 二级分类 | |
|---|---|---|---|---|---|---|---|---|---|---|---|
| 编号 | 名称 | 编号 | 名称 | 编号 | 名称 | 编号 | 名称 | 编号 | 名称 | 编号 | 名称 |
| 10 | 商业金融业 | 11 | 商业服务业 | | | 44 | 教育 | | | 74 | 监狱 |
| | | 12 | 旅游业 | | | 45 | 医卫 | 80 | 水域 | | |
| | | 13 | 金融保险业 | 50 | 住宅 | | | | | 91 | 水田 |
| 20 | 工业仓储 | 21 | 工业 | | | 61 | 铁路 | 90 | 农业 | 92 | 菜地 |
| | | 22 | 仓储 | 60 | 交通 | 62 | 民用机场 | | | 93 | 旱地 |
| 30 | 市政 | 31 | 市政公用设施 | | | 63 | 港口码头 | | | 94 | 园地 |
| | | 32 | 绿化 | | | 64 | 其他交通 | 00 | 其他用地 | | |
| 40 | 公共建筑 | 41 | 文、体、娱 | 70 | 特殊用地 | 71 | 军事设施 | | | | |
| | | 42 | 机关、宣传 | | | 72 | 涉外 | | | | |
| | | 43 | 科研、设计 | | | 73 | 宗教 | | | | |

5. 土地坐落

土地坐落即宗地所在的位置,由行政区名、道路名(或地名)及门牌号组成。因此,在地籍图上必须注记道路名及门牌号,用以指示出宗地的坐落。

6. 土地面积

土地面积是以宗地为单位测算的,即宗地面积。在地籍原图上应注记宗地面积,以平方米为单位,注记到 $0.1m^2$,但在地籍清绘图上不注记宗地面积。

7. 土地所有者或使用者

在宗地内能注记得下的土地所有者或使用者的单位名称应注记。

8. 土地等级

对于已经完成土地定级估价的城镇,在地籍图上应绘出土地分级界线以及相应等级的注记。

(二) 地物

1. 界标物

在地籍图上作为土地权属分界线的界标物必须测绘,例如各类垣栅(围墙、篱笆等)、房屋、道路界线、水面界线等。

2. 建筑物

在地籍图上要绘出固定建筑物的占地状况,建筑群内大于 $6m^2$ 的天井或院子也应绘出。工厂内工业设备的细部,只需绘出其用地范围,并在范围内注记设备的符号。

在地籍图上可以省略的建筑物有:非永久性的简易房屋、棚、不落地的阳台、雨篷、墙外砖柱或较小的装饰性细部等。

3. 道路

建成区内的道路以两旁宗地界址线为边线。道缘石是路面与人行道、绿化带的分界线,它不是界址线,可以为美观而画出,也可以舍去。郊区道路如果有确切的界址线,则必须在图上标明,路肩线也必须表示。桥梁、隧道、大型涵洞也应测绘。

4. 水系

水域边界有界址线的必须标明界址点、线,没有界址线的则按实际地形测绘边界。

5. 地貌

在平坦地区,地籍图上一般不表示地貌。在山区或丘陵地区,宜表示出大面积斜坡、陡坎、路堤、路堑和台阶路。在台地、低地、道路交叉口、大面积场地、农用地等处,宜注记散点高程。

6. 土壤植被

大面积绿化土地、街心花园、城乡结合部的农田、园圃等,用《地形图图式》中的相应符号表示出。

7. 其他地物

在地籍图上,电力线、通讯线可以不测,但高压线及其塔位应表示。架空管线可以不测,但如果与土地他项权利有关则应表示。地下室一般不测,但大面积的地下商场、地下停车场等与土地他项权利有关的应表示。单位内部道路一般可以不测,但大单位内主要道路可以适当表示。

(三) 图框、坐标格网线及坐标注记

地籍图大都为大比例尺图(1∶500、1∶1000、1∶2000),其图框线、坐标格网线及坐标注记(以公里为单位)如图9-8所示。其他图幅整饰,如图名、图号、接图表、施测单位、坐标系统等,可参看《城镇地籍调查规程》中的附录。

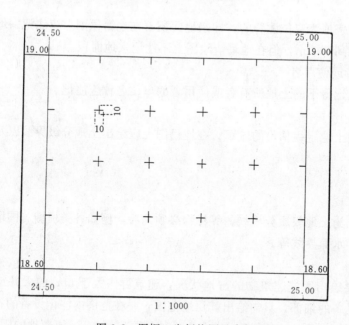

图9-8 图框、坐标格网及坐标注记

## 二、地籍图测绘

地籍图测绘的方法可分为解析法、部分解析法和图解法,其中以解析法最为精确与先进,但它需要有较大的投入。在测绘地籍图时可根据财力、技术力量、仪器装配、原有图件、测区地形等条件酌情考虑，选择一种最适合本地的测图方法。若限于条件而采用部分解析法或图解法建立初始地籍，则在变更地籍测量时应尽量采用解析法，以期使地籍数据的精度逐步提高。

### （一）解析法

解析法是将全部界址点及重要地物点采用实测坐标值来展绘地籍图的一种方法。它是在地籍控制测量的基础上，对每宗地四周全部界址点标定编号后，逐一实测各界址点及重要地物点的坐标。由于每一点都有实测坐标，因此可随时根据需要，展绘不同比例尺的地籍图。同时，可利用计算机及辅助系统对野外实测的数据进行处理，建立地籍数据库，并利用计算机自动绘制地籍图。实践证明，在新兴城市、城镇新建区和工业开发区，采用解析法具有精度高、便于计算机管理和自动绘图等优越性。因此，在上述地区适宜用解析法测绘地籍图。

解析法应先布置密度较大的地籍控制网，并配备经纬仪和短程测距仪或电子速测仪（全站型仪器）来实测各界址点的坐标。对于街坊外围所有的界址点，应尽量直接在野外设站测定；对于宗地内部无法设站测定的界址点，可按解析几何方法求得解析坐标值，但必须进行检核；对于宗地内部建筑物的主要特征点，应尽可能在测定界址点时一并测定。

采用解析法测绘地籍图，最理想的是利用计算机绘图。即在野外测得所有界址点和地物点的坐标后，把这些坐标值以及有关成图信息通过数据通讯传送到计算机中，利用计算机自动绘制地籍图。在不具备计算机绘图条件时，可利用展点仪、展点板及其他精度较高的展点工具，逐一展绘各界址点和地物点，连接各相关线段，并进行适当的注记，用手工绘制出地籍图。

### （二）部分解析法

在老城区、建筑密集区，由于界址点增多、街坊内部界址点难以测定等原因，全部用解析法具有一定的困难时，可采用部分解析法。

部分解析法是将测区内的每一个街坊外围用导线的形式布置控制网，实测街坊外围界址点的坐标。首先将这些具有实测坐标的解析点展绘到图上。由于一些街坊内部的界址点和地物点没有实测，就需要用装绘法在图上绘制出这些点位。装绘法是根据周围已展绘的界址点及图根控制点，利用勘丈数据，用三角板、圆规、三棱比例尺等绘图工具，按距离交会法、截距法、直角坐标法等几何关系作图。

大宗地内的地物可以用平板仪测绘。测绘时可以直接在已展绘好解析界址点的薄膜图上进行；也可以在另一薄膜上，按假定的坐标系自由定位和定向后测绘，然后与展点薄膜图套合后透绘。

如果实测坐标的解析点较少，实测点所包围的待装绘的面积较大，则不仅要装绘地物点，还要装绘街坊内部的部分界址点，因而装绘难度较大。一般应按照先易后难、先外后内、先界址点后地物点、先规则图形后任意图形的次序进行。尽可能用装绘条件较好的点把大块装绘区划小，然后分片装绘。装绘误差在允许范围内时，可根据距离、方向按比例调整，否则要进行野外勘丈复核。

部分解析法具有精度较高、速度较快、比全解析法易于实施等优点，但它也具有精度不够均匀等缺点。

### （三）图解法

图解法一般用于技术力量与物质条件都达不到采用解析法或部分解析法的地区，它具有成图速度快、成本低等优点，但它也有精度低、不便于地籍变更等缺点。

根据测区内有无现势性较强的大比例尺地形图，图解法可分为：(1) 用平板仪直接测绘地籍图；(2) 利用原有地形图编绘地籍图。

用平板仪直接测绘地籍图是在地籍控制测量和地籍调查的基础上，用平板仪加皮尺或经纬仪直接测绘各级行政界线、各宗地界址点及界址线、必要的建筑物、构筑物以及道路、河流、湖泊等重要地物，再对必要的地籍要素编号并对其他名称进行注记，如地籍编号、街道名称、门牌号、土地分类号、宗地面积等，经整饰后成地籍图。

利用原有地形图编绘地籍图之前，必须利用宗地草图上的勘丈值全面检核原地形图的正确性，重点在于与界址点线有关的地物。如果发现原地形图有与现状不相符之处，可利用勘丈数据对原地形图进行修改。修改后，根据地籍调查的结果和宗地勘丈数据编绘地籍图。参照界标物，标明界址点和界址线，删除部分不需要的内容（如通讯线、棚屋等），加注街道号、街坊号、宗地号、土地分类号、宗地面积、门牌号及各种境界线等地籍要素，经整饰加工后制成地籍图。

图 9-9 为地籍图部分内容示例。

### 三、地籍图清绘

基本地籍图包括地籍铅笔原图和地籍清绘图（又称着墨二底图）。地籍铅笔原图用于长期保存以及日后的地籍变更测量，而地籍清绘图是为了满足印刷和复制地籍图的需要，在地籍铅笔原图上用聚酯薄膜蒙绘而成。

为保证地籍清绘图的质量，在清绘时应达到以下基本要求：

(1) 图廓网点、坐标格网点、平面控制点、解析界址点必须直接展绘，展点误差不得大于 0.1mm，不得从铅笔原图上透绘。

(2) 界址线以 0.3mm 粗线表示，除行政界线等按图式规定外，其他地物的线划粗细一般为 0.15mm。权属界线应醒目，界址线不得中断。

(3) 省略宗地面积，使图面保持清晰易读以及对外界的保密。

(4) 界址点、界址线及相关地物点的描绘应保持位置准确，不允许跑线；其他地物点、线的描绘应不偏离底线，外围轮廓不得变形。

(5) 各种符号、注记及整饰规格要符合图式中的规定，《城镇地籍调查规程》中没有规定的符号，可参照《地形图图式》描绘。

(6) 清绘采用单色着墨，绘图时墨色应黑润、线条要充实，符号注记剪贴平整牢固，图面清洁，书写注记字体应美观端正。

## 第四节 宗地图绘制

### 一、宗地图与宗地草图的区别

宗地图是土地权证的附图，是地籍档案的重要组成部分，因此它要用黑墨水描绘，便于复制和保存。宗地草图是地籍调查表中的附图，为便于修改，一般用铅笔描绘。

宗地草图可按概略比例绘制，对较短的界址边可放大表示，只要其形状与宗地大致相似。宗地图是严格按比例绘制的，宗地过大或过小时可调整作图比例尺，但不能作局部放

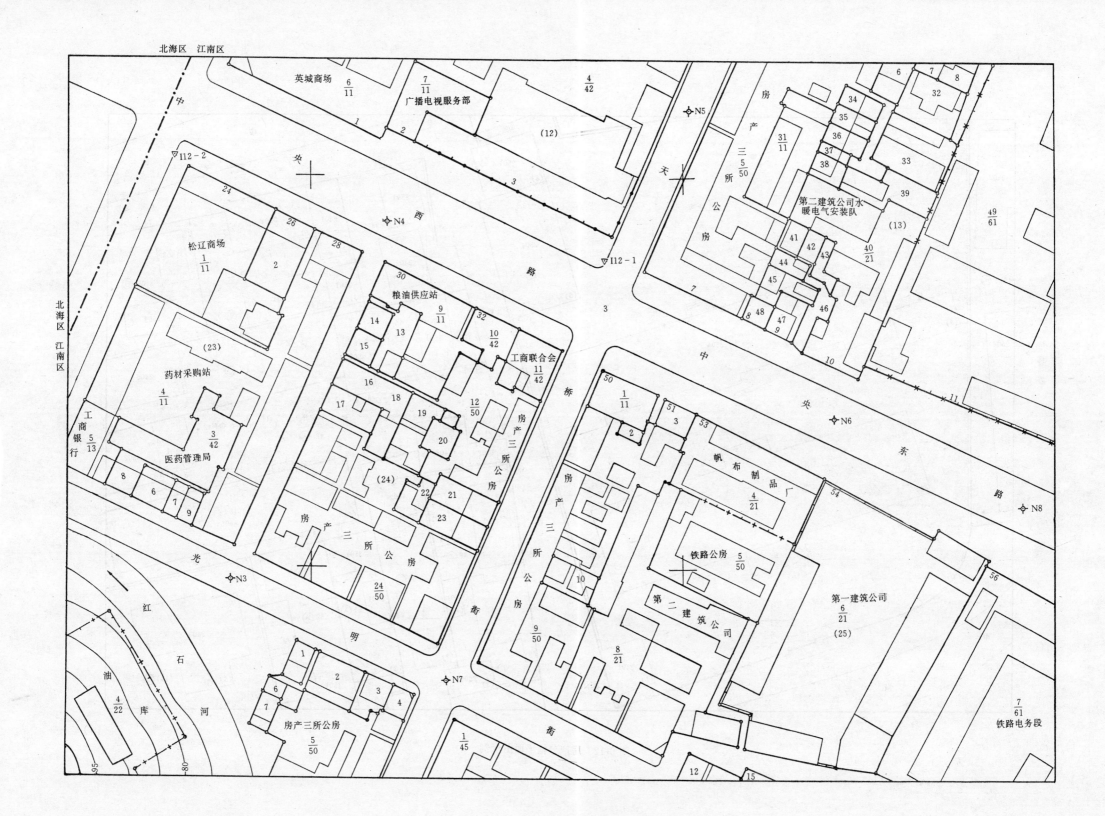

图 9-9 地籍图部分内容

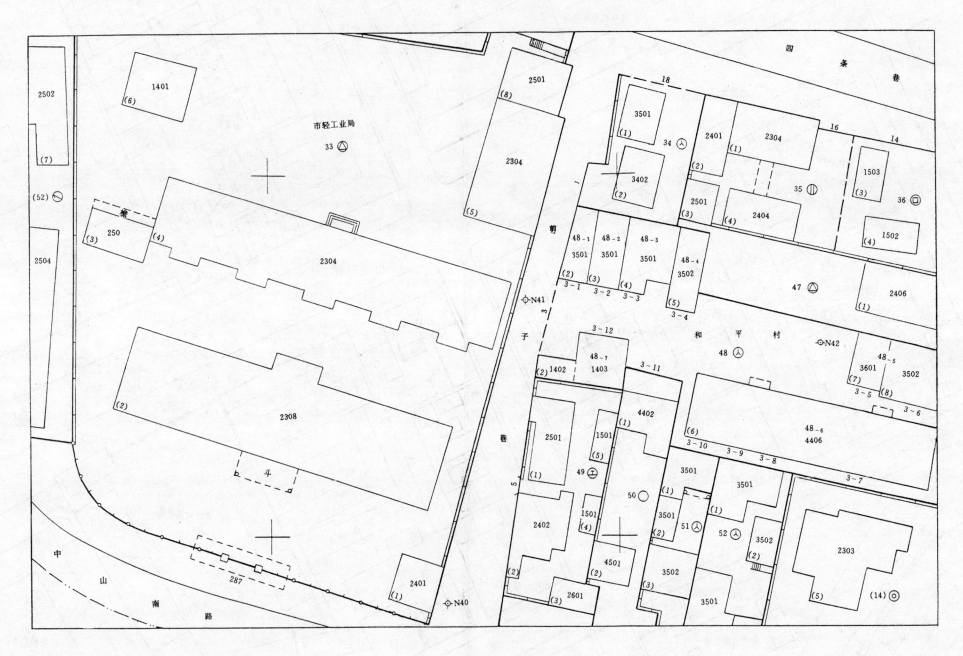

图 9-12 房产分幅平面图示例

大。

宗地草图上要注记相邻地物点的距离、建筑物尺寸，同一条界址边因界址线类别不同而应分段注明长度。宗地图只需注记界址线的总长度。

宗地草图上除注记本宗地地籍号以外，还应注记相邻宗地的单位名称。宗地图则注记相邻宗地的宗地号。

宗地图要注记面积和土地分类号，宗地草图则不注。

**二、宗地图的内容**

图9-10为宗地图的示例。宗地图所包括的主要内容如下：

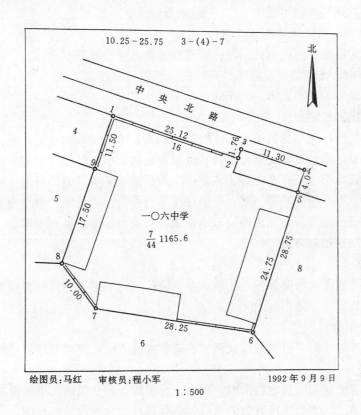

图9-10 宗地图

1. 图幅号、地籍号、坐落

图幅号为本宗地所在的地籍图图幅号，地籍号为本宗地所在的街道号、街坊号和本宗地的编号，写在宗地图的上方。如图中10.25—25.75为图幅号（为图幅西南角$x$、$y$坐标值的公里数）；3—（4）—7为地籍号，表示本宗地属于第3街道、第4街坊、第7宗地。坐落为宗地所在的路（街）名及门牌号，如本宗地坐落于"中央北路16号"。

2. 单位名称、宗地号、土地分类号、占地面积

单位名称、宗地号、土地分类号和占地面积写于宗地的中部。如本宗地名称为一〇六中学，宗地号为7，土地分类号为44（按城镇土地分类，44为教育单位），宗地号及土地分类号写成分子、分母形式，占地面积为1165.6m$^2$。

3. 界址点、点号、界址线、界址边长

界址点以直径为 0.8mm 的小圆圈表示（包括与邻宗地共用的界址点），编号从宗地左上角以 1 开始顺时针方向编号，本宗地界址点编号从 1 至 9，界址线用 0.3mm 实线表示，并在宗地图外侧注记每一界址边的总长。

4. 宗地内建筑物、构筑物

本宗地内建筑物有房屋 4 幢，构筑物有围墙。房屋及围墙应注明其边长。

5. 邻宗地宗地号及界址线

应画出与本宗地共有界址点的邻宗地之间的界址线（只要画一短线示意），并在邻宗地范围内注明其宗地号，如本图中 4、5、6、8 号宗地。

6. 相邻道路、河流等地物及其名称

宗地图中应画出相邻的道路、河流等重要地物，并注明其名称。

7. 指北方向、比例尺、绘图员、审核员、制作日期

指北方向画在图的右上方，其余则注明于图的下方。

### 三、宗地图的绘制要求

宗地图必须依比例尺真实描绘，一般采用 32K、16K、8K 大小的图纸，图纸可采用聚酯薄膜或透明纸。宗地过大时原则上可按分幅图绘制，宗地过小时可放大比例尺绘制。宗地图上界址边长必须注记齐全，边长注记应与解析法坐标反算的边长值一致。若实量边长与坐标反算值之差在误差范围内时，用坐标反算边长值；如超限，需检查原因。宗地图的整饰、注记和规格要求与地籍图清绘基本相同，有关内容参阅第九章第三节三。

### 四、宗地图的绘制方法

1. 蒙绘法

以地籍图为底图，将薄膜或透明纸蒙在所需描绘的宗地上，逐项准确地透绘所需要素和内容，整饰加工成宗地图。

2. 缩放绘制法

宗地过大或过小时，可采取按比例缩小或放大的方法，缩放处理后再整饰成宗地图。

3. 机助法

当采用计算机自动绘制地籍图时，可以充分借助于计算机的图形处理功能，从地籍图图形文件中裁剪出与本宗地图有关的内容，经处理后成为标准的宗地图。

## 第五节 变更地籍测量

在建立初始地籍后，为随时掌握土地所有权及使用权的变化情况，土地管理部门必须加强日常地籍管理工作。在土地权属状况及土地本身状况发生变化以后，应及时进行变更地籍测量，使地籍资料保持现势性。另一方面通过变更地籍测量办理变更土地登记，换发土地证书，从而保证土地证书、地籍资料与土地现状高度一致，更好地为土地管理提供准确、完整的依据。同时，通过变更地籍测量还可以使地籍成果提高精度，并使之逐步完善。与初始地籍测量相同，在变更地籍测量之前也必须先进行变更地籍调查。

### 一、变更地籍调查

（一）土地发生变更的形式

根据我国当前的情况,土地权属状况及土地本身状况发生变更的形式大致有下列几种：(1) 征用集体所有制土地；(2) 划拨国有土地；(3) 转让土地使用权；(4) 继承或赠予土地使用权；(5) 交换土地使用权；(6) 收回国有土地使用权；(7) 承包集体或国有土地使用权；(8) 土地分割；(9) 土地合并；(10) 土地权利更名；(11) 旧城镇改造拆迁；(12) 土地权属界址调整等。

(二) 变更地籍调查的特点和种类

变更地籍调查是变更土地登记的主要组成部分，是变更地籍测量的前提。变更地籍调查的方法、原理与初始地籍调查基本相同，但它又具有自己的特点：(1) 目标分散、发生频繁、调查范围小；(2) 政策性强，精度要求高；(3) 宗地变更后，与本宗地有关的图、档、卡、册均需进行变更；(4) 任务紧急，土地使用者提出变更申请后，需立即进行权属调查和变更测量，以便及时办理变更土地登记。

变更地籍调查按界址点的改变与否可分为以下两类：(1) 当宗地发生合并、分割和边界调整，需要进行变更界址点的地籍调查；(2) 当宗地发生出让、转移、抵押、出租等情况时，需要进行复核性调查，即不改变界址点的地籍调查。

(三) 变更地籍调查的准备工作

在进行变更地籍调查之前应做好以下准备工作：(1) 变更土地登记申请书；(2) 复制原有地籍图，其范围应包括本宗地以及与本宗地相邻的其他界址点；(3) 本宗地与相邻宗地的原有地籍调查表的复制件；(4) 有关测量控制点和界址点的坐标；(5) 变更地籍调查表；(6) 有关变更数据的准备；(7) 所需的仪器和工具等的准备。

此外还须向本宗地及相邻宗地的土地使用者发送"变更地籍调查通知"，通知有关人员按时到现场指界。

(四) 变更权属调查

在实地调查时，应首先核对本宗地与邻宗地指界人的身份证明，然后再检查变更原因与变更登记申请书是否一致，全面复核原地籍调查表中的内容与实地情况是否相符，如有不符，应在调查记事栏中记录清楚。对于涉及界址变更的，必须由本宗地与邻宗地指界人亲自到场共同认定，并在变更地籍调查表上签名或盖章。

## 二、变更地籍测量

在变更地籍调查之后，即可进行变更地籍测量。变更地籍测量的方法一般应采用解析法，对于暂不具备条件的可采用部分解析法或图解法，但变更地籍测量的精度应不低于初始地籍测量的精度。

变更地籍测量分为界址点检查和变更测量两项工作。

(一) 界址点检查

这项工作主要是利用地籍调查表中界址标志和宗地草图来进行，检查的内容包括：界标是否完好，复核各勘丈数据。

1. 界址点丢失的处理

经过实地检查，发现原有界址点丢失，应采用相应的方法恢复界址点。若已丢失的界址点原来有解析坐标，可利用其坐标值放样出它的位置；若原界址点没有坐标，可利用原栓距及相邻界址点间距用距离交会法等在实地恢复界址点位置。然后用宗地草图上的勘丈值检查恢复的界址点点位，在取得有关指界人的同意后设立新界标。

## 2. 检查勘丈值与原勘丈值不符时的处理

在实地检查时，若发现检查勘丈值与原勘丈值不符，应分析原因，并针对不同情况进行分别处理：(1) 原勘丈值明显有误，则可修改原勘丈值；(2) 原勘丈值精度低，若超限可用红线划去原数据，在其上面写上新数据，若不超限则可保留原数据；(3) 若标志有所移动，则应使其复位。

### （二）变更测量

宗地分割或边界调整时，可按预先准备好的放样数据，测设新界址点的位置，经有关指界人的同意后设立新界标。宗地合并及边界调整时，销毁不再需要的界标，并在地籍资料上作出相应的修改。最后用解析法测量本宗地所有界址点的坐标，并以此为基础，更新本宗地所有的地籍资料。

## 三、地籍资料的变更

在变更地籍测量和变更土地登记之后，必须对有关地籍资料作相应的变更。地籍资料的变更应遵循用精度高的资料取代精度低的资料，用现势性好的资料取代陈旧的资料，并保持地籍资料之间有关内容一致性的原则。变更地籍测量是一项十分细致和重要的工作，考虑到变更地籍测量是经常发生的，因此变更地籍资料这项工作必须规范化、制度化，并有序地进行。

### （一）宗地号、界址点号的变更

宗地在分割、合并以及边界调整时，宗地形状会改变，这时宗地号必须变更。宗地第一次分割后的各宗地以原编号的支号顺序编号。例如地号为 16 的一宗地分割为三宗，则新宗地的编号应为 16-1、16-2 及 16-3。分割后的宗地发生第二次分割，则分割后的各宗地按原分割支号后的支号顺序编号。例如地块 16-2 又分割的二小块宗地，则其编号应为 16-2-1 和 16-2-2。数宗地合并时使用其中最小宗地号，其余宗地号一律不得再用。例如两宗地 18 与 16-3 合并，合并后的宗地号应为 16-3。

同理，旧界址点废弃后，该点在街坊内统一的编号永远消失，不复再用，新的界址点赋予新号。但在宗地图内应把新的界址点参与 $J_1$、$J_2$……顺序编号。

### （二）宗地草图的变更

在变更地籍调查时应把变更内容用红色记录在原宗地草图的复制件上。例如，废弃的界址点用红色"⊗"表示；废弃的界址线用红色"×"标记在线上；作废的数字上用红细线划去，但应保持原数字清晰可辨；新的界址点用红色"○"表示；新的界址线用红实线表示；争议界线用红色虚线表示；新的勘丈值用红色标记在图上相应位置处。如果上述记录尚不够明确，可用文字或图形加以进一步说明。最后，根据上述记录和说明绘制出新的宗地草图。野外作业时修改的图，作为原始资料存档，保存备查。

### （三）地籍调查表的变更

新的地籍调查表，在现场调查时填写，并由有关人员签名盖章认可，用以替代旧地籍调查表，本宗地原有地籍调查表归档保存。邻宗地的地籍调查表中有关内容（如四至、界址标志等）用红色在其复制件中改动，宗地草图的变更与否可视情况而定。

### （四）地籍图的变更

地籍铅笔原图作为原始档案，不作改动，地籍图内容变更在地籍二底图上进行。发生变更时，先将二底图复制一份，在复制图上标明变更情况，作为历史档案保存备查；然后根据变更地籍测量成果及新的宗地草图修改二底图的有关内容，擦去废弃的点位、线条和注记（如宗地号、土地分类号等），画上新的点位、线条和注记。

（五）宗地图的变更

按新的宗地草图和地籍图绘制新的宗地图。当变更涉及邻宗地时（如边界调整），邻宗地的宗地图也须重新制作。旧的宗地图应归档保存。

（六）宗地面积的变更

通常变更地籍测量用解析法测定界址点的坐标，这时可以用解析坐标计算出较精确的宗地面积。用新的较精确的宗地面积取代旧的精度较低的面积值，由此而引起的街坊内宗地面积之和与街坊面积的不符值可不作处理，统计时也按新面积值进行。不得为了表面形式上的一致，而强行分配新的闭合差，因为这样处理会牵涉到街坊内大部分宗地面积值的改动，甚至会降低面积的精度。如果新旧面积精度相当，且其差值在限值之内，则仍保留原面积。如果是宗地合并的变更，则合并后的宗地面积应与原有几块宗地面积之和相同；如果是宗地分割变更，则分割后几块宗地面积之和应等于原宗地面积，闭合差在限值内时按比例配赋；如果是边界调整，则边界调整后两宗地面积之和不变，闭合差按比例配赋。如果新旧面积测定的精度相当，但其差值超限，则应查明原因，取正确的值。通常是对新值作反复校核，确认无误后取用，旧值废弃不用。

（七）界址点坐标的处理

如果原地籍资料中没有该界址点的坐标，则新测的界址点坐标直接作为重要的地籍资料保存备用；如果旧坐标精度较低，则用新坐标取代原有资料，在界址点坐标表中，用红色划去废弃的数据，写上新的数据，并在适宜的地方注上日期及工作人员的签名，以示负责；如果新测坐标值与原坐标值的差值在限差之内，则保留原坐标值，新测坐标归档备查。除了改动坐标值以外，有时还须在点位说明或点位图中用红色作出相应的改动。

在完成上述变更地籍测量工作以后，方可履行变更土地登记手续，在土地登记卡中填写变更记事，最后换发土地证书。

## 第六节 房产分幅图测绘

房地产测绘最重要的成果是房地产平面图（简称房产图）。房产图是房地产产权、产籍管理的基本资料，是房地产管理的图件依据。按房地产管理工作的需要，房产图分为房产分幅平面图（分幅图）、房产分丘平面图（分丘图）和房屋分层分户平面图（分户图）。房产图是一套与城镇实地房屋相符的总平面图，通过它可以全面掌握房屋建筑状况、房产产权状况和土地使用情况。借助于房产图，可以逐幢、逐处地清理房地产产权，计算和统计面积，作为房地产产权登记和转移变更登记的根据。房产图与房地产产权档案、房地产卡片、房地产簿册构成房地产产籍的完整内容，是房地产产权管理的依据和手段。总之，房产图在房地产产权、产籍管理中乃至整个房地产业管理中都具有十分重要的作用，因此必须严格按规范要求认真测绘房产图。以下将分别介绍房产分幅图、房产分丘图、房产分户图的测绘。

**一、房产分幅图的内容与要求**

房产分幅图是全面反映房屋、土地的位置、形状、面积和权属状况的基本图，是测绘分丘图和分户图的基础资料。

分幅图的测绘范围应与开展城镇房屋所有权登记的范围一致，以便为产权登记提供必要的工作底图。因此，分幅图的测绘范围应是城市、县城、建制镇的建成区和建成区以外的工矿企事业等单位及其相毗连的居民点。

城镇建成区的分幅图一般采用1∶500比例尺，远离城镇建成区的工矿企事业等单位及其相毗连的居民点可采用1∶1000比例尺。图幅一般采用50cm×50cm正方形分幅。

分幅图应包括下列测绘内容：

(1) 行政境界

一般只表示区、县、镇的境界线。街道或乡的境界线可根据需要而取舍。两级境界线重合时，用高一级境界线表示；境界线与丘界线重合时，用境界线表示，境界线跨越图幅时，应在图廓间注出行政区划名称。

(2) 丘界线

丘界线是指房屋用地范围的界线，包括共用院落的界线，由产权人（用地人）指界与邻户认证来确定。明确而又无争议的丘界线用实线表示，有争议而未定的丘界线用虚线表示。为确定丘界线的位置，应实测作为丘界线的围墙、栅栏、铁丝网等围护物的平面位置（单位内部的围护物可不表示）。丘界线的转折点即为界址点。

(3) 房屋及其附属设施

房屋包括一般房屋、架空房屋和窑洞等。房屋应分幢测绘，以外墙勒脚以上外围轮廓为准。墙体凹凸小于图上0.2mm以及装饰性的柱、垛和加固墙等均不表示。临时性房屋不表示。同幢房屋层数不同的，应测绘出分层线，分层线用虚线表示。架空房屋以房屋外围轮廓投影为准，用虚线表示，虚线内四角加绘小圆表示支柱。窑洞只测绘住人的，符号绘在洞口处。

房屋附属设施包括柱廊、檐廊、架空通廊、底层阳台、门、门墩、门顶和室外楼梯。柱廊以柱外围为准，图上只表示四角和转折处的支柱，支柱位置应实测。底层阳台以栏杆外围为准。门墩以墩外围为准，门顶以顶盖投影为准，柱的位置应实测。室外楼梯以投影为准，宽度小于图上1mm者不表示。

(4) 房产要素和房产编号

分幅图上应表示的房产要素和房产编号（包括丘号、幢号、房产权号、门牌号）、房屋产别、建筑结构、层数、建成年份、房屋用途和用地分类等，根据房地产调查的成果以相应的数字、文字和符号表示。当注记过密，图面容纳不下时，除丘号、幢号和房产权号必须注记，门牌号可在首末两端注记、中间跳号注记外，其他注记按上述顺序从后往前省略。

(5) 地形要素

与房产管理有关的地形要素包括铁路、道路、桥梁、水系和城墙等地物均应测绘。铁路以两轨外沿为准，道路以路沿为准，桥梁以外围为准，城墙以基部为准，沟渠、水塘、河流、游泳池以坡顶为准。

地理名称按房产调查中的规定注记（详见第八章第六节二）。

**二、房产用地界址点的测定**

按《房产测量规范》规定，房产用地界址点（以下简称界址点）的精度分三级，一级界址点相对于邻近基本控制点的点位中误差不超过±0.05m；二级界址点相对于邻近控制点的点位中误差不超过±0.10m；三级界址点相对于邻近控制点的点位中误差不超过±0.25m。

界址点根据精度分为三级，对大中城市繁华地段的界址点和重要建筑物的界址点，一般选用一级或二级，其他地区选用三级。一、二级界址点如不在固定地物点上，应埋设固定标志，并记载标志类型和方位。界址点点号应以图幅为单位，按丘号的顺序顺时针统一编号，点号前冠以英文大写字母"J"，界址点的表示方法如图9-11所示。

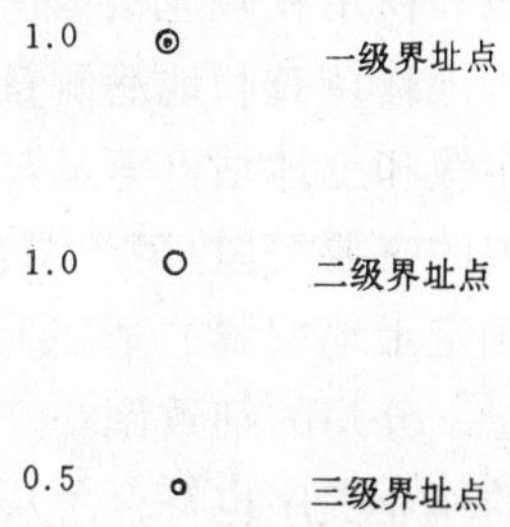

根据界址点的精度要求，为保证一、二级界址点的点位精度，必须用实测法求得其解析坐标。在实测时，一级界址点按1∶500测图的图根控制点的方法测定，从基本控制点起，可发展两次，困难地区可发展三次。二级界址点以精度不低于1∶1000测图的图根控制点的方法测定，从邻近控制点或一级界址点起，可发展三次，从支导线上不得发展界址点。而对于三级界址点可用野外实测或航测内业加密方法求取坐标，也可从1∶500底图上量取坐标。

图9-11 界址点表示法

### 三、房产分幅图的测绘方法

房产分幅图的测绘方法与一般地形图测绘和地籍图测绘并无本质的不同，主要是为了满足房产管理的需要，以房地产调查为依据，以突出房产要素和权属关系，以确定房屋所有权和土地使用权的权属界线为重点，准确地反映房屋和土地的利用现状，精确地测算房屋建筑面积和土地使用面积。测绘分幅图应按照《房产测量规范》的有关技术规定进行。

房产分幅图的测绘方法，可根据测区的情况和条件而定。当测区已有现势性较强的城市大比例尺地形图或地籍图时，可采用增测编绘法，否则应采用实测法。

1. 房产分幅图实测法

若当地无现势性较强的地形图或地籍图，为建立房地产档案，配合房地产产权登记，发放土地使用权与房产所有权证，必须进行房产分幅图的测绘。测图的步骤与地籍图测绘基本相同，在房产调查和房地产平面控制测量的基础上，测量界址点坐标（一、二级界址点）、界址点平面位置（三级界址点）和房屋等地物的平面位置。实测的方法有：平板仪测绘法、小平板与经纬仪测绘法、经纬仪与光电测距仪测记法、全站型电子速测仪采集数据法等。这些测图方法与地形图测绘和地籍图测绘并无本质上的不同，只是测绘的重点在于土地和房产的权属界线和房屋细部，并根据房产调查注记房产要素，整饰成房产分幅图。采用实测法测绘的房产分幅图质量较高，且可读性强。

2. 房产分幅图的增测编绘法

(1) 利用地形图增测编绘

利用城市1∶500或1∶1000大比例尺地形图编绘成房产分幅图时，在房地产调查的基础上，以门牌、院落、地块为单位，实测用地界线，构成完整封闭的用地单元——丘。丘界线的转折点——界址点——如果不是明显的地物点则应补测，并实量界址边长；逐幢房屋实量外墙边长和附属设施的长宽，丈量房屋与房屋或其他地物之间的距离关系，经检查无误后方可展绘在图上；对原地形图上已不符合现状部分应进行修测或补测；最后注记房产要素。

(2) 利用地籍图增补测绘

利用地籍图增补测绘成图是房产分幅图成图的方向。因为房产和地产是密不可分的，土地是房屋的载体，房屋依地而建，房屋所有权与土地使用权的主体应该一致，土地的使用范围和使用权限应根据房屋所有权和房屋状况来确定。从城市房地产管理上来说，应首先进行地籍调查和地籍测量，确定土地的权属、位置、面积等，而其利用状况、用途分类、分等定级和土地估价等又与土地上的房产有密切的关系，因此在地籍图测绘中也需要测绘宗地内的主要房屋。房产调查和房产测量是对该地产范围内的房屋作更细致的调查和测绘，在已确定土地权属的基础上，对宗地范围内的房屋的产权性质、面积数量和利用状况作分幢、分层、分户的细致调查、确权和测绘，以取得对城市房地产管理必不可少的基础资料。这样的作业程序也符合"从整体到局部"的原则。

土地的权属单元为"宗"，房屋用地的权属单元为"丘"。在我国的社会主义制度下，土地只有全民所有和集体所有两种所有制。因此，在绝大多数情况下，宗与丘的范围是一致的，在个别情况下，一宗地可能分成若干丘，根据地籍图编绘房产图时，其界址点一般只需进行复核而不需重新测定。对于图上的房屋则不仅需要复核，还要根据房产分幅图测绘的要求，增测房屋的细部和附属物，以及根据房产调查的资料增补房产要素——产别、建筑结构、幢号、层数、建成年份、建筑面积等。

3. 城市地形图、地籍图、房产分幅图的三图并测法

城市地形图是一种多用途的基本图，主要用于城市规划、建筑设计、市政工程设计和管理等；地籍图主要用于土地管理；房产图主要用于房产管理。这三种图的用途虽有不同，但它们都是根据城市控制网来进行细部测量的，而且最大比例尺都是 1：500，图面上都需要表示出城市地面上的主要地物——房屋建筑、道路、河流、桥梁及市政工程设施等。正因为这三种图具有上述共性，因此最合理与最经济的施测方法应该是在城市有关职能部门（城市规划局、房产管理局、土地管理局、测绘院等单位）的共同协作下，采用三图并出的测绘方法。

三图并测法首先应建立统一的城市基本控制网和图根控制网，施测三图的共性部分，绘制成基础图，并进行复制。然后在此基础上按地形图、地籍图、房产分幅图分别测绘各自特殊需要的部分。对于地形图，增测高程注记（或等高线）和地形要素如电力线、通讯线、各种管道、窨井、消防龙头、路灯等。对于地籍图，在地籍调查的基础上，增测界址点和各种地籍要素。对于房产分幅图，在房产调查的基础上，增测丘界点和各种房产要素，而且仍然是在地籍图的基础上来完成房产分幅图的测绘是最合理的。

图 9-12 为房产分幅图（局部）示例。图中 0.3mm 粗线为丘界线。33、34、35……47、48、49……为丘号，其中第 48 丘为组合丘，有丘支号 48-1、48-2……48-7；丘号加括弧如 (52) 表示第 52 丘房屋门牌号在邻幅图内，应归入邻幅图内统计。丘号旁边的符号代表房屋用途及用地分类（见表 8-7），符号含义见图 9-13。每一幢房屋中央的四位数字代码，例如第 33 丘（市轻工业局）下方房屋的"2308"，第一位数字"2"代表房屋产别编号（见表 8-8)，即"单位自管公产"；第二位数字"3"代表房屋的结构编号（见表 8-9），即"钢筋混凝土结构"；第三、四位数字"08"表示房屋的层数，即 8 层。房屋左下角括弧内数字"(2)"为幢号，即该房屋在本丘内编为第 2 幢。大门处的号码为门牌号，例如第 33 丘的门牌号为（中山南路）287 号。

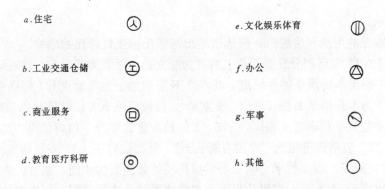

图 9-13 房屋用途及用地分类符号

## 第七节 房产分丘图和分层分户图测绘

房产分丘平面图是房产分幅图的局部明细图,是根据核发房屋所有权证和土地使用权证的需要,以门牌、户院、产别及其所占用土地的范围,分丘绘制而成。每丘为单独一张,它是作为权属依据的产权图,即作为产权证上的附图,具有法律效力,是保护房地产产权人合法权益的凭证。因此,必须以较高精度绘制。

房产分层分户图(简称分户图)是在分丘图的基础上绘制的局部明细图,当一丘内有多个产权人时,应以一户产权人为单元,分层分户地表示出房屋权属范围的细部,用以作为房屋产权证的附图。

### 一、房产分丘图的测绘

房产分丘图的坐标系统应与房产分幅图相一致。作图比例尺可根据每丘面积的大小,在 1:100 至 1:1000 之间选用,一般尽可能采用与分幅图相同的比例尺。图幅的大小可选用 32K、16K、8K、4K 四种尺寸。

房产分丘图的内容除与分幅图的内容相同以外,还应表示出界址点与点号、界址边长、用地面积、房屋建筑的细节(挑廊、阳台等)、墙体归属、房屋边长、建筑面积、建成年份和四至关系等各项房产要素。

房产分丘图的测绘方法为利用已有的房产分幅图,结合房地产调查资料,按本丘范围展绘界址点,描绘房屋等地物,实地丈量界址边、房屋边等长度,修测、补测成图。

丈量界址边长和房屋边长时,用卷尺量取至 0.01m。不能直接丈量的界址边,也可由界址点坐标反算边长。对圆弧形的边,可按折线分段丈量。边长应丈量两次取中数,两次丈量较差不超过下式规定:

$$\Delta D = \pm 0.004D \tag{9-7-1}$$

式中:$\Delta D$ 为两次丈量边长的较差,$D$ 为边长,均以米为单位。

丈量本丘与邻丘毗连墙体时,自有墙量至墙体外侧;借墙量至墙体内侧;共有墙以墙体中间为界,量至墙体厚度的一半处。窑洞使用范围量至洞壁内侧。

挑廊、挑阳台、架空通道丈量时,以外围投影为准,并在图上用虚线表示。

房屋权界线与丘界线重合时,用丘界线表示;房屋轮廓线与房屋权界线重合时,用房屋权界线表示。

在描绘本丘的用地和房屋时，应适当绘出与邻丘相连处邻丘的地物。

图 9-14、9-15 为房产分丘图示例。前者为独立丘，后者为组合丘，即在该丘中有若干个分丘。图中绘出本丘用地的界址点，以"J"开头的数字为界址点号，每条界址边都注明边长。丘号下为本丘用地面积（单位：平方米）。每幢房屋有 6 位数字代码，其中前 4 位与分幅图中的 4 位数字代码含义相同，第 5、6 位数为建筑年份。例如代码"230476"，其中第一位数字"2"表示该房屋为"单位自管公产"，第二位数字"3"表示建筑结构为"钢筋混凝土结构"，第三、四位数字"04"表示该房屋的总层数为 4 层，第五、六位数字"76"表示该房屋建成于 1976 年。房屋代码下为本幢房屋的总建筑面积。每幢房屋均注明长宽。

## 二、房产分层分户图的测绘

房产分户图以一户产权人为单元，如果为多层房屋，分层分户地表示出房屋权属范围的细部，绘制成房产分层分户图，以满足核发产权证的需要。

房产分户图的比例尺一般采用 1：200，当一户房屋的面积过小或过大时，比例尺可适当放大或缩小。分户图的方位应使房屋的主要边线与图廓边线平行，按房屋的朝向横放或竖放，并在适当位置加绘指北方向符号。分户图的幅面可选用 32K 或 16K 两种尺寸。

分户图应表示出房屋的权界线、四面墙体的归属、楼梯和走道等共有部位以及房屋坐落、幢号、所在层次、室号或户号、房屋建筑面积和房屋边长等。

分户图上房屋平面位置应参照分幅图、分丘图中相对应的位置关系，按实地丈量的房屋边长绘制。房屋边长量取和注记至 0.01m。边长应丈量两次取中数，两次较差应不超过（9-7-1）式的规定。规则房屋（如矩形）前后、左右两相对边长之差也应符合（9-7-1）式的规定。不规则图形的房屋除丈量边长以外，还应加量构成三角形的对角线，对角线的条数等于不规则多边形的边数减 3。按三角形的三边长度，就可以用距离交会法确定点位。房屋边长的描绘误差不应超过图上 0.2mm。房屋权界线在图上表示为 0.2mm 粗的实线。房屋的墙体归属分为自有墙、借墙和共有墙，图上表示方法见图 9-16 所示。

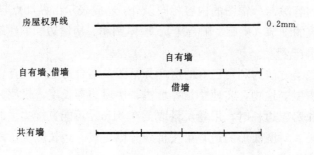

图 9-16 墙作为房屋权界线的图例

本户所在的坐落、幢号、层次、户（室）号标注在房屋图形上方。在一幢楼中，楼梯、走道等共有共用部位需在图上加简注。分户房屋权属面积包括共有共用部位分摊的面积，注在房屋的幢号层号室号的下方；房屋建筑面积注在房屋图形内；共有共用部位在本户分摊面积注在图的左下角。图 9-17 为房产分层分户图示例。

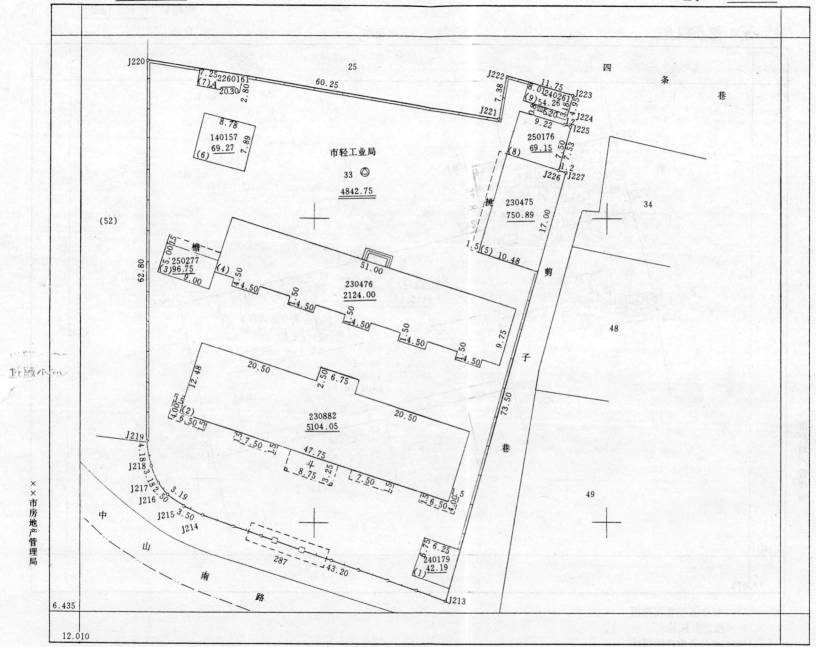

图 9-14 房产分丘图（独立丘）

| 坐落 剪子巷3号 | 房产分丘平面图 | 图幅号 6.40-12.00 |
| --- | --- | --- |
| | | 丘号 48 |

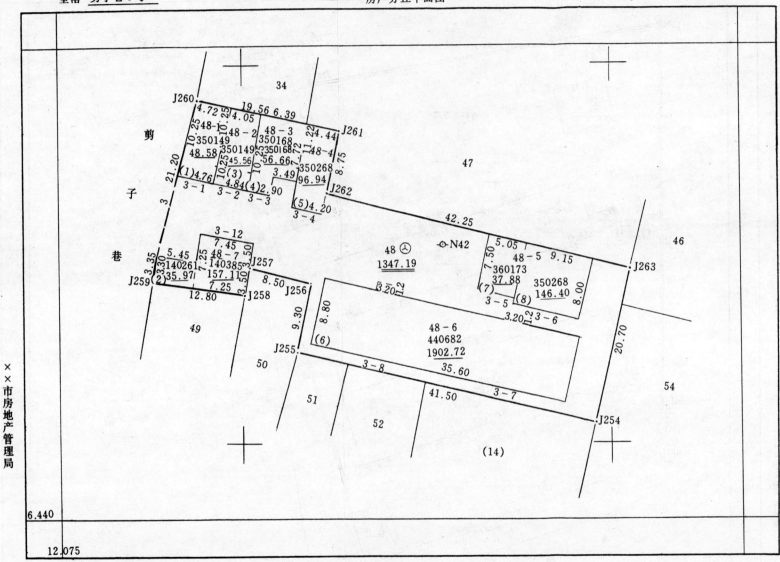

1991年9月平板仪测图
××独立坐标系
1991年×月房产图图式

1:500

图 9-15 房产分丘图（组合丘）

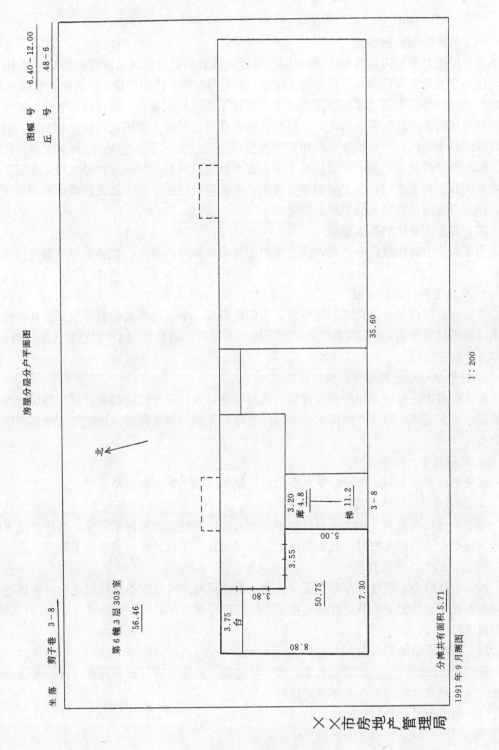

图 9-17 房产分层分户图

## 第八节 房产图清绘

### 一、房产图清绘的目的

房产原图是根据用途按照一定的比例,通过外业测绘或内业编绘所得到的铅笔原图。房产原图由于受到工作性质和工作条件的限制,在符号规格、线划质量、注记和整饰等方面,一般都比较简略,不符合印刷原图的要求,而且不便于长期保存。进行房产管理,需要大量各种规格的房产复制图。为此,应将房产原图严格按照房产图图式的规定和要求,将图中内容用墨水绘出,并经加注说明和整饰等技术加工。这一工作的整个过程就是房产图清绘。经过清绘后的房产图,不仅提高了绘图工艺质量,而且还统一了符号规格,保证了各要素之间的正确关系,做到了注记布置恰当,字体符合规定,成为准确和清晰的房产清绘图,同时又能满足复制和长期保存的要求。

### 二、房产图清绘的基本要求

为了清绘出高质量的房产图,满足房产图复制和保存的要求,在清绘时应做到以下几点:

1. 准确无误,无错无漏

依比例尺的符号外围轮廓不得变形,不依比例尺、半依比例尺的符号应保持其定位点和定位线的位置准确,不能随意改动原图上的线条和符号的位置,也不能随意遗漏线条、符号和房产数字注记。

2. 符号线划注记都应符合房产图图式

在清绘房产图时所采用的符号规格、线划粗细以及注记字体,都应严格按照房产图图式的规定要求处理。对房产图图式上未包括的地形要素,可参照相应比例尺的地形图图式来处理。

3. 线条充实、浓黑、饱满

为使图面整洁美观,清绘时墨色要浓黑,线条应充实饱满和光滑。

4. 主次清楚,层次分明

对于房产要素的主次和大小用符号图形的大小以及线划的粗细来区分,如房产图上的丘号与丘支号采用较大的粗等线体来注记,以突出丘号与丘支号,使之易于判读。

5. 注记恰当,图面合理

注记布置恰当,符号与符号之间,房屋产别注记与房屋建筑结构注记之间,房屋边长注记与用地边长注记等关系要合理,符号之间或符号与注记之间一般应留 0.2mm 的间隔,使图面清晰合理。

### 三、房产图清绘的方法

房产图清绘时,为了使图上主要元素符号完整、位置准确以及各元素之间的关系正确合理,清绘作业通常按以下次序进行绘制:

(1) 内图廓线及坐标格网;
(2) 平面控制点和独立地物符号;
(3) 丘号、丘支号和房屋用途及用地分类;
(4) 境界、丘界线及房屋权界线;

(5) 房屋轮廓线、房屋附属设施及房屋围护物；
(6) 水系及其附属物；
(7) 道路；
(8) 垣栅、电力线和通讯线；
(9) 植被、地貌；
(10) 房屋产别、结构、层数、年份、幢号、房产权号等；
(11) 街道、河流、广场、房屋坐落门牌号等；
(12) 图廓整饰。

清绘房产图一般采用经定型处理、变形率小于 0.2‰ 的聚酯薄膜，厚度为 0.07～0.1mm，可根据需要选用。

房产图清绘的基本线划为 0.1mm，但是为了使主次分明和层次清楚，对一些重要的房产要素采用较粗的线划来清绘。如丘界线用 0.3mm 粗线描绘，房屋权界线用 0.2mm 粗线描绘，外图廓线用 0.5mm 粗线用以装饰，行政境界描绘如图 9-5 所示。

房产图上的符号规格应符合房产图图式，三种界址点的表示如图 9-11，房屋用途及用地分类符号表示如图 9-13，其他符号参照房产图图式。

房产图上的注记包括文字、字母和数字注记。这些注记用来说明自然地名、行政机构名称、房产丘号、丘支号、界址点号、门牌号、幢号、房产权号、房屋层数、建成年份、用地面积、建筑面积、界址边长和房屋边长等，在房产图上有着极其重要的作用和意义，必须认真注记。其字体和大小应严格按照房产图图式中的规定。

房产图一般均采用单色清绘，即用黑墨水进行清绘。图 9-12、9-14、9-15、9-17 分别为经清绘的房产分幅图、分丘图（独立丘和组合丘）、分户图样图。有关房产图清绘的整饰可分别参阅这些样图的格式。

## 第九节 房屋建筑面积和用地面积量算

### 一、房屋建筑面积量算

（一）房屋建筑面积的量算范围

房屋建筑面积是指房屋外墙勒脚以上的外围水平面积，还包括阳台、走廊、室外楼梯等建筑面积。房屋建筑面积按计算规则可按其量算范围分为全计算、半计算和不计算三种。

1. 计算全部建筑面积的范围

单层房屋不分层高均算一层，按其外墙勒脚以上的外围水平面积计算。多层房屋的建筑面积按各层建筑面积的总和计算。穿过房屋的通道、房屋内的门厅、大厅不分层高均按一层计算面积。门厅、大厅内的回廊部分，按其投影计算面积。

房屋内的技术层、夹层，层高超过 2.2m 的按其上口外墙外围水平面积计算。房屋的地下室，半地下室，层高超过 2.2m 的按其上口外墙（不包括采光井、防潮层及其保护墙）外围水平面积计算。房屋的假层，按其高度超过 2.2m 部位的外围水平面积计算。依坡地建筑的房屋，利用吊脚做架空层，有围护结构的，按其高度超过 2.2m 部位的外围水平面积计算。

突出房屋屋面，有围护结构的楼梯间、水箱间、电梯间等，按其围护结构外围水平面积计算。与房屋相连的柱廊，按其柱外围水平面积计算。封闭式阳台，按其外围投影面积计算。有柱或有围护结构的门廊，按其柱或围护结构外围投影面积计算。室外楼梯，按各层投影面积计算。

2. 计算一半建筑面积的范围

与房屋相连的檐廊、挑廊、架空通廊、凸阳台、只有独立柱的门廊等，按其投影面积的一半计算建筑面积。

3. 不计算建筑面积的范围

层高在 2.2m 以下的技术层、夹层、地下室和半地下室、突出房屋墙面的构件、配件、艺术装饰如柱、垛、勒脚和台阶等不计算建筑面积。

其他建筑物，构筑物，如亭、塔、地下人防设施、车站码头的车棚、货棚、站台等也不计算建筑面积。

（二）房屋建筑面积的量算方法

房屋建筑的平面图形一般为简单的几何图形，例如矩形、梯形、三角形、圆形、扇形、弓形等，因此可以按丈量长度等数值用简单几何图形面积量算法计算面积（见第七章第二节一）。如果用解析法实测或用数字化仪量测到房屋角点的坐标，则可以用坐标解析法计算面积（见第七章第二节二）。此外，不论何种图形，包括不规则图形都可以在图纸上用求积仪量算出房屋建筑面积（见第七章第三节二）。

（三）商品住宅建筑面积计算法

随着住房制度改革的进展，住宅作为商品出售变得越来越普遍，商品住宅以每平方米建筑面积为单价，按所购的建筑面积计算房价。一幢楼房一般出售给许多购房人，有些建筑面积可以分割，而有些则难以分割。为了使购房人较为合理地负担房价，每套住宅的建筑面积可按下列公式计算：

（一套住宅的总建筑面积）＝（此套住宅的建筑面积）＋（公用部分应分摊的面积）

其中：此套住宅的建筑面积为此套住宅权属界线内的建筑面积；公用部分是指楼梯间、走廊、垃圾道等，其应分摊的面积计算公式为：

$$公用部分应分摊面积 = \frac{公用部分面积}{本幢楼各套住宅面积之和} \times 此套住宅的建筑面积$$

**二、用地面积量算**

用地面积以丘为单位进行量算，包括房屋占地面积、院落面积、分摊共用院落面积、室外楼梯占地面积以及各项地类面积。

房屋占地面积是指房屋底层外墙（柱）外围水平面积，一般与底层房屋建筑面积相同。

本丘地总面积可按界址点坐标，用坐标解析法计算；其他地块面积可按实量距离用简单几何图形量算法，或在图纸上用求积仪法量算。关于面积量算的改正、面积量算的精度可参看第七章的第四节和第五节。

**三、共有共用面积分摊计算**

共有共用面积的分摊计算包括共有共用建筑面积、异产毗连房屋占地面积、共用院落面积的分摊计算。

以上面积如果有权属分割文件或协议的，应按其文件或协议规定计算。无权属分割文件或协议的，可按相关面积比例进行分摊计算。某户分摊面积 $\Delta P_i$ 按下式计算：

$$\left. \begin{array}{l} \Delta P_i = K \cdot P_i \\ K = \Sigma \Delta P_i / \Sigma P_i \end{array} \right\} \tag{9-9-1}$$

式中：$P_i$ 为某户参加摊算的面积，$\Sigma P_i$ 为参加摊算各户的面积总和，$\Sigma \Delta P_i$ 为需要分摊的面积，$K$ 为分摊系数。

## 第十节 房产变更测量

房产变更测量系指房屋发生买卖、交换、继承、新建、拆除等涉及权界调整和面积增减变化而进行的更新测量。房产变更包括现状变更和权属变更。

房产变更测量应根据房产现状变更或权属变更资料，先进行房产变更调查，而后进行变更后的权界测定和面积量算，并及时调整丘号、界址点号、幢号和户号等，进而办理房产产权转移变更登记，换发产权证件，对原有的产籍资料进行更新，以保持其现势性。

变更测量前应收集城建、城市规划等部门的变更资料和房产权属变更资料，确定修测范围。然后根据原图上平面控制点的分布情况，选择变更测量方法。

变更测量应在房产分幅图原图或二底图上进行，根据原有的邻近平面控制点、埋石界址点上设站用解析法实测坐标进行。现状变更范围较小的，可根据图根点、界址点、固定地物点等用卷尺丈量关系距离进行修测；现状变更范围较大的，应先补测图根控制点，然后进行房产图的修测。

新扩大的建成区，应先进行与面积相适应的等级平面控制测量、图根控制测量，然后进行房产图的测绘。

房产的合并或分割，应根据变更登记文件，由当事人或关系人到场指界，经复核丈量后修改房产图及有关文件。复核丈量应以图根控制点、界址点或固定地物点为依据，采用解析法或图解法修测。

经房产变更测量后，必要时丘号、界址点号、幢号应进行调整。例如用地单元中某幢房屋被拆除，则未拆除者仍用原幢号；新建房屋的幢号，按丘内最大幢号续编。

为了保持房产图与实际情况一致，应收集当地城建、规划和房地产开发等部门当年的房地产现状变更资料，定期或不定期地进行变更测量。

### 思考题与练习题

1. 地籍平面控制网在选择坐标系统、布网形式和等级时应注意些什么？
2. 地籍细部测量包括哪些内容？
3. 测定界址点有哪几种方法？它们各有何特点以及各适用于何种场合？
4. 解析法测定界址点包括哪些方法？它们各适用于何种场合？
5. 用解析法测定界址点时，对于角度观测和距离测量应注意哪些问题？
6. 地籍图包括哪些主要内容？
7. 测绘地籍图的方法有哪些？它们各有何特点以及各适用于何种场合？
8. 清绘地籍图有哪些基本要求？应按什么程序进行清绘？
9. 宗地图主要包括哪些内容？它与宗地草图有何区别？绘制宗地图有哪几种方法？
10. 何谓变更地籍测量？变更地籍测量有哪些主要步骤与方法？
11. 为什么要测绘房产图？房产图可分为几种？
12. 房产分幅图应测绘哪些内容？可采用哪些测绘方法？
13. 房产分丘图和分户图包括哪些内容？应如何测绘？

14. 简述房产图清绘的目的、要求和程序。
15. 应如何量算房屋建筑面积和商品住宅的建筑面积？
16. 房屋共有共用面积应如何分摊计算？
17. 在何种情况下应进行房产变更测量？

# 附 录

## 附录一 房地产测量的度量单位

### 一、长度单位

我国测量工作中法定的长度计量单位为米（meter）制单位：

1m(米)=10dm(分米)=100cm(厘米)=1000mm(毫米)

1km(千米或公里)=1000m

在涉外房地产业务中，还会用到英美制的长度计量单位，与米制的换算关系为：

1in(英寸)=2.54cm

1ft(英尺)=12in=0.3048m

1yd(码)=3ft=0.9144m

1mi(英里)=1760yd=5280ft=1.6093km

### 二、面积单位

我国测量工作中法定的面积计量单位为平方米（$m^2$），大面积则用公顷（hectare）或平方公里（$km^2$）。我国农业上常用市亩(mu)为面积计量单位。其换算关系为：

$1m^2$(平方米)$=100dm^2=10000cm^2=1000000mm^2$

1mu(市亩)$=666.6667m^2$

1are(公亩)$=100m^2=0.15mu$

1ha.(公顷)$=10000m^2=15mu$

$1km^2$(平方公里)$=100ha.=1500mu$

米制与英美制面积计量单位的换算关系为：

$1inch^2$(平方英寸)$=6.4516cm^2$

$1foot^2$(平方英尺)$=144inch^2=0.0929m^2$

$1yard^2$(平方码)$=9foot^2=0.8361m^2$

1acre(英亩)$=4840yard^2=40.4686are=4046.86m^2=6.072mu$

$1mile^2$(平方英里)$=640acre=2.59km^2$

### 三、角度单位

测量常用的角度单位有度分秒制和弧度制。

#### (一) 度分秒制

1 圆周$=360°$，$1°=60'$，$1'=60''$。

此外还有 100 等分制的新度：

1 圆周$=400^g$（新度），$1^g=100^c$（新分），$1^c=100^{cc}$（新秒）。

两者的换算公式是：1 圆周$=360°=400^g$，故

$1^g=0.9°$   $\qquad$   $1°=1.111^g$
$1^c=0.54'$  $\qquad$   $1'=1.852^c$
$1^{cc}=0.324''$ $\qquad$ $1''=3.086^{cc}$

### （二）弧度制

圆心角的弧度为该角所对弧长与半径之比。在推导测量学的公式或进行计算时，有时也用弧度来表示角度的大小，计算机运算中的角度值也往往以弧度表示，如图1所示。把弧长 $b$ 等于半径 $R$ 的圆弧所对圆心角称为一个弧度，以 $\rho$ 表示。因此，整个圆周为 $2\pi$ 弧度。

弧度与角度的关系如下：已知圆周长为 $2\pi R$，圆周角为 360°，故可以写成下面的比例关系

$$\frac{2\pi R}{360°}=\frac{b}{\rho}$$

因为 $b=R$，所以

$$\frac{2\pi R}{360°}=\frac{R}{\rho}$$

即

$$\rho=\frac{360°\cdot R}{2\pi R}=\frac{180°}{\pi}$$

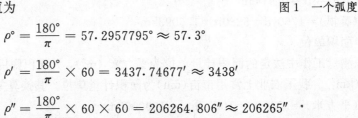

图1　一个弧度

则一个弧度的角度值为

$$\rho°=\frac{180°}{\pi}=57.2957795°\approx 57.3°$$

$$\rho'=\frac{180°}{\pi}\times 60=3437.74677'\approx 3438'$$

$$\rho''=\frac{180°}{\pi}\times 60\times 60=206264.806''\approx 206265''$$

知道了一个弧度的角度值，从而可以得到任意弧度值 $\hat{\alpha}$ 与其角度 $\alpha°$ 的关系式，即

$$\hat{\alpha}=\frac{\alpha°}{\rho°}=\frac{\alpha'}{\rho'}=\frac{\alpha''}{\rho''}$$

在测量工作中，有时需要按圆心角 $\alpha$ 及半径 $R$ 计算该角所对的弧长 $L$。如图2（a）所示，已知 $\alpha=60°$、$R=100$mm，求所对弧长 $L$。$\alpha$ 角的弧度值：

$$\hat{\alpha}=\frac{60°}{\rho°}=1.0472$$

因此弧长：

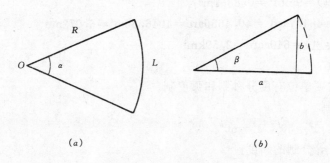

图2　按半径与弧度计算弧长

$$L = R\alpha = 100 \times 1.0472 = 104.72\text{m}$$

有时将直角三角形中小角度 $\beta$ 的对边（与该角所对弧长相差很小）按弧长计算。如图 2（b）所示，已知 $\beta = 1'30''$，边长 $a = 60$m，则与 $a$ 边垂直的 $b$ 边可按下式计算：

$$b = a \cdot \hat{\beta} = 60 \times \frac{90''}{\rho''} = 0.026\text{m}$$

# 附录二 导线测量错误检查及坐标计算程序
## （BASIC 语言，PC-1500 机）

### 一、程序功能

"导线测量错误检查及坐标计算程序"用于导线测量外业成果的检验。导线闭合差超限时，可探测粗差的位置，并可进行导线的闭合差分配和坐标计算。程序的功能如下：支导线坐标计算；闭合或附合导线的角度闭合差计算；当角度闭合差超限时，探测错误角度所在的点位；坐标增量闭合差及导线全长相对闭合差的计算；当相对闭合差超限时，探测边长错误所在的导线边；导线闭合差符合要求时，计算导线点的坐标。

### 二、程序标识符及框图

程序中采用下列标识符：

TP——导线类型，1—附合或闭合导线，2—支导线；

N——导线边数；

XB、YB、XC、YC——起始及终了已知点坐标；

A1、A2——起始及终了已知边坐标方位角；

P（N）——各点编号（三位数）；

A（N+1）——各边坐标方位角；

B（N）——各转折角（导线前进方向的左角）；

S（N）——各边边长；

X（N）、Y（N）——各点坐标；

X0（N）、Y0（N）——正、反向计算各点坐标。

程序的结构框图见图 3。

### 三、导线测量错误检查及坐标计算程序和算例

程序用 READ、DATA 语句输入计算数据，输入数据的次序和内容依次为：导线类型（闭合、附合导线输入 1，支导线输入 2），导线边数，已知点坐标，已知坐标方位角，各点点号（可以用三位数字代表），各导线左角，各边边长。

程序后所附算例为一条附合于城市四等点上的一级导线，其图形和起始数据（已知数据）、观测数据如图 4 所示。

该导线数据按下列四种方式进行计算：

（1）按合格的一级附合导线计算

根据导线网略图上的已知数据及观测值输入程序进行计算。打印完已知数据（KNOWN DATA）后，屏幕显示（提问）：

PRINT OBSERVATIONS?（是否打印观测值？）

导线计算程序框图

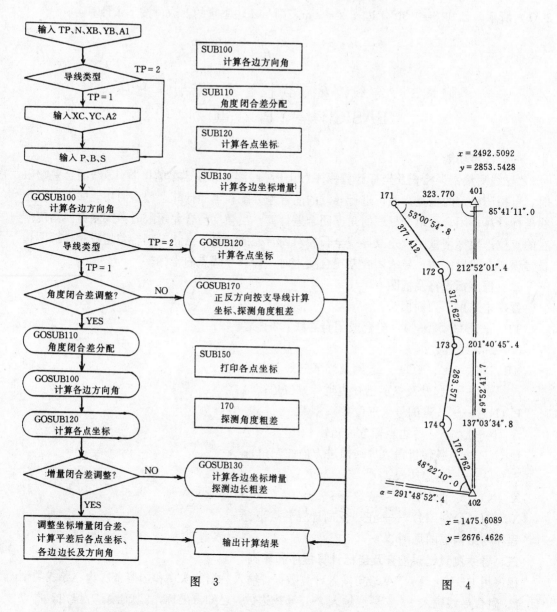

图 3　　　　　　　　　　　　　图 4

如果用键盘输入（回答）"NO"，则不打印；如果按任一键（最简捷为按 ENTER 键），则打印。

计算至角度闭合差时，打印：

　　　　　MISCLOSURES：　FB　0.00067

表示角度闭合差 $f_\beta=+6''.7$，屏幕随即显示：

　　　　　ADJUST ANGLES?（角度要调整吗?）

由于该值对于一级导线测量并未超限，因此可按 ENTER 键令其调整角度闭合差并继续运算。然后打印：

```
1:"TRAVERSE CALC
   ULATING AND GR
   OSS-ERROR TEST
   ING"
3:LPRINT "======
   ============TR
   AVERSE CALCULA
   TE"
4:LPRINT "======
   ============":
   LF 1
5:RESTORE 210
6:A$="#####.###
   #":B$="######.
   #####":C$="###
   ":D$="####"
8:E$="#######":F
   $="####.##"
10:READ TP,N
12:DIM A(N+1),B(N
   ),P(N),S(N),X(
   N),Y(N),X0(N),
   Y0(N)
14:READ XB,YB:IF
   TP=1READ XC,YC
16:READ A1:IF TP=
   1READ A2
18:FOR I=0TO N:
   READ P(I):NEXT
   I
20:FOR I=0TO N-1:
   READ B(I):B(I)
   =DEG B(I):NEXT
   I:IF TP=1READ
   B(N):B(N)=DEG
   B(N)
22:SS=0:FOR I=1TO
   N:READ S(I):SS
   =SS+S(I):NEXT
   I
24:LPRINT "KNOWN
   DATA:":LPRINT
   "   XB   ";XB;"
       YB   ";YB
25:IF TP=1LPRINT
   "   XC   ";XC;"
       YC   ";YC
26:LF 1:LPRINT
   USING B$;"  A1
       ";A1:IF TP=1
   LPRINT "  A2
   ";A2
28:INPUT "PRINT O
   BSERVATIONS ?"
   ;R$:IF R$="NO"
   THEN LF 1:GOTO
   34
29:LF 1:LPRINT "A
   NGLE OBSERVATI
   ON:"
30:FOR I=0TO N-1:
   LPRINT USING C
   $;"  B";I;:
   LPRINT USING B
   $;DMS B(I):
   NEXT I
31:IF TP=1LPRINT
   USING C$;"  B"
   ;N;:LPRINT
   USING B$;DMS B
   (N)
32:LF 1:LPRINT "S
   IDE OBSERVATIO
   NS:"
33:FOR I=1TO N:
   LPRINT USING C
   $;"  S";I;:
   LPRINT USING A
   $;S(I):NEXT I:
   LF 1:LPRINT "
   (SS)";SS:LF 1
34:C=0:M=N+1:IF T
   P=2LET M=N
35:GOSUB 100:IF C
   =1THEN 44
36:IF TP=2LPRINT
   "AZIMUTH:":FOR
   I=1TO N:LPRINT
   USING C$;"  A"
   ;I;:LPRINT
   USING B$;DMS A
   (I):NEXT I:
   GOTO 44
38:LPRINT "MISCLO
   SURES:":FB=A(N
   +1)-DEG A2:
   LPRINT USING B
   $;"  FB  ";DMS
   FB
40:INPUT "ADJUST
   ANGLES ?";S$:
   IF S$="NO"LET
   C=1:GOSUB 120
42:IF TP=1GOSUB 1
   10:GOSUB 100
44:GOSUB 120
46:IF TP=2GOSUB 1
   50
48:FX=X(N)-XC:FY=
   Y(N)-YC:F=SQR
   (FX*FX+FY*FY):
   R=INT (SS/F)
50:LPRINT USING A
   $;"  FX  ";FX:
   LPRINT "  FY
   ";FY:LPRINT "
   F   ";F
52:LPRINT USING E
   $;"    1:";R
56:INPUT "ADJUST
   INCREMENTS ?";
   S$:IF S$="NO"
   GOSUB 130:GOTO
   98
58:DX=0:DY=0:E=-F
   X/SS:F=-FY/SS
60:FOR I=1TO N:DX
   =DX+E*S(I):X(I
   )=X(I)+DX:DY=D
   Y+F*S(I):Y(I)=
   Y(I)+DY:NEXT I
   :GOSUB 150
62:INPUT "PRINT A
   DJUSTED S AND
   A ?";S$:IF S$=
   "NO"THEN 98
64:LF 1:LPRINT "A
   DJUSTED SIDE:"
66:FOR I=1TO N:X0
   (I)=X(I)-X(I-1
   ):Y0(I)=Y(I)-Y
   (I-1):NEXT I
68:FOR I=1TO N:S(
   I)=SQR (X0(I)^
   2+Y0(I)^2):
   LPRINT USING C
   $;"  S";I;:
   LPRINT USING A
   $;S(I):NEXT I
70:LF 1:LPRINT "A
   DJUSTED AZIMUT
   H:"
72:FOR I=1TO N:R=
   ATN (Y0(I)/X0(
   I)):IF X0(I)<0
   LET R=R+180:
   GOTO 76
74:IF Y0(I)<0LET
   R=R+360
76:LPRINT USING C
   $;"  A";I;:
   LPRINT USING B
   $;DMS A(I):
   NEXT I
98:LF 1:LPRINT "-
   -------END----
   ---":LF 4
99:END
100:REM SUBROUTINE
    FOR CALCULATI
    NG AZIMUTH
102:A(0)=DEG A1
104:FOR I=1TO M:A(
    I)=A(I-1)+B(I-
    1)-180:IF A(I)
    <0LET A(I)=A(I
    )+360
106:IF A(I)>360LET
    A(I)=A(I)-360
108:NEXT I:RETURN
```

211

```
110:REM SUBROUTINE
    FOR ADJUST AN
    GLE MISCLOSURE
112:FB=FB/M:FOR I=
    0TO N:B(I)=B(I
    )-FB:NEXT I
114:GOSUB 120:
    RETURN
120:REM SUBROUTINE
    FOR CALCULATI
    NG COORDINATES
122:X(0)=XB:Y(0)=Y
    B
124:FOR I=1TO N:X(
    I)=X(I-1)+S(I)
    *COS A(I):Y(I)
    =Y(I-1)+S(I)*
    SIN A(I):NEXT
    I
126:IF C=1GOSUB 17
    0
128:RETURN


130:REM SUBROUTINE
    FOR CALCULATI
    NG INCREMENTS
132:LF 1:LPRINT "I
    NCREMENTS:"
134:FOR I=1TO N:X(
    I)=S(I)*COS A(
    I):Y(I)=S(I)*
    SIN A(I):X0(I)
    =X(I)/Y(I):
    NEXT I
136:W=FX/FY:Z=1000
    00
138:FOR I=1TO N:Q=
    ABS (X0(I)/W-1
    ):IF Q<ZLET Z=
    Q:R=I
139:NEXT I
140:FOR I=1TO N:
    LPRINT USING C
    $;I;" DX";:
    LPRINT USING A
    $;X(I):LPRINT
    TAB 3;" DY";Y(
    I):LF 1:NEXT I
142:LPRINT USING C
    $;" ERROR IN
    S";R
144:RETURN
150:REM SUBROUTINE
    FOR PRINT COO
    RDINATES
152:"A":LF 1:
    LPRINT "COORDI
    NATES:"
154:FOR I=0TO N:
    LPRINT USING E
    $;" NO:";P(I)

156:LPRINT USING A
    $;"   X  ";X(I
    ):LPRINT "   Y
    ";Y(I):NEXT
    I
158:IF TP=1GOTO 62
160:GOTO 98
162:RETURN
170:REM SUNROUTINE
    FOR CHECK ANG
    LE ERROR
172:FOR I=0TO N:X0
    (I)=X(I):Y0(I)
    =Y(I):NEXT I
174:H=INT (N/2+0.6
    ):XB=XC:YB=YC:
    A1=A2+180:IF A
    1>360LET A1=A1
    -360
176:FOR I=1TO H:S=
    S(I):S(I)=S(N-
    I+1):S(N-I+1)=
    S:NEXT I
178:FOR I=0TO H-1:
    B=B(I):B(I)=B(
    N-I):B(N-I)=B:
    NEXT I
180:FOR I=0TO N:B(
    I)=360-B(I):
    NEXT I
182:FOR I=0TO H-1:
    P=P(I):P(I)=P(
    N-I):P(N-I)=P:
    NEXT I
184:C=0:M=N:GOSUB
    100:GOSUB 120
188:FOR I=0TO N:B(
    I)=X(I)-X0(N-I
    ):S(I)=Y(I)-Y0
    (N-I):X(I)=SQR
    (B(I)^2+S(I)^2
    ):NEXT I
190:LF 1:LPRINT "(
    X,Y)DIFFERENCE
    :":LF 1:LPRINT
    " NO:    DX
    DY ---------
    ---------"
192:FOR I=NTO 0
    STEP -1:LPRINT
    USING D$;P(I);
    :LPRINT USING
    F$;B(I);S(I):
    NEXT I
194:LF 1:X=100000:
    FOR I=0TO N
195:IF X(I)<XLET X
    =X(I):Y=P(I)
196:NEXT I
197:LPRINT USING D
    $;"  ERROR IN
    ";Y:GOTO 98
198:RETURN
```

```
==================
TRAVERSE CALCULATE
==================

KNOWN DATA:
 XB       2492.5092
 YB       2853.5428
 XC       1475.6089
 YC       2676.4626

 A1          9.52417
 A2        291.48524

ANGLE OBSERVATION:
 B   0      85.41110
 B   1      53.00547
 B   2     212.52014
 B   3     201.40454
 B   4     137.03348
 B   5     311.37500

SIDE OBSERVATIONS:
 S   1     323.7700
 S   2     377.4120
 S   3     317.6270
 S   4     263.5710
 S   5     176.7620

 (SS)     1459.1420

MISCLOSURES:
 FB          0.00067
 FX          0.0104
 FY         -0.0200
 F           0.0226
   1:      64466

COORDINATES:
 NO:        401
  X        2492.5092
  Y        2853.5428
 NO:        171
  X        2523.9006
  Y        2531.3028
 NO:        172
  X        2201.8289
  Y        2728.0600
 NO:        173
  X        1884.3008
  Y        2720.0492
 NO:        174
  X        1641.9057
  Y        2616.5386
 NO:        402
  X        1475.6089
  Y        2676.4626

ADJUSTED SIDE:
 S   1     323.7653
 S   2     377.4170
 S   3     317.6291
 S   4     263.5713
 S   5     176.7540
```

```
ADJUSTED AZIMUTH:       ==================      ==================
   A  1   275.33515     TRAVERSE CALCULATE      TRAVERSE CALCULATE
   A  2   148.34452     ==================      ==================
   A  3   181.26455
   A  4   203.07298     KNOWN DATA:             KNOWN DATA:
   A  5   160.11035        XB    2492.5092         XB    2492.5092
                           YB    2853.5428         YB    2853.5428
--------END-------         XC    1475.6089
                           YC    2676.4626         A1       9.52417
==================
TRAVERSE CALCULATE        A1       9.52417     ANGLE OBSERVATION:
==================        A2     291.48524         B  0    85.41110
                                                   B  1    53.00547
KNOWN DATA:             ANGLE OBSERVATION:         B  2   212.52014
   XB    2492.5092         B  0    85.41110        B  3   201.41453
   YB    2853.5428         B  1    53.00547        B  4   137.03348
   XC    1475.6089         B  2   212.52014
   YC    2676.4626         B  3   201.40454     SIDE OBSERVATIONS:
                           B  4   137.03348        S  1    323.7700
   A1       9.52417        B  5   311.37500        S  2    377.4120
   A2     291.48524                                S  3    317.6270
                        SIDE OBSERVATIONS:         S  4    263.5710
ANGLE OBSERVATION:         S  1    323.7700        S  5    176.7620
   B  0    85.41110        S  2    377.4120
   B  1    53.00547        S  3    317.6270       (SS)    1459.1420
   B  2   212.32013        S  4    264.5710
   B  3   201.40454        S  5    176.7620     AZIMUTH:
   B  4   137.03348                                A  1   275.33527
   B  5   311.37500       (SS)    1460.1420        A  2   148.34474
                                                   A  3   181.26489
SIDE OBSERVATIONS:      MISCLOSURES:               A  4   203.08342
   S  1    323.7700        FB       0.00067        A  5   160.12091
   S  2    377.4120        FX      -0.9092
   S  3    317.6270        FY      -0.4128     COORDINATES:
   S  4    263.5710        F        0.9985        NO:       401
   S  5    176.7620        1:        1462         X     2492.5092
                                                  Y     2853.5428
  (SS)    1459.1420     INCREMENTS:               NO:       171
                          1 DX      31.3937       X     2523.9047
MISCLOSURES:                DY    -322.2443       Y     2531.2985
   FB      -0.19532                               NO:       172
                          2 DX    -322.0690       X     2201.8335
(X,Y)DIFFERENCE:            DY     196.7519       Y     2728.0470
                                                  NO:       173
 NO:    DX       DY       3 DX    -317.5258       X     1884.3078
------------------          DY      -8.0151       Y     2720.0267
 401   -0.73    1.69                              NO:       174
 171    1.12    1.88      4 DX    -243.3128       X     1641.9469
 172   -0.00    0.01        DY    -103.9070       Y     2616.4367
 173    0.03   -1.82                              NO:       175
 174    0.62   -3.22      5 DX    -166.2955       X     1475.6323
 402    0.27   -4.18        DY      59.9215       Y     2676.3053

   ERROR IN 172          ERROR IN  S  4        --------END-------

--------END-------      --------END-------
```

$$\begin{array}{ll} \text{FX} & 0.0104 \\ \text{FY} & -0.0200 \\ \text{F} & 0.0226 \\ 1: & 64466 \end{array}$$

表示 $f_x=+0.0104\text{m}, f_y=-0.0200\text{m}, f=\sqrt{f_x^2+f_y^2}=0.0226\text{m}, f/\Sigma s=1/64466$。屏幕随即显示：

    ADJUST INCREMENTS？（坐标增量要调整吗？）

  由于相对闭合差已满足要求，令其调整增量闭合差，并继续运算，则按 ENTER 键。然后打印各点改正后的坐标，打印毕，屏幕显示：

    PRINT ADJUSTED S AND A？

  （打印改正后各边边长和坐标方位角吗？）

  如果需要打印，则按 ENTER 键；否则输入"NO"。计算至此结束，打印"END"。

  (2) 设该附合导线中 172 号点的转折角有 $-20'$ 的粗差

  程序计算至角度闭合差，打印

    MISCLOSURES  FB  $-0.19532$

表示角度闭合差 $f_\beta=-19'53''.2$，屏幕显示：

    ADJUST ANGLES？

  由于角度闭合差超限，在键盘上输入"NO"，程序从导线两端点按支导线计算各点坐标，打印出各点的两套坐标之差（DX、DY），并自动进行逐点比较，确定坐标差最小的点（172 号点）为角度有粗差的点，打印

    ERROR IN 172

  计算至此结束。

  (3) 设该附合导线中第 4 条边有 $+1\text{m}$ 的粗差

  程序计算至导线闭合差时，打印

  MISCLOSURES：

$$\begin{array}{ll} \text{FB} & 0.00067 \\ \text{FX} & -0.9092 \\ \text{FY} & -0.4128 \\ \text{F} & 0.9985 \\ 1: & 1462 \end{array}$$

表示角度闭合差可以允许，而增量闭合差及全长相对闭合差超限，说明边长中有粗差。屏幕显示：

    ADJUST INCREMENTS？

  由键盘输入"NO"，程序转入计算各边增量之比 $\Delta x/\Delta y$，并与 $f_x/f_y$ 进行比较，确定比值最接近的边（$s_4$），随即打印：

    ERROR IN S4

  计算至此结束。

  (4) 按支导线计算

  设导线仅有起点 B、起始坐标方位角 A1，C 点（第 $n$ 点）也为待定点，按支导线数据

输入。计算结果，打印：起始数据、观测值、各边坐标方位角和各点坐标。

## 附录三 面积计算程序
## （BASIC 语言，PC-1500 机）

### 一、程序功能

"面积计算程序"可以按输入的界址点坐标，用坐标解析法计算地块的面积，输出以"平方米"和"亩"两种单位表示的面积值，并按输入的坐标中误差估算面积的中误差，还可以按指定的比例尺绘制地块图形。程序的另一个重要功能是对具有曲线边界的地块，能按曲线上相邻三个界址点的坐标，拟合一段圆曲线，使之和实地图形十分接近，从而提高了不规则图形的面积量算精度。

### 二、程序标识符及框图

程序中采用下列标识符：

M——地区全部界址点数；

P$（M）、U（M）、V（M）——界址点号及纵横坐标；

MC——界址点坐标中误差（单位：米）；

S$——地块（宗地）号；

N0——地块界址点数；

L$（25）、X0（25）、Y0（25）——地块界址点号和纵、横坐标；

N——界址点加圆曲线上插入点总数（总点数）；

X（N），Y（N）——界址点及插入点坐标；

SN——分段数，直线段的一段，曲线以二条为一段（三个界址点间），单数曲线（二个界址点间）也作为一段，无曲线的图形则 SN=0；

S（SN）——分段中曲线条数，直线 S（Ⅰ）=0，二条曲线 S（Ⅰ）=2，一条曲线 S（Ⅰ）=1；

R（SN）——每一分段的第一个界址点序号；

Q（SN）——每一分段的第一个界址点在总点数中序号；

XA、YA、XB、YB、XC、YC——每一曲线分段起始、中间、终了界址点坐标；

FA、FC——圆周角 $\phi_A$、$\phi_C$；

F——半圆心角 $\phi$；

D——弦长；

R——圆曲线半径；

X0、Y0——圆心坐标；

DP——弓形面积；

P——地块面积。

程序的结构框图见图 5。

### 三、面积计算程序和算例

程序用 DATA 语句输入某地区界址点总数、坐标中误差及各界址点点号、纵坐标和横坐标。用 R. 启动程序，将界址点点号、坐标读入内存数组。读毕，屏幕提示：

面积计算程序框图

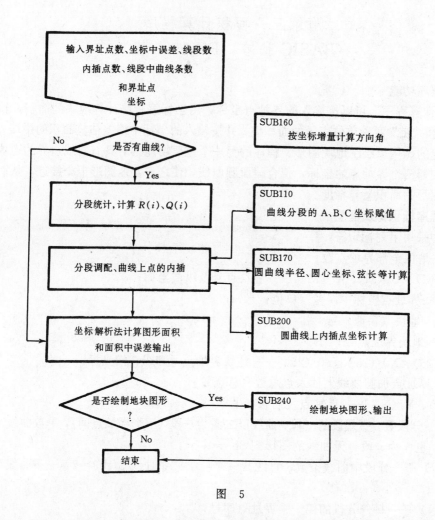

图 5

  LAND LABEL：（要求输入土地号）
由键盘输入宗地的编号（可以用字符或分号，例如 A108、1-12-4 等）。屏幕提示：
    BOUNDARY POINTS NUMBER=　（界址点数）
由键盘输入该地块的界址点数。屏幕提示：
    POINTS LABEL：（点号）
由键盘输入该地块的界址点号，沿顺时针方向逐点输入。界址点号也可以用字符，屏幕提示：
    SECTION NUMBER=　（分段数）
由键盘输入分段数（见标识符 SN 的含义）。屏幕提示：
     S（I）=
  由键盘输入各分段中曲线的条数，至此已输完面积计算所需要的数据。程序开始打印输入的界址点点号、坐标和坐标中误差、算好的地块面积、面积的精度和相对精度，然后显示：

面积计算程序

```
1:"AREA CALCULAT
   ION (ROUND BY
   LINEARS AND CU
   RVES)"
2:RESTORE 600
3:READ M,MC:DIM
   P$(M),U(M),U(M
   ):FOR I=1TO M:
   READ P$(I),U(I
   ),U(I):NEXT I
4:DIM L$(25),X0(
   25),Y0(25),Q(2
   5),R(25),S(25)
   ,X(90),Y(90)
6:"A":INPUT "LAN
   D LABEL : ";S$
   :INPUT "BOUNDA
   RY POINTS NUMB
   ER= ";N0
8:FOR I=1TO N0:
   INPUT "POINT L
   ABEL :";L$(I):
   NEXT I
10:INPUT "SECTION
    NUMBER= ";SN
12:A$="###.##":B$
   ="######":C$="
   #######.###":D
   $="#######.##"
   :E$="##.###"
14:P=0:CC=0:IF SN
   =0GOTO 24
16:Q(1)=1:R(1)=1
18:FOR I=1TO SN:
   INPUT "S(I)= "
   ;S(I):CC=CC+S(
   I):NEXT I
20:FOR I=2TO SN:Q
   (I)=Q(I-1)+S(I
   -1)*6:R(I)=R(I
   -1)+S(I-1)
21:IF S(I-1)=0LET
    Q(I)=Q(I-1)+1:
   R(I)=R(I-1)+1
22:NEXT I
24:N=N0+CC*5
26:LPRINT "------
   ------------ A
   REA CALCULATIO
   N -----------
   ------":LF 1:
   LPRINT TAB 6;S
   $
28:LF 1:LPRINT "P
   OINT COORDINAT
   ES:":CSIZE 1:
   LPRINT "       NO
   :             X
                 Y"
30:FOR I=1TO N0:
   FOR J=1TO M
31:IF L$(I)=P$(J)
    LET X0(I)=U(J)
   :Y0(I)=U(J):
   LPRINT TAB 3;L
   $(I);
32:IF L$(I)=P$(J)
    USING C$:
   LPRINT TAB 10;
   X0(I);Y0(I):
   GOTO 34
33:NEXT J
34:NEXT I
35:LF 1:LPRINT "
              MC="
   ;:LPRINT USING
    E$;MC;" M":
   CSIZE 2:LF 1
36:X0(0)=X0(N0):Y
   0(0)=Y0(N0):X0
   (N0+1)=X0(1):Y
   0(N0+1)=Y0(1)
38:IF SN=0FOR I=1
   TO N:X(I)=X0(I
   ):Y(I)=Y0(I):
   NEXT I:GOTO 50
40:FOR H=1TO SN:B
   =R(H):SS=0
42:IF S(H)=0LET I
   =Q(H):X(I)=X0(
   B):Y(I)=Y0(B)
44:IF S(H)=1GOSUB
    110:GOSUB 170:
   GOSUB 220
46:IF S(H)=2GOSUB
    120:GOSUB 170:
   GOSUB 200
48:NEXT H
50:X(N+1)=X(1):Y(
   N+1)=Y(1):X(0)
   =X(N):Y(0)=Y(N
   )
52:FOR I=1TO N0:P
   =P+(X0(I)*(Y0(
   I+1)-Y0(I-1)))
   /2:NEXT I
54:P=(INT (P*100+
   0.5))/100
56:LPRINT "AREA (
   P):":LF 1
58:LPRINT USING D
   $;P;"  M^2":
   LPRINT P/1000*
   1.5;"  MU":LF
   1
60:DD=0:LPRINT "P
   RECISION:":LF
   1
62:FOR I=1TO N0:D
   X=X0(I+1)-X0(I
   -1):DY=Y0(I+1)
   -Y0(I-1):D=DX^
   2+DY^2:DD=DD+D
   :NEXT I
64:MP=MC/2*SQR DD
   :LPRINT USING
   A$;"   MP=";MP;
   "  M^2"
66:LPRINT USING B
   $;"  MP/P= 1:"
   ;INT (P/MP):LF
   1
70:BEEP 20:INPUT
   "  DRAW CONFIG
   URATION ?";G$:
   IF G$="N"GOTO
   90
72:GOSUB 240
90:LPRINT "------
   --END-------";
   LF 4
99:END
110:"SUB FOR (XA,Y
    A),(XB,YB),(XC
    ,YC) VALUATION
    "
112:XA=X0(B-1):XB=
    X0(B):XC=X0(B+
    1):YA=Y0(B-1):
    YB=Y0(B):YC=Y0
    (B+1):I=Q(H)
114:GOTO 124
120:XA=X0(B):XB=X0
    (B+1):XC=X0(B+
    2):YA=Y0(B):YB
    =Y0(B+1):YC=Y0
    (B+2):I=Q(H)
124:RETURN

160:"SUB FOR AZIMU
    TH BY (DY/DX)"
162:IF ABS X<10^-1
    0LET A=90*SGN
    Y:GOTO 166
164:A=ATN (Y/X):IF
     X<0LET A=A+180
    :GOTO 168
166:IF Y<0LET A=A+
    360
168:RETURN

170:"SUB FOR (X,Y)
     OF CIRCLE-CEN
    TER, RADIUS, A
    RCH"
172:X=XC-XA:Y=YC-Y
    A:GOSUB 160:AC
    =A:X=XB-XA:Y=Y
    B-YA:GOSUB 160
    :AB=A:FA=AC-AB
173:IF FA<-270LET
    FA=FA+360
174:IF FA<0AND FA>
    -90LET SS=1:FA
    =-FA
```

```
175: IF FA>270LET S
    S=1:FA=360-FA
176: X=XA-XC:Y=YA-Y
    C:GOSUB 160:CA
    =A:X=XB-XC:Y=Y
    B-YC:GOSUB 160
    :CB=A:FC=CB-CA
177: IF FC<-270LET
    FC=FC+360
178: IF FC<0AND FC>
    -90LET SS=1:FC
    =-FC
179: IF FC>270LET S
    S=1:FC=360-FC
180: F=FA+FC:D=SQR
    ((XA-XC)^2+(YA
    -YC)^2):R=D/2/
    SIN F:IF S(H)=
    1GOTO 184
182: DA=SQR ((XA-XB
    )^2+(YA-YB)^2)
    :C=DA:G=FC:
    GOSUB 196
184: DC=SQR ((XB-XC
    )^2+(YB-YC)^2)
    :C=DC:G=FA:
    GOSUB 196
186: IF SS=1GOTO 18
    8
187: X0=((XA+XC)*
    TAN F+YA-YC)/2
    /TAN F:Y0=((YA
    +YC)*TAN F-XA+
    XC)/2/TAN F:
    GOTO 190
188: X0=((XA+XC)*
    TAN F-YA+YC)/2
    /TAN F:Y0=((YA
    +YC)*TAN F+XA-
    XC)/2/TAN F
190: RETURN

196: L=R/90*PI *ABS
    G:DP=R*(L-C*
    COS G)/2:IF SS
    =1LET P=P-DP:
    GOTO 198
197: P=P+DP
198: RETURN

200: "SUB FOR CIRCL
    E-CURVE INSERT
    ING"
202: XX=0
204: F=2*(ABS FC)/6
    :X=XA-X0:Y=YA-
    Y0:GOSUB 160
206: FOR K=0TO 5
208: IF SS=1LET B=A
    -K*F:GOTO 210
209: B=A+K*F
210: X(I)=X0+R*COS
    B:Y(I)=Y0+R*
    SIN B:I=I+1
212: NEXT K
214: IF XX=1GOTO 22
    6
220: F=2*(ABS FA)/6
    :X=XB-X0:Y=YB-
    Y0:GOSUB 160
224: XX=1:GOTO 206
226: RETURN

240: "SUB FOR DRAW
    CONFIGURATION"
242: LPRINT "CONFIG
    URATION:":LF 1
244: X=0:Y=0:FOR I=
    1TO N0:X=X+X0(
    I):Y=Y+Y0(I):
    NEXT I:X=X/N0:
    Y=Y/N0
246: FOR I=1TO N+1:
    X(I)=X(I)-X:Y(
    I)=Y(I)-Y:NEXT
    I
248: FOR I=1TO N0+1
    :X0(I)=X0(I)-X
    :Y0(I)=Y0(I)-Y
    :NEXT I
250: X=0:Y=0
252: FOR I=1TO N:IF
    ABS X(I)>XLET
    X=ABS,X(I)
254: NEXT I
256: FOR I=1TO N:IF
    ABS Y(I)>YLET
    Y=ABS Y(I)
258: NEXT I
260: IF Y>XLET X=Y
262: Q=X/100:USING
    B$:PRINT "ORIG
    INAL SCALE =1:
    ";INT (5000*Q)
    :WAIT
264: INPUT "DRAWING
    SCALE=1:";S:Q
    =S/5000
266: FOR I=1TO N+1:
    W=X(I):X(I)=Y(
    I)/Q:Y(I)=W/Q:
    NEXT I
268: FOR I=1TO N0+1
    :W=X0(I):X0(I)
    =Y0(I)/Q:Y0(I)
    =W/Q:NEXT I
270: GRAPH
272: GLCURSOR (110,
    -120):SORGN :
    CSIZE 1
274: FOR I=1TO N:
    LINE (X(I),Y(I
    ))-(X(I+1),Y(I
    +1)):NEXT I
276: FOR I=1TO N0:
    GLCURSOR (X0(I
    ),Y0(I)):SORGN
    :LINE (-2,-2)-
    (2,2),,,B:
    LPRINT " ";L$(
    I)
278: GLCURSOR (-X0(
    I),-Y0(I)):
    SORGN :NEXT I
280: GLCURSOR (-45,
    10):LPRINT
    USING D$;P;"
    M^2"
282: GLCURSOR (-45,
    0):LPRINT P/10
    00*1.5;"   MU"
290: GLCURSOR (-25,
    -130):LPRINT
    USING B$;"1:";
    INT (5000*Q)
292: GLCURSOR (-110
    ,-170):SORGN :
    TEXT :CSIZE 2
296: RETURN
```

---

AREA CALCULATION
---
2-10-4

POINT COORDINATES:

| NO: | X | Y |
|---|---|---|
| D14 | -1118.131 | 5870.094 |
| BC10 | -1167.162 | 5943.771 |
| MC10 | -1175.668 | 5948.229 |
| EC10 | -1184.007 | 5943.467 |
| MC11 | -1195.852 | 5922.234 |
| EC11 | -1205.865 | 5900.877 |
| D15 | -1216.953 | 5872.494 |
| D18 | -1153.896 | 5846.825 |

MC= 0.018 M

AREA (P):

   5514.99   M^2
      8.27   MU

PRECISION:

MP=    1.82  M^2
MP/P= 1:  3024

CONFIGURATION:

1: 3000

--------END--------

DRAWING CONFIGRATION?（要画图形吗？）

用键盘输入 Y 则画图，N 则不画。输入 Y 后，屏幕又提示：

ORIGINAL SCALE＝1：2824（初始比例尺）

表示根据地块的大小，程序估算用 1：2824 的比例尺可以在打印纸上画出整个地块图形，供操作者参考。作图比例尺一般取整数，如果操作者认为采用 1：3000 是合适的，则先按 ENTER 键，屏幕显示：

DRAWING SCALE＝ （作图比例尺）

用键盘输入 3000，程序按 1：3000 比例尺作地块图形输出，该地块面积计算及输出结束。

当需要计算该地区第二块及以后几块宗地面积时，用 DEF、A 启动程序。

# 参 考 文 献

1 顾孝烈主编．测量学．上海：同济大学出版社，1990
2 （加）T.J.伯拉舒特等．城市测量与制图．李道义，郑家声译．北京：测绘出版社，1984
3 北京市测绘处主编．城市测量规范．北京：中国建筑工业出版社，1986
4 国家土地管理局主编．城镇地籍调查规程．北京：农业出版社，1990
5 建设部房地产业司主编．房产测量规范．北京：测绘出版社，1991
6 林增杰主编．地籍管理．北京：中国人民大学出版社，1990
7 李信，何绍一，杨燕敏主编．房地产行政管理概论．北京：中国建筑工业出版社，1992
8 国家土地管理局地籍司编．地籍调查手册．北京：北京工业大学出版社，1992
9 张建强编．房地产绘图．北京：测绘出版社，1992